Pão Diário

Edição especial

De:_____

Para:_____

Publicações
Pão Diário

TRADUÇÃO: Elisa Tisserant de Castro, Irene Giglio, Sandra Pina, Cláudio F. Chagas
REVISÃO: Dayse Fontoura, Thaís Soler, Lozane Winter
ADAPTAÇÃO E EDIÇÃO: Rita Rosário
PROJETO GRÁFICO E CAPA: Audrey Novac Ribeiro
DIAGRAMAÇÃO: Rebeka Werner

AUTORES:

James Banks	David C. Egner	Keila Ochoa
Shelly Beach	H. Dennis Fisher	David H. Roper
Dave Branon	Timothy Gustafson	Joseph M. Stowell
Anne M. Cetas	Chek Pang Hia	Jennifer Benson Schuldt
Poh Fang Chia	Jaime Fernández Garrido	Joseph Stowell
William E. Crowder	Cindy Hess Kasper	Marion Stroud
Lawrence Darmani	Randy K. Kilgore	Marvin L. Williams
Mart DeHaan	Albert Lee	Philip D. Yancey
M. R. DeHaan	Julie Ackerman Link	Joanie Yoder
	David C. McCasland	

REFERÊNCIAS BÍBLICAS:
Exceto se indicado o contrário, as citações bíblicas são extraídas da Edição Revista e Atualizada de João F. de Almeida © 2009 Sociedade Bíblica do Brasil.

CRÉDITOS DOS ARTIGOS:
11 de março, 6 de abril, 14 de julho, 5 de agosto, 25 de setembro, extraídos e adaptados de: *Sinais da graça,* de Philip D. Yancey, © 2011, Mundo Cristão. 19 de outubro, extraído e adaptado de: *Oração pelos pródigos,* de James Banks © Publicações Pão Diário.
5 de novembro, extraído e adaptado de: *Precious Lord, Take My Hand: Meditations for Caregivers* (Precioso Senhor, Segura as minhas mãos: Meditações para cuidadores, inédito) de Shelley Beach, © Publicações Pão Diário.

Pedidos de permissão para usar citações deste devocional devem ser direcionados a permissao@paodiario.org

Publicações Pão Diário
Caixa Postal 4190, 82501-970 Curitiba/PR, Brasil
Email: publicacoes@paodiario.org • Internet: www.paodiario.org
Telefone: (41) 3257-4028

Código: LN469
ISBN: 978-65-5350-318-2

1.ª edição: 2016 • 1.ª impressão: 2023

Impresso na China

SUMÁRIO

INTRODUÇÃO

TODOS NÓS QUEREMOS ouvir a voz de Deus e sentir a Sua presença em nossa vida, não queremos? Temos o desejo de conhecê-lo melhor e de que Ele também nos conheça mais. Esta edição especial foi feita para auxiliá-lo a cumprir esse desejo. Esperamos que você entre nessa aventura de conhecer melhor a Bíblia a ponto de ouvir e compreender a voz de Deus claramente em seu coração e mente.

Estamos no Brasil e em outros países de língua portuguesa há mais de duas décadas. Portanto, comemore conosco a presença do devocional *Pão Diário*, em português, nos lares, hospitais, prisões, escolas, empresas, táxis, caminhões etc.

Nas páginas centrais você encontrará o testemunho de um jovem que se envolveu com bebidas e drogas, mas que saiu desse caos e conheceu a paz infinita ao encontrar-se com Jesus. Talvez a experiência dele possa ajudá-lo ou a alguém que você conheça. Aproveite também a oportunidade para refletir sobre o significado e a aparência da sabedoria que vem do alto.

Esperamos que os textos o inspirem em sua caminhada com o Senhor.

Ofereça aos seus amigos e familiares estas mensagens edificantes e inspirativas. Eles terão o seu presente em mãos em cada dia do ano.

Juntos, a serviço do Mestre.

Editores do *Pão Diário*

Aperfeiçoando o seu momento devocional Pão Diário

Considere as nossas sugestões para obter o máximo da leitura devocional *Pão Diário*:

- Separe um local e uma hora específica. Seu momento devocional será mais inspirativo se você estabelecer esse tempo como prática regular.
- Leia o texto indicado na Palavra de Deus. Essas verdades bíblicas são as afirmações mais importantes que você lerá todos os dias. Ao ler a Palavra de Deus, procure aprender mais sobre o Senhor, sobre o seu relacionamento com o Pai e como Ele quer que você viva cada verdade bíblica em seu dia a dia.
- Medite sobre o versículo-chave. Aplique-o em seu cotidiano, quando possível.
- Leia o artigo atenciosamente. Reflita sobre a proposta do autor da meditação.
- Use o "pensamento do dia" no final em negrito para lembrar-se da verdade bíblica de cada meditação.
- Anote as suas descobertas. O que Deus está falando a você em Sua Palavra, hoje?
- Invista o seu tempo em oração. Fale com o Senhor sobre as descobertas em Sua Palavra e sobre quais serão as suas reações em relação a elas.
- Compartilhe o que aprendeu e o que Deus o ensinou em Sua Palavra por meio destas meditações diárias.

Oramos para que você encontre o encorajamento, a esperança e o conforto do Senhor, ao aproximar-se dele. Com certeza, ao se achegar a Deus, Ele se revelará e se achegará a você e fará morada em seu coração.

A Bíblia em um ano

JANEIRO

- [ ] 1 Gênesis 1–3; Mateus 1
- [ ] 2 Gênesis 4–6; Mateus 2
- [ ] 3 Gênesis 7–9; Mateus 3
- [ ] 4 Gênesis 10–12; Mateus 4
- [ ] 5 Gênesis 13–15; Mateus 5:1-26
- [ ] 6 Gênesis 16–17; Mateus 5:27-48
- [ ] 7 Gênesis 18–19; Mateus 6:1-18
- [ ] 8 Gênesis 20–22; Mateus 6:19-34
- [ ] 9 Gênesis 23–24; Mateus 7
- [ ] 10 Gênesis 25–26; Mateus 8:1-17
- [ ] 11 Gênesis 27–28; Mateus 8:18-34
- [ ] 12 Gênesis 29–30; Mateus 9:1-17
- [ ] 13 Gênesis 31–32; Mateus 9:18-38
- [ ] 14 Gênesis 33–35; Mateus 10:1-20
- [ ] 15 Gênesis 36–38; Mateus 10:21-42
- [ ] 16 Gênesis 39–40; Mateus 11
- [ ] 17 Gênesis 41–42; Mateus 12:1-23
- [ ] 18 Gênesis 43–45; Mateus 12:24-50
- [ ] 19 Gênesis 46–48; Mateus 13:1-30
- [ ] 20 Gênesis 49–50; Mateus 13:31-58
- [ ] 21 Êxodo 1–3; Mateus 14:1-21
- [ ] 22 Êxodo 4–6; Mateus 14:22-36
- [ ] 23 Êxodo 7–8; Mateus 15:1-20
- [ ] 24 Êxodo 9–11; Mateus 15:21-39
- [ ] 25 Êxodo 12–13; Mateus 16
- [ ] 26 Êxodo 14–15; Mateus 17
- [ ] 27 Êxodo 16–18; Mateus 18:1-20
- [ ] 28 Êxodo 19–20; Mateus 18:21-35
- [ ] 29 Êxodo 21–22; Mateus 19
- [ ] 30 Êxodo 23–24; Mateus 20:1-16
- [ ] 31 Êxodo 25–26; Mateus 20:17-34

FEVEREIRO

- [ ] 1 Êxodo 27–28; Mateus 21:1-22
- [ ] 2 Êxodo 29–30; Mateus 21:23-46
- [ ] 3 Êxodo 31–33; Mateus 22:1-22
- [ ] 4 Êxodo 34–35; Mateus 22:23-46
- [ ] 5 Êxodo 36–38; Mateus 23:1-22
- [ ] 6 Êxodo 39–40; Mateus 23:23-39
- [ ] 7 Levítico 1–3; Mateus 24:1-28
- [ ] 8 Levítico 4–5; Mateus 24:29-51
- [ ] 9 Levítico 6–7; Mateus 25:1-30
- [ ] 10 Levítico 8–10; Mateus 25:31-46
- [ ] 11 Levítico 11–12; Mateus 26:1-25
- [ ] 12 Levítico 13; Mateus 26:26-50
- [ ] 13 Levítico 14; Mateus 26:51-75
- [ ] 14 Levítico 15–16; Mateus 27:1-26
- [ ] 15 Levítico 17–18; Mateus 27:27-50

- [ ] 16 Levítico 19–20; Mateus 27:51-66
- [ ] 17 Levítico 21–22; Mateus 28
- [ ] 18 Levítico 23–24; Marcos 1:1-22
- [ ] 19 Levítico 25; Marcos 1:23-45
- [ ] 20 Levítico 26–27; Marcos 2
- [ ] 21 Números 1–3; Marcos 3
- [ ] 22 Números 4–6; Marcos 4:1-20
- [ ] 23 Números 7–8; Marcos 4:21-41
- [ ] 24 Números 9–11; Marcos 5:1-20
- [ ] 25 Números 12–14; Marcos 5:21-43
- [ ] 26 Números 15–16; Marcos 6:1-29
- [ ] 27 Números 17–19; Marcos 6:30-56
- [ ] 28 Números 20-22; Marcos 7:1-13

MARÇO

- [ ] 1 Números 23–25; Marcos 7:14-37
- [ ] 2 Números 26–27; Marcos 8:1-21
- [ ] 3 Números 28–30; Marcos 8:22-38
- [ ] 4 Números 31–33; Marcos 9:1-29
- [ ] 5 Números 34–36; Marcos 9:30-50
- [ ] 6 Deuteronômio 1–2; Marcos 10:1-31
- [ ] 7 Deuteronômio 3–4; Marcos 10:32-52
- [ ] 8 Deuteronômio 5–7; Marcos 11:1-18
- [ ] 9 Deuteronômio 8–10; Marcos 11:19-33
- [ ] 10 Deuteronômio 11–13; Marcos 12:1-27
- [ ] 11 Deuteronômio 14–16; Marcos 12:28-44
- [ ] 12 Deuteronômio 17–19; Marcos 13:1-20
- [ ] 13 Deuteronômio 20–22; Marcos 13:21-37
- [ ] 14 Deuteronômio 23–25; Marcos 14:1-26
- [ ] 15 Deuteronômio 26–27; Marcos 14:27-53
- [ ] 16 Deuteronômio 28–29; Marcos 14:54-72
- [ ] 17 Deuteronômio 30–31; Marcos 15:1-25
- [ ] 18 Deuteronômio 32–34; Marcos 15:26-47
- [ ] 19 Josué 1–3; Marcos 16
- [ ] 20 Josué 4–6; Lucas 1:1-20
- [ ] 21 Josué 7–9; Lucas 1:21-38
- [ ] 22 Josué 10–12; Lucas 1:39-56
- [ ] 23 Josué 13–15; Lucas 1:57-80
- [ ] 24 Josué 16–18; Lucas 2:1-24
- [ ] 25 Josué 19–21; Lucas 2:25-52
- [ ] 26 Josué 22–24; Lucas 3
- [ ] 27 Juízes 1–3; Lucas 4:1-30
- [ ] 28 Juízes 4–6; Lucas 4:31-44
- [ ] 29 Juízes 7–8; Lucas 5:1-16
- [ ] 30 Juízes 9–10; Lucas 5:17-39
- [ ] 31 Juízes 11–12; Lucas 6:1-26

A Bíblia em um ano

A Bíblia em um ano

A BÍBLIA EM UM ANO

OUTUBRO

- [ ] 1 Isaías 11–13; Efésios 4
- [ ] 2 Isaías 14–16; Efésios 5:1-16
- [ ] 3 Isaías 17–19; Efésios 5:17-33
- [ ] 4 Isaías 20–22; Efésios 6
- [ ] 5 Isaías 23–25; Filipenses 1
- [ ] 6 Isaías 26–27; Filipenses 2
- [ ] 7 Isaías 28–29; Filipenses 3
- [ ] 8 Isaías 30–31; Filipenses 4
- [ ] 9 Isaías 32–33; Colossenses 1
- [ ] 10 Isaías 34–36; Colossenses 2
- [ ] 11 Isaías 37–38; Colossenses 3
- [ ] 12 Isaías 39–40; Colossenses 4
- [ ] 13 Isaías 41–42; 1 Tessalonicenses 1
- [ ] 14 Isaías 43–44; 1 Tessalonicenses 2
- [ ] 15 Isaías 45–46; 1 Tessalonicenses 3
- [ ] 16 Isaías 47–49; 1 Tessalonicenses 4
- [ ] 17 Isaías 50–52; 1 Tessalonicenses 5
- [ ] 18 Isaías 53–55; 2 Tessalonicenses 1
- [ ] 19 Isaías 56–58; 2 Tessalonicenses 2
- [ ] 20 Isaías 59–61; 2 Tessalonicenses 3
- [ ] 21 Isaías 62–64; 1 Timóteo 1
- [ ] 22 Isaías 65–66; 1 Timóteo 2
- [ ] 23 Jeremias 1–2; 1 Timóteo 3
- [ ] 24 Jeremias 3–5; 1 Timóteo 4
- [ ] 25 Jeremias 6–8; 1 Timóteo 5
- [ ] 26 Jeremias 9–11; 1 Timóteo 6
- [ ] 27 Jeremias 12–14; 2 Timóteo 1
- [ ] 28 Jeremias 15–17; 2 Timóteo 2
- [ ] 29 Jeremias 18–19; 2 Timóteo 3
- [ ] 30 Jeremias 20–21; 2 Timóteo 4
- [ ] 31 Jeremias 22–23; Tito 1

NOVEMBRO

- [ ] 1 Jeremias 24–26; Tito 2
- [ ] 2 Jeremias 27–29; Tito 3
- [ ] 3 Jeremias 30–31; Filemon
- [ ] 4 Jeremias 32–33; Hebreus 1
- [ ] 5 Jeremias 34–36; Hebreus 2
- [ ] 6 Jeremias 37–39; Hebreus 3
- [ ] 7 Jeremias 40–42; Hebreus 4
- [ ] 8 Jeremias 43–45; Hebreus 5
- [ ] 9 Jeremias 46–47; Hebreus 6
- [ ] 10 Jeremias 48–49; Hebreus 7
- [ ] 11 Jeremias 50; Hebreus 8
- [ ] 12 Jeremias 51–52; Hebreus 9
- [ ] 13 Lamentações 1–2; Hebreus 10:1-18
- [ ] 14 Lamentações 3–5; Hebreus 10:19-39
- [ ] 15 Ezequiel 1–2; Hebreus 11:1-19

- [ ] 16 Ezequiel 3–4; Hebreus 11:20-40
- [ ] 17 Ezequiel 5–7; Hebreus 12
- [ ] 18 Ezequiel 8–10; Hebreus 13
- [ ] 19 Ezequiel 11–13; Tiago 1
- [ ] 20 Ezequiel 14–15; Tiago 2
- [ ] 21 Ezequiel 16–17; Tiago 3
- [ ] 22 Ezequiel 18–19; Tiago 4
- [ ] 23 Ezequiel 20–21; Tiago 5
- [ ] 24 Ezequiel 22–23; 1 Pedro 1
- [ ] 25 Ezequiel 24–26; 1 Pedro 2
- [ ] 26 Ezequiel 27–29; 1 Pedro 3
- [ ] 27 Ezequiel 30–32; 1 Pedro 4
- [ ] 28 Ezequiel 33–34; 1 Pedro 5
- [ ] 29 Ezequiel 35–36; 2 Pedro 1
- [ ] 30 Ezequiel 37–39; 2 Pedro 2

DEZEMBRO

- [ ] 1 Ezequiel 40–41; 2 Pedro 3
- [ ] 2 Ezequiel 42–44; 1 João 1
- [ ] 3 Ezequiel 45–46; 1 João 2
- [ ] 4 Ezequiel 47–48; 1 João 3
- [ ] 5 Daniel 1–2; 1 João 4
- [ ] 6 Daniel 3–4; 1 João 5
- [ ] 7 Daniel 5–7; 2 João
- [ ] 8 Daniel 8–10; 3 João
- [ ] 9 Daniel 11–12; Judas
- [ ] 10 Oseias 1–4; Apocalipse 1
- [ ] 11 Oseias 5–8; Apocalipse 2
- [ ] 12 Oseias 9–11; Apocalipse 3
- [ ] 13 Oseias 12–14; Apocalipse 4
- [ ] 14 Joel 1–3; Apocalipse 5
- [ ] 15 Amós 1–3; Apocalipse 6
- [ ] 16 Amós 4–6; Apocalipse 7
- [ ] 17 Amós 7–9; Apocalipse 8
- [ ] 18 Obadias 1; Apocalipse 9
- [ ] 19 Jonas 1–4; Apocalipse 10
- [ ] 20 Miqueias 1–3; Apocalipse 11
- [ ] 21 Miqueias 4–5; Apocalipse 12
- [ ] 22 Miqueias 6–7; Apocalipse 13
- [ ] 23 Naum 1–3; Apocalipse 14
- [ ] 24 Habacuque 1–3; Apocalipse 15
- [ ] 25 Sofonias 1–3; Apocalipse 16
- [ ] 26 Ageu 1–2; Apocalipse 17
- [ ] 27 Zacarias 1–4; Apocalipse 18
- [ ] 28 Zacarias 5–8; Apocalipse 19
- [ ] 29 Zacarias 9–12; Apocalipse 20
- [ ] 30 Zacarias 13–14; Apocalipse 21
- [ ] 31 Malaquias 1–4; Apocalipse 22

MELHOR OU PIOR?

Leitura:
2 Timóteo 3:1-5,10-17

Tu, porém, permanece naquilo
que aprendeste e de que foste inteirado…
—2 TIMÓTEO 3:14

NO INÍCIO DE cada novo ano, os especialistas dão suas previsões sobre economia, política, clima e uma série de outros assuntos. Haverá guerra ou paz? Pobreza ou prosperidade? Progresso ou estagnação? Todos estão esperando que este ano seja melhor do que o anterior, mas ninguém sabe o que acontecerá.

Há, no entanto, algo sobre o qual podemos estar certos. Um orador convidado para falar em minha igreja sugeriu que, ao perguntarmos se o mundo vai ficar melhor ou pior, a resposta pode ser: sim e não!

Paulo disse a Timóteo: "Sabe, porém, isto: nos últimos dias, sobrevirão tempos difíceis […] os homens perversos e impostores irão de mal a pior, enganando e sendo enganados. Tu, porém, permanece naquilo que aprendeste e de que foste inteirado, sabendo de quem o aprendeste" (2 TIMÓTEO 3:1,13,14).

A Palavra de Deus é inspirada e instrui, corrige e encoraja à medida que seguimos o caminho do Senhor (VV.16,17). O comentarista bíblico J. B. Phillips descreve as Escrituras como nosso "equipamento completo" que nos prepara plenamente para todos os ministérios da obra de Deus.

Assim como a escuridão espiritual do nosso mundo se torna cada vez mais profunda, também a luz de Cristo brilha mais intensamente por meio de todos aqueles que o conhecem e amam. Jesus é a nossa alegria e esperança — hoje, amanhã e para sempre! —DCM

Os poderes do mal ao seu redor não são páreo
para o poder de Jesus em seu interior.

ONDE VOCÊ ESTÁ?

Leitura:
Gênesis 3:1-10

E chamou o SENHOR Deus ao homem
e lhe perguntou: Onde estás?
—GÊNESIS 3:9

O S DOIS RAPAZES adolescentes ouviram o som do carro dos seus pais e entraram em pânico. Como eles explicariam aquela bagunça em casa? As instruções de seu pai tinham sido claras naquela manhã antes de ele e sua mãe saírem da cidade: sem festas, sem amigos desordeiros. Mas os amigos indisciplinados chegaram e os rapazes permitiram que eles permanecessem, apesar da advertência do pai. Agora a casa estava uma confusão, e os meninos estavam embriagados e desgrenhados. Amedrontados, eles se esconderam.

Foi assim que Adão e Eva devem ter se sentido depois de terem escolhido desobedecer a Deus e, em seguida, terem ouvido o som do Senhor se aproximando. Com medo, eles se esconderam. "Onde estás?" Deus chamou (GÊNESIS 3:9). Adão respondeu: "…Ouvi a tua voz no jardim, e, porque estava nu, tive medo, e me escondi" (V.10). O pecado nos faz sentir nus e com medo e nos torna ainda mais vulneráveis à tentação.

Deus ainda está chamando as pessoas: "Onde estás?" Muitos fogem, tentando se esconder dele ou abafar o som de Sua voz. Porém, não podemos nos esconder de Deus; Ele sabe exatamente onde estamos. Em vez de nos escondermos com medo, podemos responder desta forma: "…Ó Deus, sê propício a mim, pecador!" (LUCAS 18:13). —LD

O único lugar possível de esconder o pecado
é debaixo do sangue de Jesus Cristo.

ESTOU REDIMIDO!

Leitura:
Salmo 40:8-10

Cantai ao SENHOR, bendizei o seu nome;
proclamai a sua salvação, dia após dia.
—SALMO 96:2

UM DIA, QUANDO Ana foi visitar o marido no hospital, ela começou a falar com um enfermeiro que estava cuidando dele. Ana gosta de conversar com as pessoas onde quer que esteja, e também procura maneiras de lhes falar sobre Jesus. Ela perguntou ao enfermeiro se este sabia o que queria fazer no futuro. Quando ele respondeu que não tinha certeza ainda, Ana comentou sobre a importância de conhecer a Deus primeiro para que Ele possa nos ajudar em tais decisões. O enfermeiro, em seguida, levantou a manga da camisa para mostrar-lhe "sou redimido!" tatuado em seu braço.

Eles perceberam que compartilhavam o amor mútuo pelo Senhor Jesus Cristo! E ambos tinham encontrado maneiras de demonstrar sua fé naquele que morreu para nos dar vida.

O título de uma canção antiga de Steve Green expressa melhor esta verdade: "As pessoas precisam do Senhor." Cabe a nós encontrar maneiras de compartilhar as boas-novas com eles (SALMO 40:9). Nem todos se sentem confortáveis em falar com estranhos, e não há um método único que sirva para todas as ocasiões. Mas Deus usará nossas personalidades e Sua luz em nós para espalhar o Seu amor.

"Sou redimido!" Vamos permitir que Deus nos guie a fim de encontrarmos maneiras de falarmos aos outros sobre Jesus Cristo, nosso Redentor! —JDB

As boas-novas do evangelho são boas demais
para serem mantidas em segredo.

A BELA NOIVA

Leitura:
Apocalipse 19:4-9

*… São chegadas as bodas do Cordeiro,
cuja esposa a si mesma já se ataviou.*
—APOCALIPSE 19:7

J Á FIZ MUITOS casamentos. Geralmente eles são planejados de acordo com os sonhos da noiva e se tornam únicos. Mas uma coisa é sempre a mesma: adornada em seu vestido de noiva, com o cabelo lindamente arrumado e a face brilhante, as noivas roubam a cena.

Acho intrigante o fato de Deus descrever-nos como Sua noiva. Falando da Igreja, Ele diz: "São chegadas as bodas do Cordeiro, cuja esposa a si mesma já se ataviou" (APOCALIPSE 19:7).

Este é um pensamento maravilhoso para aqueles que estão desanimados com a condição da igreja. Eu cresci sendo o filho de um pastor, pastoreei três igrejas e tenho anunciado o evangelho em igrejas ao redor do mundo. Aconselhei pastores e membros a respeito de problemas profundos e preocupantes na igreja. E embora a Igreja muitas vezes pareça impossível de ser amada, meu amor por ela não mudou.

Mas a minha razão para amá-la mudou. Agora a amo acima de tudo pelo que ela é. A Igreja pertence a Cristo; é a noiva dele. Assim como ela é preciosa para Ele, é preciosa para mim também. O Seu amor por Sua noiva, sendo nós tão falhos como somos, é nada menos que extraordinário! —JMS

*Como Cristo ama a Sua noiva,
a Igreja, nós também devemos amá-la.*

MANUAL DE INSTRUÇÕES

Leitura:
Filipenses 4:4-13

Não andeis ansiosos de coisa alguma; em tudo, porém,
sejam conhecidas, diante de Deus, as vossas petições...
—FILIPENSES 4:6

QUANDO NOSSA FILHA e seu noivo começaram a receber os presentes de casamento, foi uma época feliz. Um presente que eles receberam foi um armário que tinha que ser montado — e eu me ofereci para a tarefa, porque eles já tinham muito que fazer para se preparar para o casamento. Embora tenha levado algumas horas, foi mais fácil do que eu esperava. Todas as peças de madeira eram pré-cortadas e pré-perfuradas, e todo o programa de montagem fora incluído. As instruções foram praticamente infalíveis.

Infelizmente, a maior parte da vida não é assim. A vida não traz um manual com instruções simples, nem encontramos todas as peças necessárias à mão. Enfrentamos situações sem ter clareza sobre como devemos lidar com elas ou se vamos conseguir resolvê-las. Podemos facilmente nos sentir oprimidos por esses momentos difíceis.

Mas não precisamos carregar os nossos fardos sozinhos. Deus quer que os levemos a Ele: "Não andeis ansiosos de coisa alguma; em tudo, porém, sejam conhecidas, diante de Deus, as vossas petições [...] e a paz de Deus [...] guardará o vosso coração e a vossa mente em Cristo Jesus" (FILIPENSES 4:6,7).

Temos um Salvador que nos compreende e nos oferece a Sua paz em meio às nossas lutas. —WEC

O segredo da paz é entregar cada ansiedade
ao cuidado de Deus.

ERROS TRANSFORMADOS EM BELEZA

Leitura:
Lucas 22:39-51

Mas Jesus acudiu, dizendo: Deixai, basta.
E, tocando-lhe a orelha, o curou.
—LUCAS 22:51

NO INÍCIO DE sua carreira, o músico de jazz Herbie Hancock foi convidado para tocar no quinteto de Miles Davis, uma lenda musical de sua época. Numa entrevista, Hancock admitiu estar nervoso, mas pelo fato de Davis ser tão acolhedor, descreveu a experiência como maravilhosa. Durante uma apresentação, quando Davis estava próximo do auge de seu solo, Hancock tocou o acorde errado. Ele ficou mortificado e Davis continuou como se nada tivesse acontecido. "Ele cantou algumas notas que tornou meu acorde certo", disse Hancock.

Que exemplo de liderança amorosa! Davis não repreendeu Hancock ou o fez parecer tolo. Não o culpou por arruinar a apresentação. Simplesmente ajustou o seu plano e tornou um erro potencialmente desastroso em algo belo.

O que Davis fez por Hancock, Jesus fez por Pedro. Quando Pedro cortou a orelha de uma pessoa, entre a multidão que tinha vindo para prender Jesus, o Mestre a recolocou (LUCAS 22:51), indicando que o Seu reino era de cura, não de violência. Vezes seguidas Jesus usou os erros dos discípulos para mostrar um caminho melhor.

O que Jesus fez por Seus discípulos, Ele também faz por nós. E o que Ele faz por nós, podemos fazer pelos outros. Em vez de evidenciar cada erro, podemos transformá-los em lindos atos de perdão, cura e redenção. —JAL

Jesus deseja transformar nossos erros
em exemplos surpreendentes de Sua graça.

ONDE POSSO AJUDAR?

Leitura:
Gálatas 6:1-10

*Por isso, enquanto tivermos oportunidade, façamos o bem
a todos, mas principalmente aos da família da fé.*
—GÁLATAS 6:10

NOSSA CIDADE FOI atingida por uma tempestade fortíssima. Centenas de galhos de árvores espalhados cortaram as linhas de energia, deixando casas e empresas sem energia elétrica por vários dias. Tínhamos um gerador para a energia básica em nossa casa, mas não era o suficiente para podermos cozinhar. Quando saímos para encontrar um lugar para comer, dirigimos por um longo trecho, encontrando vários locais fechados. Finalmente, encontramos um restaurante aberto e que tinha energia elétrica, mas estava repleto de clientes famintos na mesma situação que nós.

Quando uma mulher se aproximou para anotar nossos pedidos, disse: "Na realidade, não sou funcionária do restaurante. Nosso grupo da igreja estava tomando café da manhã aqui, e vimos como o pessoal estava sobrecarregado com tantos clientes que chegavam. Dissemos ao gerente do restaurante que estaríamos dispostos a ajudar servindo as mesas se fosse aliviar o fardo e ajudar as pessoas a comer."

Sua vontade de servir me lembrou das palavras de Paulo: "Por isso, enquanto tivermos oportunidade, façamos o bem a todos..." (GÁLATAS 6:10). Em face das muitas necessidades ao redor de nós, gostaria de saber o que poderia acontecer se todos pedíssemos a Deus para nos mostrar oportunidades para servi-lo e para ajudar os outros hoje. —HDF

*Quando servimos as pessoas que estão passando
por necessidades, seguimos o exemplo de Cristo.*

CHUVAS EXTRAORDINÁRIAS

Leitura:
Ezequiel 34:25-31

Delas e dos lugares ao redor do meu outeiro,
eu farei bênção; farei descer a chuva a seu tempo,
serão chuvas de bênçãos. —EZEQUIEL 34:26

O QUE PEIXES, GIRINOS e aranhas têm em comum? Todos eles caíram do céu como chuva em várias partes do mundo. Peixes caíram sobre a cidade australiana de Lajamanu. Girinos caíram sobre áreas centrais do Japão em várias ocasiões. Choveram aranhas sobre as montanhas San Bernardo, na Argentina. Embora os cientistas suspeitem que o vento desempenhe seu papel nestas intrigantes chuvas, ninguém consegue explicar totalmente tal fenômeno.

O profeta Ezequiel descreveu uma chuva torrencial muito mais extraordinária — uma chuva de bênção (EZEQUIEL 34:26). Ezequiel falou de um tempo quando Deus enviaria bênçãos como chuva para avivar Seu povo. Os israelitas seriam salvos das nações inimigas. Eles teriam comida suficiente, seriam libertos da escravidão e livres da vergonha (VV.27-29). Estes presentes fariam reviver a relação de Israel com Deus. As pessoas saberiam que Deus estava com eles, e que eles eram a casa de Israel, [Seu] povo (V.30).

Deus também abençoa os Seus seguidores nos dias de hoje (TIAGO 1:17). Às vezes as bênçãos abundam como chuva; às vezes elas pingam gota a gota. Se muitas ou poucas, as coisas boas que recebemos vêm com uma mensagem de Deus: *Eu vejo suas necessidades. Você é meu, e cuidarei de você.* —JBS

As bênçãos diárias são lembretes do amor de Deus.

CARTA DE AMOR

Leitura:
Salmo 119:97-104

Quanto amo a tua lei!
É a minha meditação, todo o dia!
—SALMO 119:97

TODAS AS MANHÃS quando chego em meu escritório, tenho um hábito simples: verifico todos os meus *emails*. Na maioria das vezes, eu os olho de forma superficial. Porém, há alguns que fico ansioso para abrir. Você adivinhou — aqueles de entes queridos.

Alguém já disse que a Bíblia é a carta de amor de Deus para nós. Mas, assim como eu, talvez alguns dias, você não sinta o desejo de abri-la e seu coração não se identifica com as palavras do salmista: "Quanto amo a *tua* lei!" (SALMO 119:97). As Escrituras são *teus* mandamentos (V.98), *teus* testemunhos (V.99), *teus* preceitos (17), *tua* palavra (V.101, ÊNFASE ADICIONADA).

Uma pergunta de Thomas Manton (1620-70), quando era professor na Abadia de Westminster, continua relevante para nós hoje. Ele perguntou: "Quem é o autor das Escrituras? Deus... Qual é o fim das Escrituras? Deus. Por que as Escrituras nos foram dadas, senão para podermos desfrutar eternamente do Deus bendito?"

Diz-se que, quanto mais você conhece uma pessoa, menos você a admira. Mas o inverso é verdadeiro em relação a Deus. A familiaridade com as Escrituras, ou melhor, com o Deus da Palavra, gera afeição, e a afeição produz ainda mais familiaridade.

Quando abrir sua Bíblia, lembre-se de que Deus — aquele que o ama mais do que qualquer outro — tem uma mensagem para você. —PFC

Conhecer a Bíblia nos ajuda a conhecer o Deus da Bíblia.

É TARDE DEMAIS PARA MUDAR?

Leitura:
João 3:1-8,13-16

Perguntou-lhe Nicodemos:
Como pode um homem nascer, sendo velho?...
—JOÃO 3:4

HÁ DITADOS EM várias línguas sobre a dificuldade de mudar hábitos há muito estabelecidos. Em inglês: "Você não pode ensinar truques novos a um cão velho." Em francês: "Você não pode ensinar um macaco velho como ter uma cara engraçada." Em espanhol: "Um papagaio velho não pode aprender a falar."

Quando Jesus disse a Nicodemos que ele deveria "nascer de novo" para "ver o Reino de Deus", ele respondeu: "Como pode um homem nascer, sendo velho? Pode, porventura, voltar ao ventre materno e nascer segunda vez?" (JOÃO 3:3,4). O professor e autor Merrill Tenney sugere que Nicodemos estava, efetivamente, dizendo: "Reconheço que um novo nascimento é necessário, mas estou velho demais para mudar. Meu padrão de vida está definido. Nascimento físico está fora de questão e renascimento psicológico parece ainda menos provável... Meu caso não tem esperança?"

A resposta de Jesus incluía estas palavras: "Porque Deus amou ao mundo de tal maneira que deu o seu Filho unigênito, para que todo o que nele crê não pereça, mas tenha a vida eterna" (V.16). Esta é a oferta de vida nova e um novo começo para qualquer pessoa, jovem ou idoso.

Qualquer que seja a nossa idade ou situação na vida, com o poder de Deus, nunca é tarde demais para mudar. —DCM

É possível mudar porque Deus é poderoso.

QUAL É O SEU LEMA?

Leitura:
Lucas 12:4-7,22-32

*Não temais! Bem mais valeis
do que muitos pardais.*
—LUCAS 12:7

G RUG CROOD, PAI de uma família de homens das cavernas, num filme de animação, acredita que não há lugar seguro além de sua caverna. Eles se juntam à noite para o pai protegê-los. O pai acha que a filha adolescente deve desistir de seu lado aventureiro, pois isso poderá colocá-la em perigo. Seu lema para a família é: "Nunca *deixe* de ter medo." Ou melhor: "*Sempre* tenha medo."

Jesus muitas vezes disse o oposto aos Seus seguidores: "Não temas." Ele disse a Simão quando o chamou (LUCAS 5:10). Quando Jairo, um líder da sinagoga, cuja filha estava morrendo, veio a Ele, Jesus lhe disse as mesmas palavras (8:50).

Lucas 12 registra que Jesus disse a Seus discípulos para não terem medo, quando Ele os ensinou que Deus se importava com eles muito mais do que com os pardais (v.7). E depois de Sua ressurreição, Jesus disse às mulheres que vieram ao túmulo: "Salve! [...] Não temais" (MATEUS 28:9,10).

O medo é um sentimento universal. Temos preocupações a respeito de nossos entes queridos, nossas necessidades e do nosso futuro. Como podemos aprender a ter fé? O Senhor nos deu a base sobre a qual podemos construir nossa confiança nele: Ele mesmo disse: "...De maneira alguma te deixarei, nunca jamais te abandonarei. Assim, afirmemos confiantemente: O Senhor é o meu auxílio, não temerei..." (HEBREUS 13:5,6). —AMC

O amor de Deus nos liberta da prisão do medo.

UM CONTADOR DE HISTÓRIAS

Leitura:
Colossenses 1:13-23

*E a vós outros também que, outrora,
éreis estranhos e inimigos [...] agora,
porém, vos reconciliou...*
—COLOSSENSES 1:21,22

NOS ANOS SEGUINTES à Guerra Civil americana (1861-65), Lew Wallace, major-general da União, serviu como governador dos territórios do Novo México, que ainda não haviam se tornado um estado. Seu trabalho o colocou em contato com muitos personagens que compõem a história mítica do velho oeste, incluindo Billy Kid e o Xerife Pat Garrett. Foi nesse contexto que Wallace escreveu o que tem sido chamado por alguns de "o livro cristão mais influente" do século 19: *Ben-Hur: Um conto sobre o Cristo* (Ed. Abril, 2012).

Wallace testemunhou o pior impacto do pecado sobre a humanidade, quando viu a violência da Guerra Civil e o oeste selvagem. Na vida e em seu livro mais vendido, Wallace compreendeu que apenas a história de Jesus Cristo tem o poder de redenção e reconciliação.

Para o seguidor de Cristo, o clímax de nossa vida foi o momento em que Deus "...nos libertou do império das trevas e nos transportou para o reino do Filho do seu amor, no qual temos a redenção, a remissão dos pecados" (COLOSSENSES 1:13,14). Agora temos o privilégio de sermos contadores da maravilhosa história de redenção que Deus realizou. —RKK

*A diferença que Cristo faz em sua vida é uma história
que vale a pena contar.*

SAINDO DA ESCURIDÃO

Leitura:
Salmo 77:1-15

Elevo a Deus a minha voz e clamo
[...] Que deus é tão grande como o nosso Deus?
—SALMO 77:1,13

NÃO SEI QUAL situação oprimia Asafe, o autor do Salmo 77, mas já ouvi e fiz lamentos semelhantes. Desde que perdi minha filha, muitos outros que experimentaram perdas de entes queridos têm compartilhado esses sentimentos comoventes:

Clamar a Deus (v.1). *Estender* as mãos ao Senhor (v.2). *Experimentar* pensamentos de preocupação sobre Deus pelas horríveis circunstâncias (v.3). *Sentir* que os problemas indizíveis são duradouros (v.4). *Deixar-se oprimir* pelo sentimento de ser esquecido (v.7). *Duvidar* que as promessas se cumpram (v.8). *Temer* a falta de misericórdia (v.8).

Por lembrar-se das grandes obras de Deus, ocorre uma reviravolta na vida de Asafe (v.10). Seus pensamentos se voltam para o amor do Senhor, para as memórias do que Ele fez, Seus feitos maravilhosos no passado, o conforto da fidelidade e da misericórdia divina, as lembranças das maravilhas e da grandeza de Deus, Sua força e redenção.

O desespero é real — e as respostas não surgem facilmente. Mesmo na escuridão — ao nos lembrarmos da glória, da majestade e do poder e amor de Deus — nosso desespero tende a diminuir lentamente. Como Asafe, podemos relembrar o agir de Deus, especialmente a salvação que Ele nos trouxe por meio de Jesus, e podemos voltar para onde já estávamos — descansando com gratidão em Seu grande amor. —JDB

Relembrar o passado pode trazer esperança ao presente.

VALE A PENA

Leitura:
2 Coríntios 11:24-33

*Se tenho de gloriar-me, gloriar-me-ei
no que diz respeito à minha fraqueza.*
—2 CORÍNTIOS 11:30

"NÃO POSSO FAZER isto! ", disse Roberto, jogando longe o lápis em desespero. "É muito difícil! " A leitura, a escrita e a ortografia pareciam impossíveis ao nosso filho de 9 anos, disléxico. Finalmente, propuseram-nos uma difícil solução. Tivemos que praticar leitura e ortografia com ele por 20 minutos, todas as noites — sem exceção. Às vezes não sentíamos desejo de fazê-lo, e ficávamos desesperados para ver seu progresso. Mas queríamos fazer o nível de sua leitura corresponder à sua idade cronológica, então batalhamos.

Depois de dois anos e meio, parecia que todas as lágrimas e lutas tinham infinitamente valido a pena. Roberto aprendera a ler e a escrever. E todos nós aprendemos a ser perseverantes.

O apóstolo Paulo sofreu todos os tipos de dificuldades quando compartilhou as boas-novas de Jesus com aqueles que nunca tinham ouvido falar sobre elas. Perseguido, espancado, preso e incompreendido, às vezes, ele enfrentou a própria morte (2 CORÍNTIOS 11:25). Mas a alegria de ver as pessoas responderem à sua mensagem fez tudo valer a pena.

Se você sente que Deus o chamou para uma tarefa muito difícil, lembre-se de que as lições espirituais e a alegria que estão envolvidas na jornada podem parecer escondidas no começo, mas elas certamente estão lá! Deus o ajudará a encontrá-las. —MS

A jornada é tão importante quanto o destino.

BONDADE VISTA POR TODOS

Leitura:
Marcos 10:13-16

… Deixai vir a mim os pequeninos,
não os embaraceis, porque dos tais é o reino de Deus.
—MARCOS 10:14

AS NOTÍCIAS DE um simples ato de bondade num metrô de cidade grande têm percorrido o mundo. Um jovem, com a cabeça coberta por um capuz, caiu no sono no ombro de um passageiro mais velho. Quando alguém se ofereceu para acordar o jovem, o homem mais velho calmamente disse: "Ele deve ter tido um longo dia. Deixe-o dormir. Todos nós já passamos por isto." Ele deixou o rapaz cansado dormir em seu ombro por quase uma hora, até que o afastou delicadamente quando chegou em sua parada. Nesse meio tempo, outro passageiro tirou uma fotografia e postou nas mídias sociais, e a postagem tornou-se viral.

A bondade desse homem parece se identificar com o que todos nós almejamos — a bondade que reflete o coração de Deus. Vemos esta docilidade em Jesus quando Seus amigos tentaram protegê-lo da agitação e do incômodo das criancinhas. Em vez disso, Jesus insistiu em segurar as crianças no colo e abençoá-las (MARCOS 10:16). Assim, Ele convida todos nós para confiarmos nele como uma criança pequena (VV.13-16).

Jesus nos torna consciente de que todos nós estamos seguros em Sua presença. Acordados ou dormindo, podemos descansar nele. Quando estamos exaustos, Ele providencia um local seguro para descansarmos. —MRD

Deus é o refúgio seguro para o nosso descanso.

A PALAVRA DE DEUS REVIGORA

Leitura:
Isaías 55:8-11

*... a palavra que sair da minha boca: não voltará
para mim vazia, mas fará o que me apraz e prosperará
naquilo para que a designei.* —ISAÍAS 55:11

QUANDO EU ERA garoto, nossa família viajava pelo deserto no centro do país. Amávamos as tempestades que caíam nessa planície desértica. Eram acompanhadas de relâmpagos e trovões pipocando no ar, imensas camadas de chuva cobriam as areias quentes, tão distante quanto nossos olhos podiam ver. A água refrescava a terra — e a nós também.

A água produz mudanças maravilhosas. Por exemplo, o cacto-alfineteiro fica completamente sem vida durante a estação seca. Mas depois da primeira chuva de verão, o cacto desabrocha em flor, exibindo delicadas pétalas rosadas, douradas e brancas.

Do mesmo modo, na Terra Santa depois da tempestade, a vegetação pode brotar no solo seco, aparentemente, durante a noite. Isaías usou a renovação provocada pela chuva para ilustrar a Palavra refrescante de Deus: "Porque, assim como descem a chuva e a neve dos céus e para lá não tornam, sem que primeiro reguem a terra, e a fecundem, e a façam brotar, para dar semente ao semeador e pão ao que come, assim será a palavra que sair da minha boca: não voltará para mim vazia, mas fará o que me apraz e prosperará naquilo para que a designei" (ISAÍAS 55:10,11).

As Escrituras trazem vitalidade espiritual. É por isso que a Palavra não volta vazia. Onde quer que encontre um coração aberto, traz refrigério, alimento e vida nova. —HDF

*A Bíblia é para a alma sedenta o que a água
é para a terra seca.*

DEIXANDO TUDO PARA TRÁS

Leitura:
João 4:9-14,27-29

Quanto à mulher, [...] disse [...]. Vinde comigo
e vede um homem que me disse tudo quanto tenho feito.
*Será este, porventura, o Cristo?! —*JOÃO 4:28,29

NO MESMO ANO ou logo depois que o nosso filho obteve a carteira de motorista e começou a carregá-la, recebemos vários telefonemas de pessoas que a tinham encontrado em algum lugar. Nós o advertimos para ter mais cuidado e não deixá-la para trás.

Deixar as coisas para trás, no entanto, nem sempre é algo ruim. Em João 4, lemos sobre uma mulher que tinha vindo para tirar água de um poço. Mas depois que ela encontrou Jesus naquele dia, de repente, suas intenções mudaram. Deixando a água para trás, ela rapidamente volta para contar aos outros o que Jesus lhe tinha dito (vv.28,29). Até mesmo sua necessidade física de água se tornou muito pequena em comparação com o desejo de contar aos outros a respeito do Homem que ela tinha acabado de conhecer.

Pedro e André fizeram algo semelhante, quando Jesus os chamou. Eles abandonaram suas redes de pesca (que era a maneira como ganhavam a vida) para seguir a Jesus (MATEUS 4:18-20). E Tiago e João deixaram suas redes, seu barco e até mesmo seu pai quando o Mestre os chamou (vv.21,22).

Nossa nova vida como seguidores de Jesus Cristo pode significar que devemos deixar algumas coisas para trás, incluindo aquelas que não trazem satisfação duradoura. Aquilo que ansiávamos não pode ser comparado com a vida e a "água viva" que Jesus nos oferece. —CHK

Cristo mostrou Seu amor morrendo por nós;
demonstramos o nosso vivendo por Ele.

A MARAVILHA DA VISÃO

Leitura:
Salmo 139:7-16

*Graças te dou, visto que por modo assombrosamente
maravilhoso me formaste; as tuas obras são admiráveis...*
—SALMO 139:14

L I ALGO INCRÍVEL no site *livescience.com*: Se estivermos de pé no topo de uma montanha, observando uma porção maior do planeta do que o habitual, poderemos perceber luzes brilhantes que estão a centenas de quilômetros de distância. Numa noite escura, é possível vermos uma chama bruxuleante até 48 quilômetros de distância. Não é preciso telescópios nem óculos de visão noturna — o olho humano foi projetado de modo tão maravilhoso que até longas distâncias podem ser abarcadas com clara visão.

Este fato é uma vívida lembrança de nosso maravilhoso Criador, que projetou não só o olho humano, mas também todos os detalhes que compõem o nosso imenso Universo. E, diferente de tudo que há na criação, Deus nos fez à Sua imagem (GÊNESES 1:26). A Sua imagem reflete algo muito maior do que a capacidade de ver. Fala de uma similaridade com Deus que torna possível que nos relacionemos com Ele.

Podemos fazer a declaração de Davi: "Graças te dou, visto que por modo assombrosamente maravilhoso me formaste; as tuas obras são admiráveis, e a minha alma o sabe muito bem" (SALMO 139:14). Os olhos não nos foram dados somente para ver, pois também fomos feitos para que, em Cristo, um dia o vejamos! —WEC

*Toda a criação de Deus testemunha sobre Ele
como nosso grande Criador.*

TÍNHAMOS QUE AGIR

Leitura:
João 7:37-46

... Jamais alguém falou como este homem.
—JOÃO 7:46

O CONGRESSISTA JOHN LEWIS tinha 23 anos quando participou da histórica marcha dos direitos civis em 1963: "Marcha sobre Washington", liderada por Martin Luther King Jr. Meio século depois, um jornalista perguntou-lhe como ele fora influenciado pelo discurso: "Eu tenho um sonho", do Dr. King, naquele dia. Lewis respondeu: "Era impossível tê-lo ouvido falar e depois voltar aos negócios, como de costume. Tínhamos que fazer algo, tínhamos que agir, que tomar alguma providência, sair e espalhar as boas notícias."

Muitas pessoas que encontraram Jesus descobriram que era impossível manter-se neutro em relação a Ele. João 7:25-46 registra duas reações diferentes em relação ao Senhor. Enquanto muitos "creram nele" (V.31), os líderes religiosos tentaram silenciá-lo enviando guardas do templo para prendê-lo (V.32). Os guardas provavelmente estavam presentes quando Jesus disse: "...Se alguém tem sede, venha a mim e beba. Quem crer em mim, como diz a Escritura, do seu interior fluirão rios de água viva" (VV.7,8). Os guardas voltaram à presença dos principais sacerdotes e fariseus, e estes lhes perguntaram: "Por que não o trouxestes?" (V.45). "Responderam eles: Jamais alguém falou como este homem" (V.46).

As palavras de Jesus nos impelem a agir, e a nos posicionar, para além do que estamos acostumados. —DMC

*A morte de Jesus perdoou meus pecados
e inspira minha obediência no presente.*

QUANDO DEUS FALA MANSAMENTE

Leitura:
1 Reis 19:1-12

Deitou-se e dormiu debaixo do zimbro;
eis que um anjo o tocou e lhe disse: Levanta-te e come.

—1 REIS 19:5

❦

A DORO TIRAR FOTOS do pôr do sol no lago próximo de onde moro. Alguns se mostram em sutis tons pastéis. Outros são pincelados de cores brilhantes. Às vezes, o sol se esconde silenciosamente por trás do lago. Outras vezes, ele desce como uma explosão de fogo.

Nas fotos ou ao vivo, prefiro a última opção. Mas ambas mostram a criação de Deus. Quando se trata de Sua obra no mundo, minhas preferências são as mesmas. Prefiro ver respostas dramáticas à oração do que as provisões comuns do pão de cada dia. Mas ambas são obras de Deus.

Elias pode ter tido preferências semelhantes. Ele tinha se acostumado a ser o centro das grandes manifestações do poder do Senhor. Quando ele orou, Deus manifestou-se de forma dramática — primeiro em uma milagrosa derrota dos profetas de Baal e, então, no final de uma longa e devastadora seca (1 REIS 18). Mas em seguida, Elias sentiu medo e começou a correr. Deus enviou um anjo para alimentá-lo e fortalecê-lo para sua viagem. Depois de 40 dias, ele chegou a Horebe. Deus lhe mostrou que Ele agora estava se comunicando com suavidade, não com milagres esplendorosos (19:11,12).

Se você está desanimado porque Deus não apareceu numa chama de glória, talvez Ele esteja se revelando com Sua presença tranquila. —JAL

Deus está nas pequenas coisas, assim como nas grandes.

ALINHANDO-SE COM DEUS

Leitura:
Deuteronômio 8:11-18

*Lembra-te do teu Criador [...] antes que
venham os maus dias.*
—ECLESIASTES 12:1

"**D**EUS ABENÇOE GANA" é a primeira linha do hino nacional do país. Outros hinos africanos dizem: "Ó Uganda, que Deus possa defender-te." "Senhor, abençoe nossa nação" (África do Sul), e "Ó Deus da criação dirija nossa nobre causa" (Nigéria). Usando os hinos como orações, seus patriarcas clamam a bênção de Deus sobre a sua terra e seu povo. Muitos hinos nacionais na África e outros em todo o mundo destacam o Senhor como o Criador e Provedor. Outros versos clamam por reconciliação, transformação e esperança para um povo frequentemente dividido por razões étnicas, políticas e sociais.

Ainda hoje, os líderes nacionais e os cidadãos tendem a esquecer-se de Deus e não praticar suas declarações — especialmente quando a vida está correndo bem. Por que esperar a chegada de guerras, doenças, tempestades, ataques terroristas ou violência no período de eleições, antes de nos lembrarmos de buscar a Deus? Moisés advertiu os israelitas a não se esquecerem do Senhor nem desistirem de seguir Seus caminhos, quando a vida estivesse tranquila (DEUTERONÔMIO 8:11). Eclesiastes 12:1 nos exorta: "Lembra-te do teu Criador [...] antes que venham os maus dias."

Achegarmo-nos a Deus enquanto estamos fortes e saudáveis nos prepara para dependermos do apoio e esperança que Ele provê quando chegarem os dias difíceis. —LD

*Lembrarmo-nos do nosso Criador pode ser
o nosso hino pessoal.*

UMA EXPLOSÃO MARAVILHOSA

Leitura:
João 13:31-35

... assim como eu vos amei, que também
vos ameis uns aos outros. —JOÃO 13:34

N O LIVRO *BEIJOS DA KATIE* (Ed. Pensamento, 2012), Katie Davis relata sobre a alegria de viver em Uganda e a adoção de várias meninas. Um dia, uma de suas filhas perguntou: "Mamãe, se deixar Jesus entrar no meu coração, eu vou explodir?" Primeiro, Katie respondeu que não, pois a entrada de Jesus em nosso coração é um acontecimento espiritual.

Após pensar mais sobre isso, Katie explicou-lhe que, quando decidimos render nossa vida e coração a Ele "explodiremos com amor, compaixão, pesar pelos que estão sofrendo e alegria pelos que se alegram". Em essência, o conhecer a Cristo nos faz ter um cuidado profundo com as pessoas em nosso mundo.

A Bíblia nos desafia: "Alegrai-vos com os que se alegram e chorai com os que choram" (ROMANOS 12:15). Podemos consistentemente demonstrar esta resposta amorosa por causa da ação do Espírito Santo em nosso coração. Quando recebemos a Cristo, o Espírito Santo passa a habitar dentro de nós. O apóstolo Paulo descreveu desta forma: "...tendo nele também crido, fostes selados com o Santo Espírito da promessa" (EFÉSIOS 1:13).

Importar-se com os outros — com a ajuda sobrenatural de Deus — mostra ao mundo que somos os Seus seguidores (JOÃO 13:35). Também nos lembra de Seu amor por nós. Jesus disse: "...assim como eu vos amei, que também vos ameis uns aos outros" (V.34). —JBS

O amor que oferecemos aos outros reflete o amor
que recebemos de Deus.

SE OS OUTROS NÃO PERDOAM

Leitura:
Filipenses 3:12-16

... esquecendo-me das coisas que para trás ficam
[...] prossigo para o alvo...
—FILIPENSES 3:13,14

EU ESTAVA ALMOÇANDO com dois homens que tinham entregado suas vidas a Cristo enquanto estavam na prisão. O mais jovem estava desanimado porque a família a quem ele havia roubado não queria perdoá-lo.

"Meu crime foi violento", disse o homem mais velho. "Continua a assombrar e afetar a família até hoje. Eles não me perdoaram, sua dor é enorme. No início, me senti paralisado por este anseio pelo perdão deles." E continuou sua história: "Então, um dia percebi que estava adicionando egoísmo ao meu quebrantamento. É muito esperar que a família me perdoe. Eu estava concentrado no que sentia que precisava curar do meu passado. Levou algum tempo para perceber que o perdão da família era uma questão entre eles e Deus."

"Como você consegue suportar isso?", perguntou o jovem.

O homem mais velho explicou-lhe que Deus fizera por ele o que ele não merecia e, o que os outros simplesmente não poderiam fazer: Ele morreu por nossos pecados, e mantém Sua promessa de lançar nossos pecados "tão distante quanto o oriente está do ocidente" (SALMO 103:12) e que Ele "não se lembrará mais dos nossos pecados" (ISAÍAS 43:25).

Em face de tão grande amor, honramos a Deus se aceitamos o Seu perdão como suficiente. Devemos nos esquecer das coisas que para trás ficam e prosseguir para o alvo (FILIPENSES 3:13,14). —RKK

A obra de Cristo é suficiente para perdoar todo o pecado.

UMA RESPOSTA AO CLAMOR

Leitura:
Isaías 30:15-22

... certamente se compadecerá de ti,
à voz do teu clamor, e, ouvindo-a, te responderá.
—ISAÍAS 30:19

QUANDO MEUS NETOS eram pequenos, meu filho os levou para verem a produção teatral do *Rei Leão*. Quando o jovem leão, Simba, se deteve ao lado de seu pai, o Rei Mufasa, que havia sido morto por seu malvado tio, o pequeno Simba, sozinho e amedrontado, gritou: "Socorro! Socorro! Socorro!" Naquele momento, meu neto de 3 anos ficou em pé, em sua cadeira, e no silencioso teatro gritou: "Por que alguém não vai ajudá-lo?"

O Antigo Testamento contém muitos relatos do povo de Deus clamando por socorro. Apesar dos problemas deles serem, muitas vezes, autoimpostos por causa de sua obstinação, ainda assim, Deus estava pronto para auxiliá-los.

Embora o profeta Isaías tenha tido que entregar muitas más notícias, em meio a elas, ele assegurou ao povo: "o SENHOR espera, para ter misericórdia de vós, e se detém, para se compadecer de vós, [...] se compadecerá de ti, à voz do teu clamor..." (ISAÍAS 30:18,19). Contudo, Deus com frequência olha para Seu próprio povo para que este seja a resposta a esse pedido de socorro (ISAÍAS 58:10).

Hoje, as pessoas ao nosso redor estão precisando de alguém que tome providências para ajudá-las. É um alto privilégio se tornar as mãos de Deus ao respondermos aos pedidos de ajuda em Seu nome. —JMS

Demonstre que Deus se importa:
estenda uma mão amiga.

DESCANSO TRANQUILO

Leitura:
Marcos 6:30-32; Salmo 4:7,8

*Em paz me deito e logo pego no sono,
porque, SENHOR, só tu me fazes repousar seguro.*
—SALMO 4:8

HÁ ALGUNS ANOS meu filho e eu concordamos em transportar um equipamento para um amigo, a um sítio no interior. Não existem estradas naquele trecho, pelo menos nenhuma em que meu caminhão pudesse passar. Então, o rapaz que administrava o sítio, se dispôs a nos encontrar no fim da estrada, com uma pequena carroça atrelada a um par de mulas.

No caminho, começamos a conversar e descobri que ele morava naquela propriedade durante todo o ano. "O que você faz no inverno?", perguntei-lhe, sabendo que os invernos na parte alta do país eram longos e intensos e que o rancho não tinha eletricidade ou telefone, apenas um rádio por satélite. "Como você aguenta?"

"Na verdade", disse ele com a fala arrastada, "acho que é bem tranquilo".

Em meio aos nossos dias tão sobrecarregados, às vezes, desejamos paz e tranquilidade. Há muito barulho no ar; também há muitas pessoas ao redor. Queremos "repousar um pouco, à parte…" (MARCOS 6:31). Podemos encontrar um lugar para fazer isto?

Sim, esse lugar existe. Quando tirarmos alguns momentos para refletir sobre o amor e a misericórdia do Pai e lançarmos os nossos fardos sobre Ele, encontraremos, nesse espaço de silêncio na presença de Deus, a paz que o mundo levou embora. —DHR

*Investir o tempo em silêncio na presença do Senhor
trará o descanso tranquilizador.*

FORTALECENDO AS MINHAS MÃOS

Leitura:
Neemias 6:1-9,15

Agora, pois, ó Deus, fortalece as minhas mãos.
—NEEMIAS 6.9

LEE KUAN YEW (1923-2015), ex-primeiro-ministro, recebeu os créditos por Singapura ser o que é hoje. Em sua liderança, o país cresceu, tornou-se rico e próspero e uma das nações mais desenvolvidas da Ásia. Ao perguntar-lhe se ele já havia tido vontade de desistir frente a críticas e desafios em seus anos de serviço público, ele respondeu: "É um compromisso para toda a vida."

Neemias liderou a reconstrução do muro de Jerusalém e recusou-se a desistir. Enfrentou insultos e intimidação dos inimigos ao seu redor, e as injustiças de seu próprio povo (NEEMIAS 4-5). Seus inimigos insinuaram que ele tinha interesses pessoais na reconstrução (6:6,7). O profeta buscou a ajuda divina, e se defendeu como pôde.

Apesar dos desafios, o muro foi concluído em 52 dias (6:15). Mas o trabalho de Neemias não estava completo. Ele encorajou os israelitas a estudar as Escrituras, a adorar e a guardar a lei de Deus. Após 12 anos como governador (5:14), ele retornou para certificar-se de que as suas reformas ainda permaneciam (13:6). Neemias estava comprometido em liderar o povo durante toda a sua vida.

Todos nós enfrentamos desafios e dificuldades no dia a dia. Mas como Deus ajudou Neemias, também fortalecerá as nossas mãos (6:9) para o restante de nossa caminhada aqui, em quaisquer tarefas que Ele nos der. —CPH

*Os desafios da vida não são planejados para nos derrotar,
mas para que nos inclinemos diante de Deus.*

A MÃO DE DEUS

Leitura:
Salmo: 63:1-8

A minha alma apega-se a ti; a tua destra me ampara.
—SALMO 63:8

Q UANDO A NASA começou a usar um novo tipo de telescópio espacial para capturar diferentes espectros de luz, os pesquisadores ficaram surpresos com uma das fotos. Ela mostrava algo parecido com dedos, um polegar, e uma mão aberta repleta de cores espetaculares: azul, roxo, verde e dourado. Alguns já a chamaram de "a mão de Deus".

A ideia de Deus estendendo a mão para nos ajudar quando passamos por necessidades é um tema recorrente nas Escrituras. No Salmo 63, lemos: "Porque tu me tens sido auxílio; à sombra das tuas asas, eu canto jubiloso. A minha alma apega-se a ti; a tua destra me ampara" (vv.7,8). O salmista sentia a ajuda divina de Deus como uma mão que o sustentava. Alguns estudiosos da Bíblia acreditam que o rei Davi escreveu este salmo no deserto de Judá durante a terrível época da rebelião de seu filho Absalão, que conspirou para roubar o trono de seu pai, fazendo o rei fugir para o deserto (2 SAMUEL 15-16). Mesmo durante este tempo difícil, Deus estava presente e o salmista confiava nele. O rei disse: "Porque a tua graça é melhor do que a vida; os meus lábios te louvam" (SALMO 63:3).

A vida, às vezes, pode ser dolorosa, mas Deus oferece Sua mão reconfortante em meio a ela. Não estamos fora do Seu alcance. —DHF

Deus sustenta o peso do mundo sobre Seus ombros, contudo,
mantém os Seus filhos na palma de Sua mão.

LUTANDO CONTRA AS DISTRAÇÕES

Leitura:
Lucas 10:38-42

… Maria, pois, escolheu a boa parte, e esta não lhe será tirada.
—LUCAS 10:42

TODOS OS DIAS vou e volto do escritório pela mesma estrada, e vejo um número alarmante de motoristas distraídos. Geralmente os vejo falando ao celular ou digitando mensagens de texto, mas também já vi alguns lendo o jornal, retocando a maquiagem ou comendo ao tentar manobrar um carro a 100 quilômetros por hora! Em algumas circunstâncias, as distrações são passageiras e inofensivas, porém, num veículo em movimento, elas podem ser fatais.

Às vezes, as distrações podem ser um problema em nosso relacionamento com Deus. Na verdade, foi a preocupação de Jesus em relação a Sua amiga Marta. Ela "…agitava-se de um lado para outro, ocupada em muitos serviços…" para preparar a refeição (LUCAS 10:40). Quando ela reclamou a respeito da falta de ajuda da irmã Maria (aparentemente devido a sua devoção a Cristo e Seu ensino), Jesus disse-lhe: "…Marta! Marta! Andas inquieta e te preocupas com muitas coisas. Entretanto, pouco é necessário ou mesmo uma só coisa; Maria, pois, escolheu a boa parte, e esta não lhe será tirada" (VV.41,42).

As distrações de Marta eram bem-intencionadas. Mas ela estava perdendo a oportunidade de ouvir Jesus e desfrutar de Sua presença. Ele é merecedor da nossa mais profunda devoção, e só Ele pode nos capacitar plenamente a superar quaisquer distrações da vida. —WEC

Se você quer ser infeliz, olhe para dentro; distraído,
olhe ao redor; tranquilo, olhe para cima.

NOSSA FONTE DE AJUDA

Leitura:
Salmo 121

Porque a tua graça é melhor do que a vida;
os meus lábios te louvam. —SALMO 63:3

LYGON STEVENS, UMA alpinista experiente de 21 anos, havia alcançado os picos do Monte McKinley, Monte Rainier, quatro picos andinos no Equador, e 39 das mais altas montanhas do Colorado, EUA. "Pratico o alpinismo porque amo as montanhas, e porque encontro Deus lá em cima", disse ela, em 2008. Ao escalar um desses picos, Lygon morreu numa avalanche e seu irmão Nicklis, sobreviveu.

Quando os pais dela descobriram seus diários, ficaram profundamente comovidos com a intimidade de sua caminhada com Cristo. "Sempre uma luz brilhante para Ele", disse sua mãe: "Lygon experimentou tanta profundidade e honestidade em seu relacionamento com o Senhor, que até mesmo os cristãos mais maduros anseiam desenvolver."

Nas última mensagem que registrou em seu diário, ainda dentro de sua barraca, três dias antes da avalanche, ela disse: "Deus é bom e Ele tem um plano para nossa vida que é maior e mais abençoado do que a vida que podemos escolher para nós mesmos, e estou tão agradecida por isso. Obrigada, Senhor, por me trazer neste lugar tão distante. Deixo o restante — meu futuro — em Suas mãos e lhe agradeço por isso."

A atitude de Lygon reflete as palavras do salmista: "Porque a tua graça é melhor do que a vida; os meus lábios te louvam" (SALMO 63:3). —DCM

Podemos confiar em nosso Deus onisciente a respeito
do nosso futuro desconhecido.

O ANDAR DE TRENÓ E A ORAÇÃO

Leitura:
Marcos 14:32-42

Naqueles dias, retirou-se para o monte,
a fim de orar, e passou a noite orando a Deus.
—LUCAS 6:12

Q UANDO CHEGA O verão, gosto de colocar um enorme plástico no quintal, chamar os netos e escorregar no sabão, deslizando até parar. Escorregamos por cerca de 10 segundos, e subimos rápido para descer de novo.

Quando viajo para o Alasca com um grupo de adolescentes, andamos de trenó. Somos rebocados por um ônibus até nos aproximarmos do topo de uma montanha. Subimos em nossos trenós e nos 10 a 20 minutos seguintes (dependendo do nível de coragem), deslizamos a uma velocidade vertiginosa montanha abaixo, segurando até não poder mais.

Dez segundos no meu quintal ou 10 minutos nas montanhas do Alasca. Em ambas é possível deslizar, mas há uma clara diferença entre elas.

Tenho pensado sobre isso em relação à oração. Às vezes, praticamos o tipo de oração "10 segundos no quintal" — uma oração rápida, de supetão, ou uma oração curta de agradecimento antes da refeição. Outras vezes, somos atraídos para a oração do tipo "montanhas do Alasca" — prolongada, com momentos intensos que exigem concentração e paixão em nosso relacionamento com Ele. Ambas têm seu lugar e são vitais para nossa vida.

Jesus orou com frequência e, às vezes, por um longo tempo (LUCAS 6:12; MARCOS 14:32-42). Seja como for, vamos trazer os desejos do nosso coração para o Deus que nos conhece em todos os momentos de nossa vida. —JDB

A essência da oração é a constante comunhão com Deus.

UMA PORTA QUE SE FECHA

Leitura:
2 Coríntios 5:18–6:2

Eis, agora, o tempo sobremodo oportuno,
eis, agora, o dia da salvação. —2 CORÍNTIOS 6:2

B IP, BIP. AS luzes piscando e o som de aviso alertou os viajantes que a porta do trem estava prestes a se fechar. Mesmo assim, alguns retardatários empreenderam uma corrida frenética atravessando a plataforma para entrar num dos vagões. A porta se fechou sobre um deles. Felizmente, o passageiro se ajeitou na porta e embarcou em segurança. Questionei-me por que as pessoas assumiam tais riscos, se o próximo trem chegaria em apenas 4 minutos.

Há uma porta muito mais importante pela qual devemos entrar antes que ela se feche. É a porta da misericórdia de Deus. O apóstolo Paulo nos diz: "…eis, agora, o tempo sobremodo oportuno, eis, agora, o dia da salvação" (2 CORÍNTIOS 6:2). Cristo veio, morreu por nossos pecados e ressuscitou da sepultura. Ele abriu o caminho para nos reconciliarmos com Deus e proclamou para nós o dia da salvação.

O tempo é hoje! Mas um dia a porta da misericórdia vai se fechar. Para aqueles que receberam e serviram a Cristo, Ele dirá: "Vinde, benditos de meu Pai! Entrai na posse do reino que vos está preparado desde a fundação do mundo (MATEUS 25:34). Porém, aqueles que não o conhecem, irão para o castigo eterno (V.46).

Nossa resposta a Jesus Cristo determina o nosso destino. Hoje, Jesus convida: "Eu sou a porta. Se alguém entrar por mim, será salvo…" (JOÃO 10:9). —PFC

Não há melhor dia do que hoje para entrar
para a família de Deus.

UNIDOS

Leitura:
Efésios 4:5-16

Pois somos feitura dele,
criados em Cristo Jesus para boas obras...
—EFÉSIOS 2:10

MINHA ESPOSA, JANETE, me presenteou com um novo violão no meu aniversário de 65 anos. Originalmente desenvolvido nos anos de 1900, o estilo dele é maior do que a maioria dos violões fabricados naquela época, e é famoso por seu som nítido e alto. A parte de trás desse instrumento é única. Devido à escassez de peças largas de jacarandá de alta qualidade, os artesãos, de modo inovador, encaixaram três pequenos pedaços de madeira, o que resultou em um som mais rico.

A obra de Deus é muito parecida com esse modelo inovador de violão. Jesus reúne fragmentos e os une de modo a lhe trazer louvor. Ele recrutou cobradores de impostos, revolucionários judeus, pescadores e outros tipos de pessoas para serem Seus seguidores. E no transcorrer dos séculos, Cristo continua a chamar pessoas de vários estilos de vida. O apóstolo Paulo nos diz: "...de quem todo o corpo, bem ajustado e consolidado pelo auxílio de toda junta, segundo a justa cooperação de cada parte, efetua o seu próprio aumento para a edificação de si mesmo em amor" (EFÉSIOS 4:16).

Nas mãos do Mestre, muitos tipos de pessoas estão sendo encaixadas e unidas de modo a resultar em algo com enorme potencial para louvar a Deus e servir aos outros. —HDF

Podemos realizar muito mais juntos do que sozinhos.

EM PROL DA NOSSA SAÚDE

Leitura:
1 Crônicas 16:7-14

Rendei graças ao SENHOR ...
—1 CRÔNICAS 16:8

D E ACORDO COM um proeminente pesquisador de um Centro Médico Universitário: "Se a gratidão fosse uma droga, seria o produto mais vendido do mundo com benefícios para a saúde e para cada órgão do sistema."

Para alguns, ser grato significa viver com espírito de gratidão — tendo tempo para reconhecer e focar nas coisas que temos, em vez de concentrar a atenção nas coisas que desejamos ter. A Bíblia aprofunda o que sabemos sobre o agradecimento. O ato de render graças nos faz reconhecer Aquele que nos concede as bênçãos (TIAGO 1:17).

Davi sabia que Deus era responsável pela entrega segura da Arca da Aliança em Jerusalém (1 CRÔNICAS 15:26). Como resultado, ele escreveu uma canção de gratidão centrada em Deus, em vez de simplesmente expressar seu prazer num acontecimento importante. A música começava assim: "Rendei graças ao SENHOR, invocai o seu nome, fazei conhecidos, entre os povos, os seus feitos" (16:8). A canção de Davi se regozijava na grandeza do Senhor, destacando a salvação de Deus, Seu poder criativo e Sua misericórdia (VV.25-36).

Hoje podemos ser verdadeiramente gratos adorando o Doador em vez das dádivas que dele recebemos. Concentrarmo-nos nas coisas boas que acontecem em nossa vida pode beneficiar o nosso corpo, mas direcionarmos os nossos agradecimentos a Deus beneficia a nossa alma. —JBS

A verdadeira gratidão ressalta o Doador em vez das dádivas que Ele concede.

PROVÉRBIOS CHINESES

Leitura:
2 Timóteo 2:1-6

... sempre abundantes na obra do Senhor,
sabendo que, no Senhor, o vosso trabalho não é vão.
—1 CORÍNTIOS 15:58

ESTE PROVÉRBIO CHINÊS é comum: "Puxe a planta para cima para ajudá-la a crescer", e diz respeito a um homem impaciente da dinastia Song. Ele estava ansioso para ver suas mudas de arroz crescerem logo. E pensou numa solução: ele puxaria alguns centímetros de cada muda. Após um dia de trabalho tedioso, o homem inspecionou o seu arrozal.

Ele alegrou-se, pois as plantas pareciam ter "crescido" um pouco mais. A sua alegria durou pouco, uma vez que as plantas começaram a murchar porque suas raízes já não estavam profundas.

Em 2 Timóteo 2:6, o apóstolo Paulo compara o trabalho de um ministro do evangelho ao de um agricultor. Ele escreveu para encorajar Timóteo a ver que, assim como na lavoura, fazer discípulos pode ser um trabalho contínuo e árduo. Você ara, semeia, espera e ora. Você deseja ver os frutos do seu trabalho rapidamente, mas o crescimento leva tempo. E como o provérbio chinês tão apropriadamente ilustra, qualquer esforço para apressar tal processo será inútil. O comentarista bíblico William Hendriksen afirma: "Se Timóteo [...] se esforçar plenamente no desempenho da tarefa espiritual dada a ele por Deus, ele verá na vida dos outros os prenúncios dos gloriosos frutos mencionados em Gálatas 5:22,23."

Enquanto trabalhamos fielmente, esperamos pacientemente no Senhor que faz as plantas crescerem (1 CORÍNTIOS 3:7). —PFC

Nós plantamos a semente, Deus produz a colheita.

O QUE O DINHEIRO NÃO PODE COMPRAR

Leitura:
Efésios 1:3-14

*... no qual temos a redenção, pelo seu sangue,
a remissão dos pecados, segundo a riqueza da sua graça.*
—EFÉSIOS 1:7

"HÁ ALGUMAS COISAS que o dinheiro não pode comprar — mas não muitas nos dias atuais", de acordo com Michael Sandel, autor do livro *O que o dinheiro não compra* (Ed. Civilização Brasileira, 2014). Uma pessoa pode comprar privilégios numa cela de prisão, o direito de atirar num rinoceronte-negro ameaçado de extinção, ou o número do celular do seu médico. Parece que "quase tudo está à venda".

Mas há algo que o dinheiro não pode comprar: a *redenção* — ser livre da opressão do pecado. Quando o apóstolo Paulo começou a escrever sobre a natureza valiosa do plano divino da salvação por meio de Jesus, seu coração irrompeu em louvores: "...no qual temos a redenção, pelo seu sangue, a remissão dos pecados, segundo a riqueza da sua graça, que Deus derramou abundantemente sobre nós em toda a sabedoria e prudência" (EFÉSIOS 1:7,8).

A morte de Jesus na cruz foi o alto preço para nos livrar do pecado. E só Ele poderia pagar esse valor, porque Ele era o Filho perfeito de Deus. A resposta natural a esta graça, valiosa, é o louvor espontâneo de nosso coração e o compromisso com o Deus que nos comprou por meio de Jesus (1:13,14).

Louvemos ao nosso Deus amoroso — Ele veio para nos libertar! —MLW

*Somente a morte de Jesus poderia comprar
nossa liberdade.*

HÁBITOS DE UMA MENTE SAUDÁVEL

Leitura:
Salmo: 37:1-8

Confia no SENHOR *e faze o bem...*
—SALMO 37:3

HOJE SE FALA muito sobre como melhorar a nossa saúde praticando hábitos otimistas, seja ao enfrentarmos um difícil diagnóstico médico ou uma pilha de roupa suja. Barbara Fredrickson, doutora e professora de psicologia numa renomada universidade, diz que devemos praticar atividades que venham a trazer alegria, gratidão, amor e outros sentimentos positivos. Sabemos, no entanto, que é necessário mais do que um desejo generalizado de ter bons sentimentos. Precisamos de uma forte convicção de que há uma fonte de alegria, de paz e de amor da qual podemos depender.

O Salmo 37:1-8 oferece ações positivas que podemos praticar como antídoto para o pessimismo e o desânimo. Considere isso: "Confia no SENHOR e faze o bem..." "...habita na terra e alimenta-te da verdade..." (v.3); "...agrada-te do SENHOR, e ele satisfará os desejos do teu coração..." (v.4); "...entrega o teu caminho ao SENHOR, confia nele..." (v.5); "...fará sobressair a tua justiça como a luz e o teu direito, como o sol ao meio-dia..." (v.6); "...Deixa a ira, abandona o furor..." (v.8).

Essas diretrizes são mais do que pensamentos esperançosos ou sugestões infundadas; por causa de Jesus e na força dele elas se tornam possíveis.

Nossa única e verdadeira fonte de otimismo é a redenção que há em Jesus. Ele é o nosso motivo de esperança! —DCM

*Quando há más notícias, nossa esperança
é a boa-nova de Jesus.*

BÊNÇÃOS DISFARÇADAS

Leitura:
Genesis 45:4-8

Como é grande a tua bondade,
que reservaste aos que te temem...
—SALMO 31.19

NAS SEMANAS SEGUINTES ao ataque cardíaco de meu marido, muitas vezes agradecemos a Deus por ter poupado sua vida. Nos meses seguintes, muitos me perguntavam como eu estava me sentindo. Minha resposta, na maioria das vezes, era simples: "Abençoada. Eu me sinto abençoada."

Contudo, as bênçãos vêm em formas e tamanhos diferentes. Na verdade, nós nem sempre as reconhecemos. Mesmo quando estamos fazendo tudo o que pensamos que Deus quer que façamos, ainda podemos passar por sofrimentos. Às vezes. ficamos surpresos por Deus não responder da maneira que queremos, ou por Ele estar demorando para nos responder.

Vemos isso na vida de José. Partindo de uma perspectiva humana, acharíamos que Deus o havia esquecido completamente. José sofreu por mais de dez anos. Ele foi jogado num poço, vendido como escravo, acusado falsamente e preso injustamente. Contudo, finalmente a fidelidade de Deus se tornou evidente a todos, quando José se tornou governante do Egito e evitou que muitas pessoas morressem de fome (GÊNESIS 37-46). C. S. Lewis escreveu: "Muitas vezes, quando perdemos uma bênção, inesperadamente, outra bênção nos é dada em seu lugar."

A mão abençoadora de Deus sempre esteve sobre José, assim como está sobre todos os que confiam nele. "Como é grande a tua bondade!..." (SALMO 31:19). —CHK

A verdadeira felicidade é conhecer a bondade de Deus.

FESTA DE ANIVERSÁRIO

Leitura:
Salmo 71:5-18

Em ti me tenho apoiado desde o meu nascimento
[...] tu és motivo para os meus louvores constantemente.
—SALMO 71:6

SEMPRE GOSTEI MUITO de festas de aniversários. Ainda me lembro de estar em pé, em nossa varanda, esperando animadamente meus amigos aparecerem para minha festa de 5 anos. Não estava animado apenas com os balões, os presentes e o bolo. Estava feliz porque eu não tinha mais quatro anos! Eu estava crescendo.

À medida que envelheço, entretanto, os aniversários, às vezes, têm sido mais desanimadores do que incentivadores. Anos atrás, quando comemorei um aniversário que me marcou pelas décadas que tinha completado, mais do que pelo ano em si, minha esposa, Martie, me encorajou com a lembrança de que eu deveria ser grato por estar envelhecendo. E mostrou-me o Salmo 71, no qual o salmista fala sobre a presença de Deus durante toda a sua vida. Este salmo me lembrou de que Deus me tirou do "ventre materno" (71:6), e como o salmista proclamou com gratidão: "Tu me tens ensinado, ó Deus, desde a minha mocidade; e até agora tenho anunciado as tuas maravilhas" (v.17). E agora, mais velho, o mesmo salmista tem a honra de proclamar: "…à presente geração a tua força e às vindouras o teu poder" (v.18). Deus o abençoou com Sua presença todos os anos de sua vida.

Os aniversários agora me fazem recordar a fidelidade de Deus, e me aproximam ainda mais da presença daquele que esteve ao meu lado todos estes anos! —JMS

Conte suas muitas bênçãos, aniversário após aniversário.

QUEM É O CHEFE?

Leitura:
Romanos 6:1-14

Porque o pecado não terá domínio sobre vós;
pois não estais debaixo da lei, e sim da graça.
—ROMANOS 6:14

QUANDO MINHA ESPOSA estava cuidando de nossos dois netos, eles começaram a discutir por causa de um brinquedo. De repente, o mais novo ordenou ao irmão mais velho: "Vá para o seu quarto!" Com os ombros caídos pelo peso de tal repreensão, abatido, ele começou a esgueirar-se até o seu quarto, quando minha esposa lhe disse: "Você não tem que ir para seu quarto. O seu irmão não é o seu chefe!" Essa percepção mudou tudo, e ele, sorrindo, sentou-se para brincar.

Como seguidores de Cristo, o nosso quebrantamento e a nossa inclinação para o pecado podem assumir uma falsa autoridade muito parecida com a do irmão mais novo. O pecado ruidosamente ameaça dominar nosso coração e a nossa mente, e a alegria desaparece do nosso relacionamento com o Salvador.

Mas por meio da morte e ressurreição de Cristo, essa ameaça é vazia. O pecado não tem autoridade sobre nós. É por isto que Paulo escreveu: "Porque o pecado não terá domínio sobre vós; pois não estais debaixo da lei, e sim da graça" (ROMANOS 6:14).

Conquanto nosso quebrantamento seja bem real, a graça de Cristo nos permite viver de forma que agrade a Deus e expresse o Seu poder transformador para o mundo. O pecado não é mais o nosso chefe. Agora vivemos na graça e na presença de Jesus. O domínio dele sobre a nossa vida nos liberta da escravidão do pecado. —WEC

Deus nos busca em nossa inquietação, nos recebe e
nos ampara em nosso quebrantamento. —SCOTTY SMITH

A MENINA NA CAPA AMARELA

Leitura:
Gênesis 2:18-25

*Por isso, deixa o homem pai e mãe
e se une à sua mulher, tornando-se os dois uma só carne.*
—GÊNESIS 2:24

FOI SUA CAPA de chuva amarela que chamou minha atenção, e rapidamente fiquei cada vez mais interessado naquela caloura bonita de cabelos longos e castanhos. Logo tomei coragem e a interceptei, enquanto ela caminhava tentando ler uma carta de alguém de sua cidade, e desajeitadamente a convidei para um encontro. Para minha surpresa, ela aceitou.

Por mais de quatro décadas, olhamos para trás e rimos de nosso primeiro encontro atabalhoado no *campus* — e o incrível é ver como Deus colocou um rapaz e uma moça, ambos tímidos, juntos. Ao longo dos anos enfrentamos inúmeras crises lado a lado enquanto criávamos nossa família. Somos pais de quatro filhos e temos lutado grandemente com a perda de uma filha. Problemas grandes e pequenos já testaram a nossa fé, no entanto, permanecemos juntos. Isto exigiu compromisso de nossa parte e a graça de Deus. Hoje nos alegramos com o projeto de Deus, descrito em Gênesis 2:24 — de deixarmos os nossos pais, e nos unirmos como homem e mulher para nos tornarmos uma só carne. Gostamos muito deste plano fantástico que nos deu uma vida maravilhosa juntos.

O projeto de Deus para o casamento é lindo. Por isto, oramos para que os casais percebam como é maravilhoso desfrutar a vida juntos sob a bênção da orientação amorosa de Deus. —JDB

*O casamento prospera em clima de amor,
honra e respeito.*

O VISITANTE

Leitura:
Mateus 25: 31-40

… estava nu, e me vestistes; enfermo,
e me visitastes; preso, e fostes ver-me.
—MATEUS 25:36

M EU AMIGO PERGUNTOU a um aposentado o que ele fazia em seu tempo livre. "Sou um visitador", ele respondeu. "Visito as pessoas da igreja e da comunidade que estão em hospitais, centros de reabilitação, os que moram sozinhos ou precisam de alguém para conversar e orar juntos. Gosto de fazer isto!" Ele se impressionou com a clara percepção deste homem sobre os seus planos de ação e cuidados com os outros.

Alguns dias antes de ser crucificado, Jesus contou aos Seus seguidores uma história que enfatiza a importância de visitar os necessitados. "…dirá o Rei, […] porque tive fome, e me destes de comer; tive sede, e me destes de beber; era forasteiro, e me hospedastes; estava nu, e me vestistes; enfermo, e me visitastes; preso, e fostes ver-me" (25:34,36). Quando lhe perguntaram: "Senhor, quando foi que te vimos com fome e te demos de comer? Ou com sede e te demos de beber? E quando te vimos forasteiro e te hospedamos? Ou nu e te vestimos? E quando te vimos enfermo ou preso e te fomos visitar? O Rei, respondendo, lhes dirá: Em verdade vos afirmo que, sempre que o fizestes a um destes meus pequeninos irmãos, a mim o fizestes" (vv.39,40).

Este ministério beneficia a pessoa que foi visitada e agrada o Senhor. Servi-lo significa ir ao encontro das pessoas com ajuda e encorajamento. Você pode encorajar alguém hoje? —DCM

Compaixão é compreender os problemas dos outros,
e ter o desejo urgente de ajudar.

VOLTA DOS MORTOS

Leitura:
Efésios 2:1-10

… e estando nós mortos em nossos delitos,
nos deu vida juntamente com Cristo…
—EFÉSIOS 2:5

PODE UM HOMEM estar oficialmente vivo depois de ser declarado legalmente morto? Foi notícia internacional, o fato de um homem que apareceu saudável, após desaparecer por mais de 25 anos. No momento do desaparecimento ele estava desempregado, viciado, desesperado e devendo a pensão alimentícia aos filhos. Ele decidiu se esconder. Quando retornou, no entanto, descobriu como é difícil voltar ao mundo dos vivos. Quando este homem foi ao tribunal para reverter a decisão que o tinha declarado legalmente morto, o juiz recusou o pedido dele, dando-lhe um prazo de 3 anos para que ele legalizasse o seu *status* perante a lei.

Esse pedido incomum feito por um tribunal humano acaba por ser uma experiência comum para Deus. A carta de Paulo aos Efésios nos diz que, embora estivéssemos espiritualmente mortos, Deus "…nos deu vida juntamente com Cristo" (EFÉSIOS 2:1,5). Contudo, nos declarar vivos e nos tornar espiritualmente vivos foi uma questão profundamente dolorosa para Deus. Nosso pecado e a consequente morte espiritual exigiram o sofrimento, a morte e a ressurreição do Filho de Deus (VV.4-7).

Uma coisa é mostrar a evidência da vida física. Nosso desafio é demonstrar a evidência da vida espiritual. Tendo sidos declarados vivos em Cristo, somos chamados a viver em gratidão pela imensurável misericórdia e vida que nos foi dada. —MRD

Jesus morreu para que possamos viver.

A VIDA BEM REGADA

Leitura:
Jeremias 17:1-8

Porque ele é como a árvore plantada
junto às águas [...] a sua folha fica verde ...
—JEREMIAS 17:8

TENHO UM AMIGO que vive num rancho num espaço aberto e amplo. O caminho para chegar lá é uma longa trilha que atravessa uma paisagem árida e estéril de natureza selvagem. Enquanto se vai à casa dele, é impossível deixar de notar a faixa contrastante de árvores verdes e a vegetação exuberante serpenteando o rancho. Um dos melhores rios com trutas que já vi, corta a propriedade, e qualquer coisa que cresça perto de suas margens se beneficia dessa fonte inesgotável de águas.

Esta é a paisagem que Jeremias descreve quando diz que aqueles que confiam no Senhor são "...como a árvore plantada junto às águas, que estende as suas raízes para o ribeiro" (JEREMIAS 17:8). Muitos podem escolher o calor que os faz murchar e sufocar, ou a vida seca e árida sem Deus, mas aqueles que confiam no Senhor crescerão fortes e produzirão frutos. Depender do Senhor é como fixar as nossas raízes na água refrescante e revigorante de Sua bondade. Somos fortalecidos com a confiança de que o Seu amor por nós é inabalável e nunca falhará.

Deus, ao final, tornará certas todas as coisas. Confiar que Ele tornará a nossa dor em benefício e usará o sofrimento para nos amadurecer, nos capacita a nos tornarmos portadores do fruto numa terra seca e sedenta. —JMS

Estabeleça as suas raízes à beira do rio
da bondade divina.

A PALAVRA ENTRE NÓS

Leitura:
Salmo 119:17-24

Com efeito, os teus testemunhos
são o meu prazer, são os meus conselheiros.
—SALMO 119:24

A PALAVRA DE DEUS chega até nós de muitas formas. A pregação centrada na Bíblia, a leitura bíblica, músicas, grupos de estudo e artigos devocionais trazem-nos as verdades de Deus contidas nas Escrituras. Mas não podemos ignorar a leitura individual nem o estudo bíblico regular.

Meu coração foi tocado recentemente por um estudo cuidadoso, tópico por tópico, do livro de Deuteronômio, em contraste com o sermão do monte em Mateus 5–7. Ambas as passagens contêm os alicerces da fé: os Dez Mandamentos (DEUTERONÔMIO 5:6-21) e as bem-aventuranças (MATEUS 5:3-12). Deuteronômio nos mostra a antiga aliança — a lei que Deus queria que o Seu povo seguisse. Em Mateus, Jesus nos mostra como Ele veio para cumprir a lei e estabelecer os princípios da nova aliança, a qual nos liberta do fardo da lei.

O Espírito Santo e a Palavra de Deus nos ensinam, capacitam, instruem, convencem e nos purificam. O resultado disso é a compreensão, o arrependimento, a renovação e o crescimento em Jesus. O teólogo Philip Jacob Spener escreveu: "Quanto mais a Palavra de Deus nos for familiar, mais nos desenvolveremos na fé e em seus frutos." Oremos como o salmista: "Desvenda os meus olhos, para que eu contemple as maravilhas da tua lei" (SALMO 119:18). —DCE

Quando a Palavra de Deus está em nosso coração,
ela flui de nossa vida.

UMA QUESTÃO DE AMOR

Leitura:
Marcos 12:28-34

Amarás, pois, o Senhor, teu Deus,
de todo o teu coração, de toda a tua alma e de toda a tua força.
—DEUTERONÔMIO 6:5

"QUANDO O INTELECTO e a emoção se chocam, o coração, muitas vezes, tem mais sabedoria", escreveram os autores de *Uma teoria geral do amor* (Ed. Editorial Presença, 2002). No passado, dizia-se que, as pessoas acreditavam que a mente devia dominar o coração, mas a ciência descobriu que o oposto é o verdadeiro. "Quem somos e em quem nos tornamos depende, em parte, de quem amamos."

Os que estão familiarizados com as Escrituras reconhecem isso como verdade antiga, não como uma nova descoberta. O mandamento mais importante que Deus deu ao Seu povo coloca o coração em destaque: "Amarás, pois, o Senhor, teu Deus, de todo o teu coração, de toda a tua alma e de toda a tua força" (6:5). Nos evangelhos de Marcos e Lucas, vemos que Jesus acrescentou a palavra *mente* (MARCOS 12:30; LUCAS 10:27). Portanto, o que os cientistas estão descobrindo somente agora, a Bíblia ensinou desde sempre.

Aqueles dentre nós que seguem a Cristo também reconhecem a importância daquele a quem amamos. Quando obedecemos ao mandamento maior e Deus se torna o objeto do nosso amor, podemos ter a certeza de ter um propósito que transcende qualquer coisa que poderíamos imaginar ou que nossa força poderia alcançar. Quando o nosso desejo por Deus dominar o nosso coração, nossa mente se concentrará em maneiras de servi-lo, e nossas ações promoverão o Seu reino na Terra e no céu. —JAL

Conte como perdido cada dia que você viveu
sem demonstrar amor a Deus.

TRAGA O MENINO PARA MIM

Leitura:
Marcos 9:14-27

Então, Jesus lhes disse: [...] Trazei-mo.
—MARCOS 9:19

"**E**U NÃO ACREDITO em Deus e não vou", disse Marcos.

Ariana esforçou-se para engolir o nó em sua garganta. Seu filho havia se transformado de garoto feliz em jovem mal-humorado e sem prontidão para colaborar. A vida era um campo de batalha, e domingo tornara-se um dia a temer, pois Marcos se recusava a ir à igreja com a família. Finalmente, os pais, desesperados, consultaram um conselheiro, que lhes disse: "Marcos deve fazer sua própria jornada de fé. Vocês não podem forçá-lo a entrar no reino. Deem espaço para Deus trabalhar. Continuem orando, e esperem."

Ariana esperou — e orou. Certa manhã, as palavras de Jesus que ela havia lido, ecoaram em sua mente. Os discípulos de Jesus não haviam conseguido ajudar um garoto endemoninhado, mas Jesus tinha a resposta: "Trazei-mo" (MARCOS 9:19). O sol penetrou pela janela ao lado da Ariana, formando uma piscina de luz no chão. Se Jesus podia curar numa situação tão extrema, certamente Ele também poderia ajudar seu filho. Ela imaginou a si mesma e a Marcos em pé, naquela luz com Jesus. Mentalmente, ela se afastou e deixou seu filho sozinho com quem o amava mais do que ela própria.

Cada dia, Ariana entregava silenciosamente Marcos a Deus, agarrando-se às garantias de que Ele conhecia as necessidades dele e que em Seu tempo e à Sua maneira o Senhor trabalharia em sua vida. —MS

A oração é a voz da fé confiando que Deus
nos conhece e ampara.

DOMAR O INDOMÁVEL

Leitura:
Tiago 3:1-12

... a língua, porém, nenhum dos homens é capaz de domar...
—TIAGO 3:8

O S SERES HUMANOS aprenderam a domesticar animais selvagens: de enormes porcos vietnamitas às raposas siberianas. As pessoas gostam de ensinar aos macacos a "atuarem" em anúncios publicitários ou treinar animais para comerem em suas mãos. Como disse o apóstolo Tiago: "Pois toda espécie de feras, de aves, de répteis e de seres marinhos se doma e tem sido domada pelo gênero humano" (3:7).

Entretanto, há algo que não podemos domar. Todos nós temos dificuldade para conseguir manter sob controle algo bem pequeno — a língua: "A língua, porém, nenhum dos homens é capaz de domar" (v.8).

Por quê? Porque embora nossas palavras possam estar na ponta de nossa língua, elas se originam em nosso interior. "Porque a boca fala do que está cheio o coração" (MATEUS 12:34). E, assim, a língua pode ser usada para o bem e para o mal (TIAGO 3:9). Ou como o estudioso Peter Davids disse: "Por um lado, a língua é muito religiosa, mas, por outro, pode ser a mais profana."

Se não conseguirmos domar nossa língua desregrada, ela estará destinada a ser um problema diário para nós, sempre propensa a falar mal (v.10). Pela graça de Deus, não estamos abandonados à nossa própria sorte. O senhor vai "colocar guarda" sobre minha boca; e vigiará "a porta dos meus lábios" (SALMO 141:3). Ele pode domar o indomável. —JDB

Para dominar a sua língua, permita que Cristo
domine o seu coração.

CONSTRUINDO UMA PONTE

Leitura:
1 Tessalonicenses 1:1-10

Porque de vós repercutiu a palavra do Senhor [...]
a tal ponto de não termos necessidade
de acrescentar coisa alguma.
—1 TESSALONICENSES 1:8

J AMES MICHENER FAZ um relato ficcional da história e colonização do oeste americano visto pelos olhos de um comerciante franco-canadense, chamado Pasquinel. O autor reúne histórias sobre as grandes planícies e a comunidade europeia de então. A maneira como esse aventureiro circula entre a aglomeração da cidade e as planícies, faz dele uma ponte entre dois mundos drasticamente diferentes.

Os seguidores de Cristo também têm a oportunidade de construir pontes entre dois mundos muito diferentes — aqueles que conhecem e seguem a Jesus e os que não o conhecem. Os primeiros cristãos em Tessalônica tinham construído pontes naquela cultura idólatra em que estavam inseridos, e Paulo pôde lhes dizer: "Porque de vós repercutiu a palavra do Senhor não só na Macedônia e Acaia, mas também por toda parte se divulgou a vossa fé para com Deus" (1 TESSALONICENSES 1:8). A ponte que eles estavam construindo tinha dois componentes: a "Palavra do Senhor" e o exemplo de sua "fé". Tornou-se claro para todos que eles tinham deixado os ídolos, convertendo-se a Deus, para servir "...o Deus vivo e verdadeiro" (V.9).

À medida que Deus se revela a si mesmo aos que nos rodeiam por meio de Sua Palavra e de nossa vida, podemos nos tornar uma ponte para aqueles que ainda não conhecem o amor de Cristo. —WEC

Viva o evangelho e outros o ouvirão.

ESPELHO, ESPELHO MEU!

Leitura:
Tiago 1:19-27

*... aquele que [...] não sendo ouvinte negligente,
mas operoso praticante, esse será bem-aventurado no que realizar.*
—TIAGO 1:25

COM QUE FREQUÊNCIA você se olha no espelho? Alguns estudos dizem que a pessoa geralmente se olha no espelho de 8 a 10 vezes por dia. Outras pesquisas dizem que poderia ser até 60 a 70 vezes por dia, se incluirmos olhar o nosso reflexo em vitrines de lojas e telas de celulares.

E por que nós nos olhamos com tanta frequência? A maioria dos especialistas concorda que é para verificar nossa aparência, especialmente antes de reuniões ou encontros sociais. Se virmos algo inadequado, vamos consertar. Por que olharíamos, se não planejássemos mudar o que estivesse errado?

O apóstolo Tiago disse que ler ou ouvir a Palavra de Deus sem agir a respeito dela é como olhar num espelho e esquecer o que vimos (1:22-24). Mas a melhor alternativa é olhar de perto e agir a respeito do que vemos. Tiago disse: "Mas aquele que considera, atentamente, na lei perfeita, lei da liberdade, e nela persevera, não sendo ouvinte negligente, mas operoso praticante, esse será bem-aventurado no que realizar."

Se apenas ouvirmos a Palavra de Deus e não a praticarmos, somente enganamos a nós mesmos (v.22). Mas quando nos examinamos à luz da Palavra de Deus e obedecemos às Suas instruções, Deus nos liberta de tudo o que nos impede de parecermos mais com Ele a cada dia. —DCM

*A Bíblia é o espelho que nos capacita ver
a nós mesmos como Deus nos vê.*

VONTADE DE QUEM?

Leitura:
Gênesis 39.1-6, 20-23

... Meu Pai, se possível, passe de mim este cálice!
Todavia, não seja como eu quero, e sim como tu queres.
—MATEUS 26:39

"QUE AS COISAS aconteçam de acordo com sua vontade", esta é a saudação que trocamos no Ano Novo chinês. Por mais maravilhoso que possa parecer, os acontecimentos parecem correr melhor quando a vontade de Deus é feita, em vez da minha.

Se pudesse optar, José não teria sido escravo no Egito (GÊNESIS 39.1). Mas apesar disso, ele foi "bem-sucedido", porque "o SENHOR estava com ele" (v.2). O Senhor abençoou a casa do seu senhor "por causa de José" (v.5).

José nunca teria escolhido ir para a prisão no Egito. Mas ele foi, por ter sido falsamente acusado de agressão sexual. Mas pela segunda vez, lemos: "O SENHOR estava com José" (v.21). Lá, ele ganhou a confiança do carcereiro (v.22), assim "...tudo o que ele fazia o SENHOR prosperava" (v.23). A sucessão de acontecimentos que levou José à prisão acabou por ser o início de sua ascensão à superintendência do Egito. Poucos escolheriam ser promovidos da maneira que Deus promoveu José. Mas Deus derrama as Suas bênçãos apesar das circunstâncias adversas e até mesmo por meio delas.

Deus tinha um propósito ao levar José ao Egito, e o Senhor tem um propósito ao nos colocar onde estamos. Em vez de desejarmos que tudo aconteça de acordo com a nossa vontade, poderíamos dizer, como nosso Salvador disse, antes de ir para a cruz: "... não seja como eu quero, e sim como tu queres" (MATEUS 26:39). —CPH

A espera paciente geralmente é a maneira mais elevada
de fazer a vontade de Deus.

SUBJUGADO PELO PESO

Leitura:
Hebreus 12:1-5

... desembaraçando-nos de todo peso e do pecado
que tenazmente nos assedia, corramos, com perseverança,
a carreira que nos está proposta.
—HEBREUS 12:1

NA HISTÓRIA NAVAL, 10 de agosto de 1628 foi um dia trágico. Nessa data, o navio de guerra real *Vasa* fez sua viagem inaugural. Depois de levar dois anos para ser construído, ser ricamente decorado, o orgulho da marinha sueca afundou, ostentando os seus 64 canhões a apenas 2 quilômetros do porto. O que deu errado? A carga era pesada demais para permiti-lo navegar. O excesso de peso puxou o navio para o fundo do oceano.

A vida cristã também pode se tornar pesada pelo excesso de bagagem. Incentivando-nos em nossa jornada espiritual, a carta aos Hebreus diz: "Portanto, também nós, visto que temos a rodear-nos tão grande nuvem de testemunhas, desembaraçando-nos de todo peso e do pecado que tenazmente nos assedia, corramos, com perseverança, a carreira que nos está proposta" (12:1,2).

Como o navio ricamente decorado, podemos demonstrar um impressionante exterior para os outros. Mas se no interior estivermos sobrecarregados com o pecado, nossa perseverança poderá ser prejudicada. Porém, há uma solução: Se confiarmos na orientação divina e no poder do Espírito Santo, nossa carga poderá ser aliviada e nossa perseverança nos manterá firmes.

O perdão e a graça estão sempre disponíveis durante a nossa caminhada espiritual. —HDF

A perseverança inclui o querer e o realizar.

APROXIMANDO-SE DE DEUS

Leitura:
Isaías 6:1-8

Santo, santo, santo é o SENHOR dos Exércitos;
toda a terra está cheia da sua glória.
—ISAÍAS 6:3

INCOMODAVA-ME PERCEBER QUE: quanto mais me aproximava de Deus em minha caminhada com Ele, mais pecador eu me sentia. Então, observei um fenômeno em meu quarto que me iluminou. A minúscula fenda na cortina lançou um raio de luz em meu quarto. Olhei e vi partículas de sujeira em volta daquele raio de luz. Sem esse raio, o quarto até parecia limpo, mas agora a luz revelava as partículas de sujeira.

O que observei lançou luz sobre a minha vida espiritual. Quanto mais perto do Senhor da luz eu estiver, mais claramente me verei. Quando a luz de Cristo brilha na escuridão da nossa vida, expõe nosso pecado — não para nos desencorajar, mas para nos tornarmos humildes e confiarmos nele. Não podemos depender da nossa justiça, uma vez que somos pecadores e estamos aquém dos padrões de Deus (ROMANOS 3:23). Quando somos orgulhosos, a luz revela o nosso coração e clamamos como Isaías: "Ai de mim! […] Porque sou homem de lábios impuros […] e os meus olhos viram o Rei, o SENHOR dos Exércitos!" (ISAÍAS 6:5).

Deus é absolutamente perfeito em todos os sentidos. Aproximar-se dele exige a humildade e a confiança de uma criança, não a presunção e o orgulho. Pois foi pela graça que Ele nos atraiu para si. É bom que nos sintamos indignos quando nos aproximamos de Deus, pois isso nos torna humildes para que possamos confiar somente nele. —LD

Não há espaço para o orgulho quando
andamos com Deus.

PERGUNTAR AO AUTOR

Leitura:
1 Coríntios 2:9-16

... Nós, porém, temos a mente de Cristo.
—1 CORÍNTIOS 2:16

HÁ ALGUNS ANOS participo de vários clubes de livros. Normalmente, vários amigos leem um mesmo livro e depois nos juntamos para discutir as ideias que o autor apresentou. Inevitavelmente, uma pessoa levanta uma questão que nenhum de nós pode responder. E então, alguém diz: "Se pudéssemos perguntar ao autor." Uma nova tendência popular está tornando isto possível. Em alguns lugares, alguns autores, por um valor exorbitante, se dispõem a se reunir com os participantes dos clubes de livros.

É tão diferente quando nos reunimos para estudar a Bíblia! Jesus se encontra conosco sempre que estamos juntos. Sem taxas! Não há conflitos de agenda nem despesas de viagem! Além disso, temos o Espírito Santo para guiar o nosso entendimento. Uma das últimas promessas feitas por Jesus aos Seus discípulos foi de que Deus enviaria o Espírito Santo para ensiná-los (JOÃO 14:26).

O autor da Bíblia não se limita pelo tempo ou espaço. Ele pode nos encontrar a qualquer momento e em qualquer lugar. Então, sempre que tivermos uma pergunta, podemos perguntar com a garantia de que Ele a responderá — embora, talvez, não de acordo com o nosso calendário.

Deus quer que tenhamos a mente do Autor (1 CORÍNTIOS 2:16) para que pelo ensino do Espírito venhamos a compreender a grandeza do dom que o Senhor liberalmente nos concedeu (V.12). —JAL

Ao ler a sua Bíblia, peça ao Autor
para abrir a sua mente e o seu coração.

O MUNDO INVISÍVEL

Leitura:
Números 22:21-31

... o Anjo do Senhor [estava] parado no caminho.
—NÚMEROS 22:23

V OCÊ SABIA QUE os micróbios de apenas uma de suas mãos superam, em número, todas as pessoas na Terra? Ou que milhões de micróbios cabem na ponta de uma agulha? Esses organismos vivos e unicelulares são pequenos demais para que os vejamos sem microscópio, e vivem no ar, no solo, na água e em nosso corpo. Interagimos constantemente com eles, mesmo que seu mundo esteja completamente além dos nossos sentidos.

As realidades do mundo espiritual também, muitas vezes, não são visíveis a nós seres humanos, como o profeta Balaão descobriu. Ele estava ao longo da estrada, com seus dois servos, quando "...viu, pois, a jumenta o Anjo do Senhor parado no caminho, com a sua espada desembainhada na mão" (NÚMEROS 22:23). Para evitar o anjo, o animal entrou em um campo, esmagando o pé de Balaão contra um muro e se deixou cair ainda com Balaão sobre suas costas. Balaão ficou com raiva e agrediu o animal, sem perceber que algo sobrenatural acontecia naquele momento — até que Deus abriu os seus olhos (V.31).

A Bíblia nos diz que existe um mundo espiritual, e podemos nos deparar com as realidades deste reino — tanto o bem quanto o mal (HEBREUS 13:2; EFÉSIOS 6:12). Por isso, somos encorajados a permanecer vigilantes, em oração e preparados. Assim como Deus governa o mundo visível, também governa o mundo invisível. —JBS

Tudo que é visível e invisível está sob o soberano
poder de Deus.

ANSIANDO POR RESGATE

Leitura:
Mateus 1:18-25

Ela dará à luz um filho e lhe porás o nome de Jesus,
porque ele salvará o seu povo dos pecados deles.
—MATEUS 1:21

O FILME *HOMEM DE AÇO*, lançado em 2013, é uma releitura da história do Super-homem. Recheado de deslumbrantes efeitos especiais e ação ininterrupta, o filme atraiu multidões aos cinemas ao redor do mundo. Alguns disseram que o apelo do filme era baseado em sua incrível tecnologia. Outros destacaram o apelo permanente da 'mitologia' do Super-homem.

Amy Adams, a atriz que interpreta Lois Lane nesse filme, tem uma visão diferente a respeito do apelo do Super-homem. Ela diz que se trata de um desejo humano básico: "Quem não gosta de acreditar que há uma pessoa que pode vir e nos salvar de nós mesmos?"

Essa é uma ótima pergunta. E a resposta é que alguém *já* veio para nos *salvar* de nós mesmos, e esse alguém é Jesus. Vários anúncios foram feitos sobre o nascimento de Jesus. Um deles foi o do anjo Gabriel a José: "Ela [Maria] dará à luz um filho e lhe porás o nome de Jesus, porque ele salvará o seu povo dos pecados deles" (MATEUS 1:21).

Jesus veio — Ele fez isto para nos salvar de nossos pecados e de nós mesmos. Seu nome significa "o Senhor salva" — e a nossa salvação foi a Sua missão. A ânsia de um resgate que preenche o coração humano, em última análise, foi cumprida por Jesus. —WEC

O nome e a missão de Jesus têm o mesmo significado
— Ele veio para nos salvar.

ESCOLHIDOS POR ELE

Leitura:
2 Tessalonicenses 2:13-17

*... porque Deus vos escolheu
desde o princípio para a salvação...*
—2 TESSALONICENSES 2:13

QUANDO MEUS FILHOS eram pequenos, eu orava com eles depois que os colocava para dormir. Antes de orar, sentava-me à beira da cama e conversava com eles. Lembro-me de dizer à minha filha: "Se eu pudesse colocar em fila todas as meninas de 4 anos no mundo, eu andaria por toda a fila procurando por você. Depois de passar por toda a fila, eu escolheria você para ser minha filha." Isto sempre a fazia esboçar um grande sorriso porque sabia que era especial.

Se esse era um momento importante de alegria para ela, imagine a graça e a maravilha do fato do Deus, o Criador do Universo ter-nos escolhido: "Porque Deus vos escolheu desde o princípio para a salvação" (2 TESSALONICENSES 2:13). Antes de todas as coisas existirem, Ele desejou que você fosse dele. Por esse motivo, as Escrituras geralmente usam a imagem de adoção para comunicar a surpreendente realidade de que fomos escolhidos por Ele, sem mérito ou direito de nossa parte.

Esta é uma notícia impressionante! Somos "amados pelo Senhor" (V.13) e desfrutamos dos benefícios de fazer parte da Sua família. Esta gloriosa verdade deve preencher a nossa vida com humildade e gratidão. "Ora, nosso Senhor Jesus Cristo mesmo e Deus, o nosso Pai, que nos amou [...] consolem o vosso coração e vos confirmem em toda boa obra e boa palavra" (VV.16,17). —JMS

*É escolha de Deus amar você e torná-lo
parte da Sua família.*

MUDANÇA DE PERSPECTIVA

Leitura:
Atos 17:16-23

*Enquanto Paulo os esperava em Atenas, o seu espírito
se revoltava em face da idolatria dominante na cidade.*
—ATOS 17:16

MINHA ESPOSA LEVANTA cedo e aprecia o silêncio antes que os outros acordem. Ela usa esses momentos para ler a Bíblia e orar. Recentemente, ao sentar-se em sua cadeira favorita, deparou-se com a bagunça deixada no sofá por "alguém" que assistira um jogo de futebol na noite anterior. A desorganização e a sua frustração comigo interrompeu o clima do momento.

Ocorreu-lhe um pensamento e ela sentou-se no sofá. Dali ela pôde ver, pela janela da frente, o nascer do sol sobre o mar. A beleza da cena preparada por Deus naquela manhã mudou a sua perspectiva.

Quando ela me contou a história, ambos aprendemos naquela lição da manhã, que não podemos controlar as questões diversas que afetam o nosso dia a dia, mas temos uma escolha. Podemos continuar a nos incomodar com tal "bagunça", ou mudar a nossa perspectiva. Quando Paulo estava em Atenas, "...o seu espírito se revoltava em face da idolatria dominante na cidade" (ATOS 17:16). Mas quando Paulo mudou a sua perspectiva, ele usou o interesse deles por religião como oportunidade para proclamar o verdadeiro Deus, Jesus Cristo (VV.22,23).

Quando a minha esposa saiu para o trabalho, era hora de outra pessoa mudar a sua perspectiva — eu deveria permitir que o Senhor me ajudasse a ver minhas bagunças por meio dos olhos de minha esposa e dos Seus. —RKK

*Ser sábio é saber ver as circunstâncias
sob a perspectiva de Deus.*

UMA VIDA CONSISTENTE

Leitura:
Daniel 6:1-10

... Daniel [...] se punha de joelhos, e orava,
e dava graças, diante do seu Deus, como costumava fazer.
—DANIEL 6:10

ENQUANTO ESTUDAVA O livro de Daniel, fiquei impressionado com a facilidade com que ele poderia ter evitado ter sido lançado na cova dos leões. Os ciumentos rivais de Daniel que participavam do governo da Babilônia, armaram uma cilada contra ele com base em sua prática constante de orações diárias a Deus (DANIEL 6:1-9). Daniel estava plenamente consciente da trama deles e, poderia ter decidido orar em particular por um mês até que as coisas se acalmassem. Mas o profeta não era esse tipo de pessoa.

"Daniel, pois, quando soube que a escritura estava assinada, entrou em sua casa e, em cima, no seu quarto, onde havia janelas abertas do lado de Jerusalém, três vezes por dia, se punha de joelhos, e orava, e dava graças, diante do seu Deus, como costumava fazer" (v.10). Daniel não entrou em pânico nem barganhou com Deus. Em vez disso, ele continuou a proceder da mesma forma "...como costumava fazer" (v.10). Ele não se intimidou pela pressão da perseguição.

O poder da vida consistente de devoção ao Senhor expressa por Daniel foi uma lição para mim. A força dele veio de Deus, a quem Daniel queria agradar todos os dias. Quando sobreveio a crise, ele não precisou mudar sua prática diária de encontro com o Senhor. Simplesmente permaneceu comprometido com o seu Deus. —DCM

Deus nos capacita a defendê-lo quando
nos curvamos para orar.

ALCANÇANDO-NOS

Leitura:
Salmo 32:1-5

*Enquanto calei os meus pecados, envelheceram os meus ossos
pelos meus constantes gemidos todo o dia.*
—SALMO 32.3

U M PASTOR CONTOU uma história sobre si mesmo, e disse que ao conversar com um senhor mais idoso, a quem havia sido apresentado, disse: "Então, você trabalhava para uma empresa de serviços públicos", nomeando a tal empresa. "Certamente", respondeu aquele senhor. O pastor observou que, quando ele era criança, os cabos dessa empresa passavam pela propriedade de seus pais. "Onde você morava?", perguntou o homem. Quando o pastor lhe disse, ele replicou: "Eu me lembro dessa propriedade. Naquela época tive muita dificuldade para manter os cabos de aviso de advertência. As crianças sempre os arrancavam." Quando o rosto do pastor ficou ruborizado de constrangimento, aquele senhor completou: "Você era um deles, não era?" Sim, na verdade, ele era. O pastor relatou a sua história de confissão: "Esteja certo de que seu pecado irá encontrá-lo", baseado nas palavras de Moisés, em Números 32:23: "…sabei que o vosso pecado vos há de achar".

Os erros antigos nos encontram. Pecados antigos não resolvidos podem trazer graves consequências. Davi lamenta no Salmo 32: "Enquanto calei os meus pecados, envelheceram os meus ossos pelos meus constantes gemidos todo o dia. Confessei-te o meu pecado […] e tu perdoaste a iniquidade do meu pecado" (v.5). Por meio da confissão podemos desfrutar do perdão de Deus. —JDB

*Os cristãos podem apagar de sua memória o que Deus
já apagou de Seu registro.*

COMPREENDA O CUSTO

Leitura:
1 Pedro 1:17-21

Porque fostes comprados por preço…
—1 CORÍNTIOS 6:20

RECENTEMENTE DEMOS a nosso filho de dois anos um novo par de botas. Ele ficou tão feliz que não as tirou do pé até a hora de dormir. Mas no dia seguinte esqueceu-se delas e colocou o mesmo par de tênis velhos de sempre. Meu marido disse: "Gostaria que ele soubesse quanto gastamos em algumas coisas."

As botas foram caras, mas as crianças não entendem de horas de trabalho, salários e impostos. Elas recebem presentes de braços abertos, mas sabemos que não podemos esperar que apreciem plenamente os sacrifícios de seus pais para oferecer-lhe coisas novas.

Algumas vezes também me comporto como criança. Recebo de braços abertos os dons de Deus por meio de Suas muitas misericórdias, mas será que sou grato? Considero o preço que foi pago para que eu possa viver uma vida plena?

O custo foi alto — mais do que se paga por "…coisas corruptíveis, como prata ou ouro…". Como lemos em 1 Pedro, foi necessário o "…precioso sangue, como de cordeiro sem defeito e sem mácula, o sangue de Cristo." (1:18,19). Jesus deu a Sua vida, um alto preço a ser pago, para nos tornar parte de Sua família. E Deus o ressuscitou dos mortos (V.21).

Ao compreendermos o custo de nossa salvação, aprendemos a ser realmente gratos

Senhor, quero agradecer-te pela salvação e por todas as maneiras que demonstras o Teu amor por mim. —KO

*A salvação é infinitamente cara,
mas nos é concedida gratuitamente.*

ARMA MORTAL

Leitura:
Neemias 4:1-10

… mas os que esperam no Senhor renovam as suas forças
[…] correm e não se cansam, caminham e não se fatigam.
—ISAÍAS 40:31

MUHAMMAD ALI, a lenda do box, utilizava várias técnicas para derrotar seus oponentes; uma era o escárnio. Na luta contra George Foreman em 1974, ele zombou de Foreman dizendo: "Bata mais forte! Mostre-me alguma coisa. Isso não me machuca. Achei que você fosse malvado." Irritado, George socou o ar furiosamente, desperdiçando sua energia e enfraquecendo sua confiança.

Esta tática é antiga. Ao referir-se aos esforços de Neemias para reconstruir a muralha de Jerusalém como uma área de recreação para raposas (NEEMIAS 4:3), Tobias pretendia enfraquecer os trabalhadores com palavras perniciosas de desânimo. Golias utilizou a mesma tática com Davi, menosprezando a arma dele: uma funda e pedras (1 SAMUEL 17:41-44).

Uma observação desanimadora pode ser uma arma mortal. Neemias não se rendeu aos desencorajamentos de Tobias, assim como Davi rejeitou a zombaria diabólica de Golias. Ao buscarem a Deus e Seu auxílio, em vez de fixarem-se em suas situações desencorajadoras, Davi e Neemias conseguiram a vitória.

O escárnio pode vir de qualquer pessoa, incluindo dos que nos são próximos. Reagir negativamente apenas consome a nossa energia. Mas Deus nos encoraja por meio de Suas promessas: Ele nunca nos desamparará (SALMO 9:10; HEBREUS 13:5), e nos convida a confiarmos em Seu auxílio (HEBREUS 4:16). —LD

Se você está num túnel de desânimo,
continue caminhando em direção à Luz.

ESTAÇÕES PARA TODAS AS COISAS

Leitura:
Eclesiastes 3:1-13

Tudo tem o seu tempo determinado,
e há tempo para todo propósito debaixo do céu...
—ECLESIASTES 3:1

SE VOCÊ FOR como eu, deve lutar para dizer não no momento de receber uma nova responsabilidade — especialmente se for para uma boa causa e diretamente relacionada a ajudar aos outros. Podemos ter boas razões para selecionar com cuidado as nossas prioridades. Entretanto, ao não concordarmos em fazer mais, podemos sentir o peso da culpa ou pensar que, de alguma forma, falhamos em nossa caminhada de fé.

Mas em Eclesiastes 3:1-8, vemos que a sabedoria reconhece que tudo na vida tem seu período específico — nas atividades do ser humano e na natureza: "...há tempo para todo propósito debaixo do céu" (3:1).

Talvez você esteja prestes a se casar ou ter seu primeiro filho. Talvez esteja saindo da universidade e entrando no mercado de trabalho, ou quem sabe, se aposentando. Ao passarmos de uma estação para outra, nossas prioridades mudam. Talvez precisemos colocar de lado o que fizemos no passado e canalizar nossa energia em algo diferente.

Quando a vida traz mudanças em nossas circunstâncias e obrigações, precisamos, com responsabilidade e sabedoria, discernir que tipo de concessões devemos fazer, buscando em tudo o que fizermos, fazer "...tudo para a glória de Deus" (1 CORÍNTIOS 10:31). Provérbios 3:6 promete que se reconhecermos o Senhor em todos os nossos caminhos, Ele nos guiará no caminho em que devemos seguir. —PFC

O comprometimento com Cristo é um chamado
diário que nos desafia.

FORMIGAS À PROCURA DE CASA

Leitura:
Números 13:25–14:19

Senhor, tu tens sido o nosso refúgio,
de geração em geração.
—SALMO 90:1

A FORMIGA VERMELHA EUROPEIA pode ser melhor do que nós no mercado imobiliário. Os pesquisadores, de uma reconhecida universidade, descobriram que as colônias de formigas usam as formigas "escoteiras" para monitorar continuamente as condições de vida de suas colônias. Utilizando habilidades sociais suficientemente complexas a ponto de pasmar os cientistas, essas formigas trabalham juntas para encontrar o espaço certo, seguro e pouco iluminado para a rainha e suas larvas viverem.

Nos dias de Moisés, as famílias de Israel procuravam por um novo lar. Os campos de trabalho escravo no Egito tinham sido brutais. O deserto do Sinai não era um local onde poderiam se estabelecer. Mas havia um problema. De acordo com os "escoteiros" israelitas, a terra natal à qual Deus os estava guiando já estava ocupada por cidades cercadas de muralhas e gigantes que fizeram os "escoteiros" se sentirem como gafanhotos aos seus próprios olhos (NÚMEROS 13:28,33).

Às vezes pode ser útil nos compararmos aos insetos. Formigas vermelhas que buscam abrigo seguem instintivamente os caminhos de seu Criador. Nós frequentemente permitimos que os nossos medos nos impeçam de seguir e confiar em Deus. Quando descansamos na certeza de Sua presença e amor, podemos dizer: "Senhor, tu tens sido o nosso refúgio, de geração em geração". —MRD

Sentimo-nos muito bem quando estamos
na presença de Deus.

COMECE COMIGO

Leitura:
1 Coríntios 13:4-13

Não tenha cada um em vista o que é propriamente seu,
senão também cada qual o que é dos outros.
—FILIPENSES 2:4

EU AS CHAMO de *Anotações da Mel* — pequenas anotações que minha filha Melissa fazia em sua Bíblia para ajudá-la a aplicar a passagem à sua vida.

Em Mateus 7, por exemplo, ela desenhou uma moldura ao redor dos versículos 1 e 2 que falam sobre não julgar outros porque, quando você o faz, "...com o critério que julgardes, sereis julgados...". Próximo ao versículo ela anotou: "Olhe para o que você está fazendo antes de olhar para os outros."

Melissa era uma adolescente "orientada para o outro." Ela vivia as palavras de Filipenses 2:4. Seu colega de turma, Mateus, que a conhecia desde o berçário da igreja até o segundo ano do Ensino Médio, quando ela morreu num acidente de carro, disse sobre ela em seu funeral: "Acho que nunca a vi sem um sorriso ou algo que iluminasse o dia das pessoas. " Sua amiga Tara disse o seguinte: "Obrigada por ser minha amiga, ninguém era tão gentil e contente como você. "

Nestes dias em que o julgamento severo de outros parece ser a regra, é bom lembrar que o amor começa em nós. As palavras de Paulo vêm à mente: "Agora, pois, permanecem a fé, a esperança e o amor, estes três; porém o maior destes é o amor" (1 CORÍNTIOS 13:13).

Que diferença faremos se, ao olharmos para os outros, dissermos: "O amor começa em mim." Não seria isso um grande reflexo do amor de Deus por nós? —JDB

Reconhecer e aceitar o amor de Deus por nós
é a chave para amar aos outros.

SOLUCIONANDO O MISTÉRIO

Leitura:
Romanos 5:1-11

Mas Deus prova o seu próprio amor para conosco
pelo fato de ter Cristo morrido por nós,
sendo nós ainda pecadores.
—ROMANOS 5:8

UMAS DAS ATRAÇÕES turísticas mais populares na Inglaterra são os grandes pilares de pedra de Stonehenge. Estas peças gigantescas de granito são também uma grande fonte de mistério. Todo ano, as pessoas viajam para Stonehenge com perguntas como: Por que foram erigidas? Quem executou essa extraordinária maravilha da engenharia? E talvez nos perguntemos, mais do que qualquer outra coisa, como isto foi feito. Mas os visitantes vão embora sem resposta alguma das rochas silenciosas. O mistério permanece.

As Escrituras falam de um mistério ainda maior — o fato de que Deus veio viver entre nós como homem. Paulo escreveu em 1 Timóteo 3:16, "…grande é o mistério da piedade: Aquele que foi manifestado na carne foi justificado em espírito, contemplado por anjos, pregado entre os gentios, crido no mundo, recebido na glória."

Esta breve visão geral da vida de Cristo — o mistério da piedade — é notável. Contudo, o que induziu o Criador do Universo a vir, viver e morrer por Sua criação, não é mistério. "Mas Deus prova o seu próprio amor para conosco pelo fato de ter Cristo morrido por nós, sendo nós ainda pecadores" (ROMANOS 5:8). O grande amor de Deus por nós está na raiz do mistério da piedade e a cruz esclareceu tudo para que todos reconheçam. —WEC

A encarnação de Cristo pode ser um mistério,
mas o amor de Deus não o é.

O PODER PARA SOBREVIVER

Leitura:
2 Coríntios 4:7-12

*Em tudo somos atribulados,
porém não angustiados...*
—2 CORÍNTIOS 4:8

QUANDO CRIANÇA, eu tinha um "João bobo" inflável. Era quase da minha altura e tinha um rosto sorridente. Meu desafio era bater nele forte o suficiente para mantê-lo no chão. Mas independente do quanto eu tentasse, o boneco sempre voltava à posição inicial. O segredo? Havia um peso de chumbo no fundo que sempre mantinha o boneco na vertical. Veleiros funcionam pelo mesmo princípio. O peso de chumbo em suas quilhas fornece a estabilidade para mantê-los equilibrados e aprumados em ventos fortes.

Assim é na vida de um cristão. Nosso poder de sobreviver a desafios não está em nós, mas em Deus, que habita em nós. Não estamos isentos dos socos que a vida nos dá nem das tempestades que inevitavelmente ameaçam a nossa estabilidade. Mas com confiança plena de que o Seu poder nos sustenta, podemos dizer com Paulo: "Em tudo somos atribulados, porém não angustiados; perplexos, porém não desanimados; perseguidos, porém não desamparados; abatidos, porém não destruídos" (2 CORÍNTIOS 4:8,9).

Junte-se aos muitos viajantes da vida que por meio de profundas águas de dores e sofrimento aceitam, com inabalável confiança, a verdade de que a graça de Deus é suficiente e de que em nossa fraqueza o poder dele é aperfeiçoado (12:9). Isso trará o equilíbrio para a sua alma. —JMS

*O poder de Deus em você é maior do que a pressão
das provações ao seu redor.*

BUSCANDO A SANTIDADE

Leitura:
Romanos 6:14-23

Segui a paz com todos e a santificação,
sem a qual ninguém verá o Senhor.
—HEBREUS 12:14

V EMOS COM FREQUÊNCIA pesquisas que indagam se as pessoas estão felizes, satisfeitas com seu trabalho ou desfrutando da vida. Mas nunca vi uma pesquisa de opinião que perguntasse: "Você é santo?" Como você a responderia?

Um dicionário bíblico define santidade como "separação para Deus e conduta adequada àqueles que são separados". O autor Frederick Buechner disse que ao escrever sobre o caráter de alguém "nada é mais difícil de expressar verdadeiramente do que a santidade". E acrescentou que "a santidade não é de forma alguma uma qualidade humana, como a virtude. A santidade não é... algo que as pessoas fazem, mas algo que Deus faz no interior das pessoas".

Romanos 6 apresenta o impressionante dom que Deus nos concede por meio da fé em Cristo: "Fomos, pois, sepultados com ele na morte pelo batismo; para que, como Cristo foi ressuscitado dentre os mortos pela glória do Pai, assim também andemos nós em novidade de vida" (v.4). A busca por santidade acontece diariamente, conforme nos rendemos em obediência ao Senhor em vez de seguirmos nossos antigos caminhos de autogratificação. "Mas agora, libertados do pecado, e feitos servos de Deus, tendes o vosso fruto para santificação, e por fim a vida eterna" (v.22).

Você está se tornando mais santo? Pela graça e poder de Deus, a resposta pode ser um ressonante "Sim! Mais e mais a cada dia." —DCM

A escolha por buscar santidade é uma questão
de vida ou morte.

A PORTA

Leitura:
João 10:1-10

Eu sou a porta. Se alguém entrar por mim,
será salvo; entrará, e sairá, e achará pastagem.
—JOÃO 10:9

MEU MARIDO e eu temos um novo membro na família — uma gata malhada de dois meses chamada Jasper. Para mantê-la segura, tivemos que acabar com alguns hábitos antigos, como deixar as portas abertas. Mas uma coisa continua sendo um desafio: a escadaria totalmente acessível. Gatos gostam de subir em coisas. Ainda filhotes, descobrem que o mundo fica mais bonito se você o olhar de cima. Então sempre que Jasper está no andar debaixo comigo, ela decide subir. Tentar mantê-la confinada em um lugar seguro próximo a mim testa a minha ingenuidade. Os portões adequados para crianças ou cães não funcionam com gatos.

Meu dilema com os gatos e portões traz à mente a metáfora que Jesus usou para se descrever: "...eu sou a porta das ovelhas" (JOÃO 10:7). Os apriscos no Oriente Médio eram cercados com uma abertura para as ovelhas entrarem e saírem. À noite, quando as ovelhas estavam seguras dentro do aprisco, o pastor se deitava junto a essa abertura para que nem ovelhas nem os predadores passassem por ele.

Ainda que eu queira manter a Jasper segura, não estou disposta a me tornar um portão para ela. Tenho outras prioridades. Mas foi isso que Jesus Cristo fez por nós. Ele se coloca entre nós e nosso inimigo, o diabo, para nos proteger do dano espiritual. —JAL

Quanto mais perto do Pastor estivermos,
mais distante estaremos do lobo.

ENCONTRO INESPERADO

Leitura:
Rute 2:11-20

O Senhor retribua o teu feito,
e seja cumprida a tua recompensa do Senhor,
Deus de Israel...
—RUTE 2:12

IOGO, JOVEM E ENTUSIASTA, estava liderando o louvor pela primeira vez em uma igreja grande. Luísa, uma participante antiga, queria encorajá-lo, mas achou que seria difícil demais chegar até a frente da igreja antes que ele fosse embora. Mas, em seguida, ela percebeu um jeito de passar pela multidão, e lhe disse: "Gostei muito do seu entusiasmo ao liderar o louvor. Continue servindo ao Senhor!"

Ao se afastar dali, Luísa encontrou-se com Sara, a quem não via há meses. Após uma curta conversa, Sara lhe disse: "Obrigada pelo que você faz para o Mestre. Continue servindo ao Senhor!" Porque Luísa se dispôs a encorajar outra pessoa, ela agora estava no lugar certo para receber esse encorajamento inesperado.

Após Rute e sua sogra Noemi deixarem Moabe e retornarem a Israel, elas receberam uma bênção inesperada. Ambas eram viúvas sem alguém que lhes concedesse provisão, então Rute foi respigar grãos de um campo (RUTE 2:2,3). O campo, no fim das contas, pertencia a Boás, um parente distante de Noemi. Ele percebeu a presença de Rute, supriu suas necessidades e, mais tarde, tornou-se seu marido (2:20; 4:13). Rute recebeu esta bênção porque estava no lugar certo na hora certa (2:11-23).

Algumas vezes Deus usa encontros inesperados para trazer bênçãos inesperadas. —AMC

Quando se trata de ajudar aos outros,
não desista, vá em frente.

ACESSIBILIDADE CHOCANTE

Leitura:
Romanos 8:14-17,24-26

*… mas recebestes o espírito de adoção,
baseados no qual clamamos: Aba, Pai.*
—ROMANOS 8:15

QUANDO JOHN F. KENNEDY era presidente dos Estados Unidos, os fotógrafos algumas vezes capturavam cenas cativantes. Sentado à mesa presidencial no Salão Oval, os membros do gabinete debatiam questões de abrangência mundial; e enquanto isso, uma criança, John-John, com 2 anos, engatinha ao redor e embaixo da mesa presidencial, alheio ao protocolo da Casa Branca e às pesadas questões de Estado. Ele está simplesmente em companhia de seu pai.

Esse mesmo grau de familiaridade é transmitido na palavra *Aba* quando Jesus disse: "…Aba, Pai, tudo te é possível…" (MARCOS 14:36). Deus pode ser o Senhor soberano do Universo, mas por meio de Seu Filho, Deus se tornou tão acessível como qualquer pai carinhoso e amoroso desta terra. Em Romanos 8, Paulo aproxima ainda mais essa imagem da intimidade. O Espírito de Deus vive em nós, ele diz, e quando não sabemos como orar "…o mesmo Espírito intercede por nós sobremaneira, com gemidos inexprimíveis" (V.26).

Jesus veio para demonstrar que Deus, perfeito e santo, recebe bem os apelos de ajuda de uma viúva com duas moedinhas, de um centurião romano, de um publicano miserável e de um ladrão na cruz. Precisamos apenas clamar "Aba" ou, caso não seja possível, simplesmente gemer; pois Deus está muito próximo de nós. —PDY

A oração é uma conversa íntima com o nosso Deus.

DÊ-ME O BINÓCULO!

Leitura:
Salmo 19:1-6

Os céus proclamam a glória de Deus,
e o firmamento anuncia as obras das suas mãos.
—SALMO 19:1

QUANDO EU AINDA estava no Ensino Fundamental meu amigo Kleber e eu passávamos algum tempo observando o céu noturno com binóculos alemães. Nós nos maravilhávamos com as estrelas e com as montanhas na lua. Enquanto observávamos, passávamos o tempo alternando quem dizia: "Dê-me os binóculos!"

Séculos antes um menino, pastor judeu, olhou para o céu noturno e também se maravilhou. Ele não tinha um par de binóculos ou um telescópio para auxiliá-lo. Mas tinha algo ainda mais importante — um relacionamento pessoal com o Deus vivo. Imagino as ovelhas balindo calmamente ao fundo, enquanto Davi olhava o céu. Depois ele viria a escrever o inspirativo texto: "Os céus proclamam a glória de Deus, e o firmamento anuncia as obras das suas mãos. Um dia discursa a outro dia, e uma noite revela conhecimento a outra noite" (SALMO 19:1,2).

Em nossas agendas tão comprometidas, podemos também facilmente nos esquecer de nos maravilharmos diante da beleza celeste que o nosso Criador nos preparou para nosso prazer e Sua glória. Quando separamos tempo para olhar o céu noturno e nos deslumbrarmos com o que vemos, ganhamos um entendimento mais profundo de Deus, de Seu poder e também da Sua glória eterna. —HDF

Nas maravilhas da criação de Deus,
vemos a Sua majestade e o Seu caráter.

ESPELHOS

Leitura:
Filipenses 2:1-5

Fez também a bacia de bronze,
com o seu suporte de bronze, dos espelhos das mulheres...
—ÊXODO 38:8

Q UANDO MOISÉS REUNIU os filhos de Israel para começar a trabalhar no tabernáculo (ÊXODO 35-39), ele chamou Bezalel, um artesão talentoso, para ajudar a fazer a mobília. É nos dito que a algumas mulheres foi pedido que dessem seus espelhos de bronze para a bacia de bronze que ele estava construindo (38:8). Elas entregaram os seus espelhos para ajudar a preparar o lugar onde a presença de Deus habitaria.

Doar nossos espelhos? Para a maioria de nós, isso seria difícil. Não nos foi pedido que o fizéssemos, no entanto me faz pensar como o ato de autoexaminar-se minuciosamente pode ser desconcertante. Pode nos fazer pensar demais em nós mesmos e pouco nos outros.

Quando conseguimos esquecer facilmente os nossos rostos e com rapidez nos lembrar de que Deus nos ama como somos — com todas as nossas imperfeições — então podemos começar a não ter "...cada um em vista o que é propriamente seu, senão também cada qual o que é dos outros" (FILIPENSES 2:4).

Agostinho disse que nos perdemos no amor por nós mesmos, e no entanto, nos encontramos ao amarmos outros. Colocando de outra forma, o segredo da felicidade não está exclusivamente no aperfeiçoamento pessoal, mas ao nos doarmos. Entregando a nossa vida e todo o nosso ser, em amor. —DHR

Aquele que se doa aos outros não será
consumido pelo egoísmo.

O MEDIADOR

Leitura:
Êxodo 20:18-26

O povo estava de longe, em pé;
Moisés, porém, se chegou [...] onde Deus estava.
—ÊXODO 20:21

I MAGINE-SE AO PÉ de uma montanha, com todos de sua comunidade ao redor, ombro a ombro. Trovões e lampejar de relâmpagos; você ouve um clangor de trombeta. Entre chamas, Deus se manifesta no topo da montanha. O cume é envolto em fumaça; toda a montanha passa a tremer e você também (ÊXODO 19:16-20).

Os israelitas tiveram esta experiência aterrorizante próximo ao monte Sinai. Eles imploraram a Moisés: "...Fala-nos tu, e te ouviremos; porém não fale Deus conosco, para que não morramos" (20:19). Os israelitas estavam pedindo a Moisés que mediasse entre eles e o Todo-Poderoso. "O povo estava de longe, em pé; Moisés, porém, se chegou à nuvem escura onde Deus estava" (V.21). Após encontrar-se com Deus, Moisés trouxe as mensagens do Senhor ao pé da montanha para o povo que ali estava.

Hoje, adoramos o mesmo Deus que manifestou Sua surpreendente grandiosidade no monte Sinai. Porque Ele é perfeitamente santo e nós somos excessivamente corrompidos, não podemos nos relacionar com o Senhor. Caso estivéssemos sozinhos, nós também tremeríamos de terror (e realmente deveríamos). Mas Jesus nos possibilitou que conhecêssemos Deus quando tomou os nossos pecados sobre Si, morreu e ressuscitou (1 CORÍNTIOS 15:3,4). Ainda hoje, Jesus é o mediador entre nós e Deus, que é santo e perfeito (ROMANOS 8:34; 1 TIMÓTEO 2:5). —JBS

Jesus é a ponte sobre o precipício do pecado.
É Ele quem nos leva à presença de Deus.

UM MODO DE VIDA

Leitura:
Salmo 5

De manhã, Senhor, ouves a minha voz;
de manhã te apresento a minha oração e fico esperando.
—SALMO 5:3

N O DIA ANTERIOR à entrevista de Billy Graham, em 1982, no *Today Show*, seu diretor de relações públicas, Larry Ross, pediu uma sala privada onde Graham pudesse orar antes da entrevista. Mas quando o Sr. Graham chegou ao estúdio, seu assistente informou a Ross que o evangelista não precisava da sala. Ele disse: "Sr. Graham começou a orar quando acordou hoje de manhã, orou enquanto tomava café da manhã, orou no carro no trajeto até aqui e, provavelmente, estará orando durante toda a entrevista." Ross disse depois: "Para mim, como jovem, aprendi uma grande lição."

A devoção não é um acontecimento esporádico; é um modo de se relacionar com Deus. Este tipo de relacionamento íntimo é desenvolvido quando o povo de Deus vê a devoção como um estilo de vida. Os salmos nos encorajam a começar cada dia levantando nossas vozes ao Senhor (SALMO 5:3); a preencher o nosso dia em conversas com Deus (55:17) e diante de acusações e difamações, nos entregarmos por completo à oração (109:4). Desenvolvemos a oração como modo de vida porque desejamos estar com Deus (42:1-4; 84:1,2; 130:5,6).

A oração é o nosso modo de nos conectarmos com o Senhor em todas as circunstâncias da vida. Deus está sempre ouvindo. Podemos falar com Ele em qualquer momento do dia. —MLW

Na oração, Deus ouve mais do que as suas palavras
— Ele ouve o seu coração.

UM BOM NOME

Leitura:
Provérbios 10:2-15

Mais vale o bom nome do que as muitas riquezas...
—PROVÉRBIOS 22:1

O NOME DE CHARLES Ponzi será para sempre associado ao esquema de fraude financeira que ele elevou como modo de vida. Após pequenos crimes financeiros e curtos períodos na cadeia, na década de 1920, ele passou a oferecer aos investidores um retorno de 50% sobre seu dinheiro em 45 dias e de 100% em 90. Ainda que parecesse bom demais para ser verdade, o dinheiro corria. Ponzi usava o dinheiro de novos investidores para pagar os mais antigos e financiar seu estilo de vida exuberante. Em agosto de 1920, sua fraude foi descoberta. Os investidores haviam perdido 20 milhões de dólares e cinco bancos haviam falido. Ponzi passou três anos na prisão, foi depois deportado à Itália e morreu aos 66 anos sem um centavo, em 1949.

O livro de Provérbios, no Antigo Testamento, faz frequente contraste entre as reputações do sábio e do tolo: "A memória do justo é abençoada, mas o nome dos perversos cai em podridão. [...] Quem anda em integridade anda seguro, mas o que perverte os seus caminhos será conhecido" (PROVÉRBIOS 10:7,9). Salomão resume dizendo: "Mais vale o bom nome do que as muitas riquezas; e o ser estimado é melhor do que a prata e o ouro" (22:1).

Buscamos preservar um bom nome, não para honrarmos a nós mesmos, mas para glorificar a Cristo nosso Senhor cujo nome é sobre todo nome. —DCM

Um bom testemunho honra o nosso Deus grandioso.

VISITANTES INOPORTUNOS

Leitura:
Tiago 1:2-12

*Meus irmãos, tende por motivo de toda alegria o passardes
por várias provações, sabendo que a provação da vossa fé, uma vez
confirmada, produz perseverança.* —TIAGO 1:2,3

INHA ESPOSA E eu recebemos, recentemente, uma ligação apavorada de nosso filho e sua esposa. Na noite anterior, eles haviam encontrado dois morcegos na casa deles. Sei que eles são uma parte importante do ecossistema, mas dentre as criaturas de Deus, não são os meus favoritos; especialmente dentro de casa.

Contudo, ficamos gratos por poder ir à casa de nosso filho e ajudar. Nós os ajudamos a tampar os buracos que podem ter sido usados por estes visitantes indesejados para entrar na casa.

Outro visitante indesejado que frequentemente intromete-se em nossa vida é o sofrimento. Quando as provações surgem, podemos facilmente entrar em pânico ou perder a confiança. Mas estas circunstâncias difíceis podem se tornar instrumentos que o nosso amoroso Pai celestial usa para nos tornar mais semelhantes a Cristo. Por isso, Tiago escreveu: "Meus irmãos, tende por motivo de toda alegria o passardes por várias provações, sabendo que a provação da vossa fé, uma vez confirmada, produz perseverança. Ora, a perseverança deve ter ação completa..." (TIAGO 1:2-4).

Não se espera que desfrutemos de nossas provações ou celebremos o sofrimento. Mas quando estes visitantes indesejados chegam, podemos ver a mão de Deus neles e confiar que o Senhor pode usá-los para nos tornar mais semelhantes a Seu Filho. —WEC

*As provações podem nos afligir, mas o nosso Deus
está sempre conosco.*

ATALHOS PERIGOSOS

Leitura:
Mateus 4:1-10

Jesus, porém, respondeu: Está escrito: Não só de pão
viverá o homem, mas de toda palavra que procede da boca de Deus.
—MATEUS 4:4

DURANTE AS ELEIÇÕES em meu país, uma mãe batalhadora que eu conhecia trocou o seu voto por um pacote de fraldas. Nós havíamos discutido os benefícios de cada candidato, portanto a escolha que ela fez me decepcionou. "Mas e as suas convicções?", perguntei. Ela permaneceu em silêncio. Seis meses depois que o seu candidato vencera, os impostos ficaram ainda mais altos. Tudo agora é mais caro do que antes, inclusive as fraldas!

Em países ao redor do mundo, a corrupção política não é algo novo. A corrupção espiritual também não. Satanás tentou seduzir Jesus a "negociar" Suas convicções (MATEUS 4:1-10). O tentador foi até Ele quando o Senhor estava cansado e faminto. Ofereceu a satisfação imediata para Jesus, pão fresco em segundos, um livramento miraculoso, os reinos do mundo e sua glória.

Mas Jesus era sábio. Ele sabia que os atalhos são inimigos perigosos. Podem oferecer uma estrada livre de sofrimento, mas no fim das contas a dor que carregam é muito pior do que qualquer coisa que possamos imaginar. "Está escrito…", Jesus disse três vezes durante Sua tentação (vv.4,7,10). Ele se manteve firme ao que sabia ser a verdade de Deus e de Sua Palavra.

Quando somos tentados, Deus pode nos ajudar também. Podemos depender dele e da verdade de Sua Palavra para nos ajudar a evitar atalhos perigosos. —KO

O caminho de Deus não é fácil, mas conduz
à satisfação eterna.

UM LUGAR PARA ESTAR

Leitura:
Neemias 1:4-11

Na casa de meu Pai há muitas moradas. Se assim não fora,
eu vo-lo teria dito. Pois vou preparar-vos lugar.
—JOÃO 14:2

MILHARES DE FILAMENTOS de tempo, acontecimentos e pessoas entremeiam-se formando uma tapeçaria que chamamos de "lar". Mais do que simplesmente uma casa, o lar é o lugar onde o sentido, o pertencimento e a segurança se unem sob a cobertura de nossos melhores esforços, em amor incondicional. O lar nos chama com memórias profundamente entranhadas em nossa alma. Mesmo quando o nosso lar não é perfeito, sua forte influência em nós é dramática, magnética.

A Bíblia fala frequentemente de lar, de moradia. Vemos um exemplo no anseio de Neemias por uma Jerusalém restaurada (NEEMIAS 1:3,4; 2:2). Não é de surpreender, então, que Jesus falasse de um lar, uma moradia, quando quer nos consolar. "Não se turbe o vosso coração…" Ele começou, e em seguida, acrescentou: "…vou preparar-vos um lugar" (JOÃO 14:1,2).

Para aqueles que têm memórias ternas de moradias terrenas, esta promessa nos conecta a algo que podemos facilmente entender e pelo qual esperamos. E para aqueles cujas moradias foram tudo menos confortáveis e seguras, Jesus promete que um dia ouvirão a doce canção entoada nesta moradia, pois nela habitarão com Ele.

Seja qual for a luta ou hesitação em sua jornada de fé, lembre-se disto: há uma moradia no céu já esperando, preparada especialmente para você. Jesus não falaria isso, se não fosse verdade. —RKK

Que a lembrança de nosso lar terreno nos conduza
com esperança à nossa moradia celestial.

UM DOM DE ESPERANÇA

Leitura:
Juízes 13:1-7

*... ele começará a livrar a Israel
do poder dos filisteus.*
—JUÍZES 13:5

QUANDO UM POTENTE tufão varreu a cidade de Tacloban nas Filipinas, em 2013, aproximadamente 10 mil pessoas morreram e muitos que sobreviveram perderam suas casas e empregos. As provisões básicas se tornaram escassas. Três meses depois, enquanto a cidade ainda lutava para se levantar de tamanha destruição, um bebê nasceu no acostamento de uma estrada próxima a Tacloban, entre chuvas torrenciais e ventos fortes. Ainda que o clima trouxesse memórias dolorosas, os moradores se uniram para encontrar uma parteira e transportar a mãe e o recém-nascido até uma clínica. O bebê sobreviveu, cresceu e se tornou um símbolo de esperança durante uma época de desespero.

Quarenta anos de opressão filisteia marcaram um período austero na história nacional de Israel. Nessa época, um anjo informou uma israelita que ela daria à luz a um filho consagrado (JUÍZES 13:3). De acordo com o anjo, o bebê seria um nazireu — um homem separado para Deus — e começaria "...a livrar Israel do poder dos filisteus" (V.5). A criança, Sansão, foi um presente de esperança que nasceu em um momento difícil.

Os problemas são inevitáveis, entretanto Jesus tem o poder para nos resgatar do desespero. Cristo nasceu "...para alumiar os que jazem nas trevas e na sombra da morte, e dirigir os nossos pés pelo caminho da paz" (LUCAS 1:76-79). —JBS

Jesus é a esperança que acalma as tempestades da vida.

REFÚGIO E JUIZ

Leitura:
Naum 1:1-9

O Senhor é bom, é fortaleza no dia da angústia…
—NAUM 1:7

QUANDO UM RÉU se coloca diante de um juiz, ele está à mercê da corte. Caso o réu seja inocente, a corte será um refúgio. Mas se for culpado, esperamos que a corte seja diligente na punição.

Em Naum, vemos Deus como refúgio e juiz. Está escrito: "O Senhor é bom, é fortaleza no dia da angústia…" (1:7). Mas também está escrito: "…acabará de uma vez com o lugar desta cidade; com trevas, perseguirá o Senhor os seus inimigos" (v.8). Mais de cem anos antes, Nínive havia se arrependido depois que Jonas anunciou o perdão de Deus, e a terra foi salva (JONAS 3:10). Mas durante os dias de Naum, Nínive estava tramando "…o mal contra o Senhor…" (NAUM 1:11). No capítulo 3, Naum detalha a destruição de Nínive.

Muitas pessoas conhecem apenas um lado dos procedimentos de Deus com a raça humana, mas não o outro. Acreditam que Ele é santo e quer apenas nos punir, ou que Ele é misericordioso e quer apenas demonstrar bondade. Na verdade, Ele é juiz e refúgio. Pedro escreve que Jesus "…entregava-se àquele que julga retamente" (1 PEDRO 2:23). Consequentemente, Ele levou "… em seu corpo os nossos pecados sobre o madeiro, para que, mortos para os pecados, pudéssemos viver para a justiça…" (v.24).

Toda a verdade sobre Deus é boa-nova! Ele é juiz, mas por mérito de Jesus, podemos ir até Deus como nosso refúgio. —JDB

A justiça e a misericórdia de Deus revelam-se na cruz.

A FAMÍLIA DA FÉ

Leitura:
1 Tessalonicenses 2:6-14

… porquanto nos éreis muito queridos.
—1 TESSALONICENSES 2:8

DURANTE OS ANOS 1980, uma turma de solteiros em nossa igreja se tornou uma família muito unida para muitas pessoas que haviam perdido um cônjuge pelo divórcio ou morte. Quando alguém precisava se mudar, os membros do grupo empacotavam as coisas, carregavam móveis e preparavam a comida. Os aniversários e feriados não eram mais solitários conforme a fé e a amizade se fundiam num relacionamento de contínuo encorajamento. Muitos desses laços forjados durante a adversidade há três décadas continuam a florescer e dão suporte a indivíduos e famílias ainda hoje.

A carta de Paulo aos seguidores de Jesus em Tessalônica cria uma imagem de relacionamentos de entrega na família de Deus. "…nos tornamos carinhosos entre vós, qual ama que acaricia os próprios filhos" (1 TESSALONICENSES 2:7). "Porque bem vos lembrais, irmãos, do nosso trabalho e fadiga [...] para não sermos pesados a nenhum de vós…" (V.9). "…vos exortávamos e consolávamos, a cada um de vós, como o pai a seus filhos…" (V.11).

Como mães, pais, irmãos e irmãs, Paulo e seus companheiros compartilhavam o evangelho e suas vidas com estes cristãos com quem passaram a se afeiçoar (V.8).

Na família da fé, Deus nos provê mães, pais, irmãs e irmãos. O Senhor nos dá a Sua alegria à medida que compartilhamos nossas vidas, juntos, em Sua graça e amor. —DCM

Deus nos ama; amemo-nos uns aos outros.

REFLETOR DO FILHO

Leitura:
João 1:1-9

*Este veio como testemunha para
que testificasse a respeito da luz...*
—JOÃO 1:7

ACONCHEGANTE VILA DE RJUKAN, Noruega, é um lugar encantador para viver, exceto no inverno. Localizada em um vale ao pé da altíssima montanha Gaustatoppen, a cidade não recebe a luz solar direta durante quase metade do ano. Os moradores por muito tempo consideraram a ideia de colocar espelhos no topo da montanha para refletir o sol. Mas a ideia não foi exequível até pouco tempo. Em 2005, um artista local iniciou o "Projeto Espelho" para unir pessoas que poderiam fazer tal ideia tornar-se realidade. Oito anos mais tarde, em outubro de 2013, os espelhos entraram em ação. Os moradores aglomeraram-se na praça da cidade para absorver a reflexão da luz do sol.

Em um sentido espiritual, grande parte do mundo é como a vila de Rjukan — montanhas de lutas impedem que a luz de Jesus os alcance. Mas Deus coloca os Seus filhos de modo estratégico para agirem como refletores. Uma dessas pessoas foi João Batista, que veio "...para que testificasse a respeito da luz...", Jesus — que concede luz àqueles "...que jazem nas trevas e na sombra da morte..." (JOÃO 1:7; LUCAS 1:79).

Assim como a luz solar é essencial para a saúde emocional e física, também a exposição à luz de Jesus é essencial para a saúde espiritual. Felizmente, todo cristão está em posição para refletir a luz de Cristo nos lugares escuros do mundo. —JAL

Um mundo envolto em trevas precisa da luz de Jesus.

SIMPLESMENTE CONFIAR

Leitura:
Salmo 56

Em me vindo o temor, hei de confiar em ti.
—SALMO 56:3

QUANDO OS NOSSOS filhos eram pequenos, levá-los ao médico era uma experiência interessante. A sala de espera era repleta de brinquedos com os quais podiam brincar e revistas e livros infantis que eu lia para eles. Então, não havia problema em chegar a esse local com eles. Mas assim que os pegava para entrar no consultório, tudo mudava. Repentinamente, o divertimento se tornava medo no momento em que a enfermeira se aproximava com a seringa para a injeção necessária. Quanto mais perto ela chegava, mais firmemente se agarravam ao meu pescoço. Procuravam consolo, provavelmente esperando resgate, sem saber que era para seu próprio bem.

Algumas vezes, neste mundo turbulento, passamos de momentos de paz e tranquilidade para o doloroso estado de sofrimento. Nesse ponto, a pergunta é: "Como vou reagir?" Podemos ser temerosos e nos perguntar por que Deus permitiu que isto acontecesse conosco, ou podemos confiar que em meio a este sofrimento Ele está fazendo algo que ao final será para o nosso bem, mesmo se doer. Seria bom nos lembrarmos das palavras do salmista que escreveu: "Em me vindo o temor, hei de confiar em ti" (SALMO 56:3).

Assim como meus filhos, quanto mais difícil for, mais firmemente devemos nos achegar a Ele. Confie no Senhor. Seu amor nunca falha! —JMS

Apegue-se ao seu Pai celestial; Ele é a sua única esperança.

O RELÓGIO DE DEUS

Leitura:
Lucas 2:36-40

*... falava a respeito do menino a todos os que
esperavam a redenção de Jerusalém.*
—LUCAS 2:38

VISITO REGULARMENTE duas idosas. Uma delas não tem preocupação financeira alguma, está em forma para sua idade e mora em sua própria casa. Mas ela sempre encontra algo negativo para dizer. A outra sofre de artrite e tem muito esquecimento. Ela mora em um lugar simples e tem um bloco de anotações em que registra seus compromissos para não os esquecer. Mas seu primeiro comentário para qualquer visitante em seu pequeno apartamento é sempre o mesmo: "Deus é tão bom comigo." Ao ler o seu bloco de notas em minha última visita, percebi que ela havia escrito no dia anterior: "sair para almoçar amanhã! Que maravilha! Mais um dia feliz!"

Ana era uma profetiza na época do nascimento de Jesus e suas circunstâncias eram complicadas (LUCAS 2:36,37). Viúva desde cedo e possivelmente sem filhos, ela talvez se sentisse inútil e desamparada. Mas seu interesse maior estava em Deus e em servi-lo. Ela anelava pelo Messias, mas nesse ínterim se ocupava com as questões do Senhor: orando, jejuando e ensinando aos outros tudo o que aprendia sobre Ele.

Finalmente chegou o dia em que ela, já com seus 80 anos, viu o pequeno Messias nos braços da jovem mãe. Toda a sua espera paciente valera a pena. Seu coração regozijou com alegria enquanto ela louvava a Deus e contava a alegre novidade aos outros. —MS

*É difícil enxergar o plano de Deus e o nosso, mas o ideal
é estarmos no ponto em que ambos convergem.*

A ESCOLHA DEFINITIVA

Leitura:
Josué 24:15-24

... serviremos ao Senhor.
—JOSUÉ 24:21

ONSIDERANDO QUE meu pai costumava valorizar os deuses ancestrais, foi notável a sua afirmação aos 90 anos, próximo ao fim de sua vida: "Quando eu morrer", ele disse com esforço: "ninguém deve fazer nada além do que a igreja fizer. Nada de adivinhações, nem sacrifícios aos ancestrais, nem rituais. Assim como minha vida está nas mãos de Jesus Cristo, minha morte também estará!"

Meu pai escolheu o caminho de Cristo em idade avançada quando aceitou Jesus em sua vida como Salvador. Seus colegas zombavam dele: "Um idoso como você não deveria estar indo à igreja!". Mas a escolha de meu pai de seguir e adorar o Deus verdadeiro foi definitiva, como a escolha do povo ao qual Josué se dirigiu.

Josué os desafiou: "...escolhei, hoje, a quem sirvais [...]. Eu e minha casa serviremos ao Senhor" (24:15). A resposta foi firme — escolheram adorar ao Senhor. Mesmo depois de Josué os ter alertado sobre os custos (VV.19,20), eles ainda assim decidiram seguir o Senhor, evocando Seu livramento, Sua provisão e proteção (VV.16,17,21).

Tal escolha confiante, entretanto, pede ações igualmente confiantes, como Josué os lembrou firmemente: "Deitai, pois, agora, fora aos deuses estranhos [...] e inclinai o vosso coração ao Senhor Deus de Israel" (V.23). Você já se decidiu a viver para Deus? —LD

Uma escolha definitiva exige ações definitivas.

SONOPLASTAS

Leitura:
João 16:7-15

... o próprio Satanás se transforma em anjo de luz.
—2 CORÍNTIOS 11:14

Á! PUM! HEI! Nos primeiros dias do filme, os artistas sonoplastas criavam sons para auxiliar a ação da história. Espremer uma bolsa de couro cheia de amido de milho criava o som da geada sendo pisada. Sacudir um par de luvas soava como o bater de asas de um pássaro e abanar um bastão estreito criava um som sibilante. Para deixar os filmes o mais realista possível, estes artistas usavam técnicas criativas para reproduzir os sons.

Assim como os sons, as mensagens podem ser replicadas. Uma das técnicas mais frequentemente usadas por Satanás é a de replicar mensagens de modos espiritualmente perigosos. Paulo alerta: "Porque os tais são falsos apóstolos, obreiros fraudulentos, transformando-se em apóstolos de Cristo. E não é de admirar, porque o próprio Satanás se transforma em anjo de luz" (2 CORÍNTIOS 11:13,14). O apóstolo está nos alertando sobre os falsos mestres que tiram a nossa atenção de Jesus Cristo e da mensagem de Sua graça.

Jesus disse que um dos propósitos do Espírito Santo viver em nós é que: "...quando vier, porém, o Espírito da verdade, ele vos guiará a toda a verdade..." (JOÃO 16:13). Com a ajuda e a orientação do Espírito, podemos encontrar a segurança da verdade neste mundo de mensagens falsas. —WEC

O Espírito Santo e o nosso Mestre sempre presente.

ÁRVORES DE TRILHA

Leitura:
Isaías 53:4-12

… traspassaram-me as mãos e os pés. Repartem entre si as minhas vestes e sobre a minha túnica deitam sortes.
—SALMO 22:16-18

NOS ÚLTIMOS ANOS minha filha se fascina com a história do povo indígena no local em que hoje mora. Na tarde de verão quando fui visitá-la, ela me mostrou uma estrada que tinha uma placa indicando "Árvores de trilha". Ela explicou que se acredita que há muito tempo os nativos curvavam as árvores ainda jovens para indicar o caminho a destinos específicos e que as árvores continuavam crescendo em formato irregular.

O Antigo Testamento tem um propósito semelhante. Muitos ensinamentos e ordenanças da Bíblia direcionam nosso coração para o modo que o Senhor quer que vivamos. Os Dez Mandamentos são grandes exemplos disso. Mas além disso, os profetas do Antigo Testamento indicaram o caminho para um Messias que viria. Milhares de anos antes de Jesus vir, eles falaram de Belém — o local do Seu nascimento (MIQUEIAS 5:2; MATEUS 2:1-6). Eles descreveram a morte de Cristo na cruz com detalhes impressionantes (SALMO 22:14-18; JOÃO 19:23,24). E Isaías 53:1-12 destaca o sacrifício que Jesus faria, pois "…o SENHOR fez cair sobre ele a iniquidade de nós todos" (V.6; LUCAS 23:33).

Milênios atrás, os servos de Deus do Antigo Testamento fizeram referências ao Filho de Deus. Aquele que hoje toma "…sobre si as nossas enfermidades e as nossas dores…" (ISAÍAS 53:4). Ele é o caminho para a vida. —CHK

Jesus sacrificou Sua vida em favor da nossa.

QUEM É VOCÊ?

Leitura:
Mateus 21:1-11

E, entrando ele em Jerusalém,
toda a cidade se alvoroçou, e perguntavam: Quem é este?
—MATEUS 21:10

DE TEMPOS EM tempos, lemos sobre pessoas que se ofendem por não serem tratadas com o que consideram ser o respeito e a deferência devidos. "Você sabe quem eu sou?", gritam indignadas. E nos lembramos da afirmação: "Se você precisa dizer aos outros quem você é, provavelmente, você não é quem pensa ser." O polo oposto desta arrogância e autoconsideração é visto em Jesus, mesmo quando Sua vida na Terra se aproximava do fim.

Jesus entrou em Jerusalém com gritos de louvor do povo (MATEUS 21:7-9). Quando outros pela cidade perguntavam: "Quem é este?", as multidões respondiam: "...este é o profeta Jesus, de Nazaré da Galileia!" (VV.10,11). Ele não chegou exigindo privilégios especiais, Jesus veio humildemente para dar Sua vida em obediência à vontade de Seu Pai.

As palavras que Jesus disse e as coisas que Ele fez impunham respeito. Diferentemente de governantes inseguros, Ele nunca exigiu que outros o respeitassem. Suas grandes horas de sofrimento aparentaram ser Seu ponto mais baixo de sofrimento e fracasso. Entretanto, a força de Sua identidade e missão o susteve pelos momentos mais escuros ao morrer por nossos pecados para que vivêssemos em Seu amor.

Hoje, Ele é merecedor de nossa vida e nossa devoção. Reconhecemos quem Ele é? —DCM

Uma vez tendo conhecido Jesus, você jamais
será o mesmo. —OSWALD CHAMBERS

É LINDO!

Leitura:
Marcos 14:3-9

Mas Jesus disse: Deixai-a; por que a molestais?
Ela praticou boa ação para comigo.
—MARCOS 14:6

A O FIM DE uma viagem de negócios, Tobias queria encontrar alguns presentinhos para seus filhos. O balconista na loja de presentes do aeroporto recomendou apenas itens caros. "Não tenho essa quantia comigo," ele disse. "Preciso de algo mais barato." O balconista tentou fazê-lo sentir-se mesquinho, mas Tobias sabia que seus filhos ficariam felizes com qualquer coisa que ele lhes comprasse, porque viria de um coração de amor. E ele estava certo, pois eles amaram os presentes que o pai lhes trouxe.

Durante a última visita de Jesus à cidade de Betânia, Maria queria demonstrar o seu amor por Ele (MARCOS 14:3-9). Para isso, ela levou "...um vaso de alabastro com preciosíssimo perfume de nardo puro..." e o ungiu (v.3). Os discípulos perguntaram irados: "...Por que este desperdício?" (MATEUS 26:8). Jesus lhes disse que não a molestassem, pois "...Ela praticou boa ação para comigo" (MARCOS 14:6). Outra tradução diz: "Ela fez algo lindo para mim." Jesus se deleitou com o presente dela, pois vinha de um coração cheio de amor. Mesmo sendo uma unção para o Seu sepultamento, foi lindo!

O que você gostaria de dar a Jesus para demonstrar o seu amor? O seu tempo, talento, riqueza? Não importa se for caro ou barato, se outros entenderão ou vão criticar. O que lhe for dado vindo de um coração cheio de amor será lindo para Ele. —AMC

Um coração, espiritualmente,
saudável bate de amor por Jesus.

POR QUE EU?

Leitura:
Marcos 14:10-21

*Mas Deus prova o seu próprio amor para conosco
pelo fato de ter Cristo morrido por nós,
sendo nós ainda pecadores.* —ROMANOS 5:8

PERGUNTARAM AO PASTOR britânico Joseph Parker: "Por que Jesus escolheu Judas para ser um de Seus discípulos?" Ele pensou profundamente sobre a questão, mas não conseguiu elaborar uma resposta, e disse que acabava sempre se deparando com uma pergunta ainda mais desconcertante: "Por que Ele me escolheu?"

Essa é uma pergunta que tem sido feita através dos séculos. Quando as pessoas se tornam dolorosamente conscientes de seu pecado e se enchem de culpa, clamam pela misericórdia de Jesus. Em alegre admiração experimentam a verdade de que Deus as ama, de que Jesus morreu por elas e de que são perdoadas de todos os seus pecados. É incompreensível!

Eu também já me perguntei: "Por que eu?" Sei que os feitos obscuros e pecaminosos da minha vida foram motivados por um coração ainda mais obscuro; e ainda assim Deus me amou! (ROMANOS 5:8). Eu já não era merecedor, era desprezível e estava desamparado; e ainda assim Ele abriu os Seus braços e o Seu coração para mim. Quase consigo ouvi-lo sussurrar: "Amo você muito mais do que você amou o seu pecado."

É verdade! Eu estimava o meu pecado. Eu o protegia e negava o seu dano. Ainda assim Deus me amou o suficiente para me perdoar e libertar.

"Por que eu?" Está além de minha compreensão. Mas mesmo assim sei que Deus me ama — e Ele o ama também! —DCE

Deus não nos ama pelo que somos, mas por quem Ele é.

DOR COM UM PROPÓSITO

Leitura:
João 16:17-24

*… mas outra vez vos verei; o vosso coração se alegrará,
e a vossa alegria ninguém poderá tirar.*
—JOÃO 16:22

PERGUNTEI A UNS AMIGOS qual havia sido sua experiência mais difícil e dolorosa. As respostas incluíram a guerra, divórcio, cirurgia e a perda de um ente querido. Minha esposa respondeu: "O nascimento de nosso primeiro filho." O parto longo e difícil foi num desolado hospital militar. Mas ela considerou a experiência prazerosa "porque a dor tinha um propósito maior".

Antes de ser crucificado, Jesus disse aos Seus seguidores que eles estavam prestes a passar por um momento de grande dor e tristeza. E comparou a experiência que estava por vir à de uma mulher durante o parto, quando sua angústia se transforma em alegria após o filho nascer (JOÃO 16:20,21). "…também agora vós tendes tristeza; mas outra vez vos verei; o vosso coração se alegrará, e a vossa alegria ninguém poderá tirar" (V.22).

A tristeza nos atinge em toda nossa jornada pela estrada da vida. Mas Jesus, "…em troca da alegria que lhe estava proposta, suportou a cruz, não fazendo caso da ignomínia…" (HEBREUS 12:2), comprou o perdão e a liberdade para todos os que abrirem seu coração a Ele. Seu sacrifício doloroso cumpriu o propósito eterno de Deus: abrir o caminho para o relacionamento e a comunhão com Ele.

A alegria de nosso Salvador excedeu o Seu sofrimento, assim como a alegria que Ele nos dá eclipsa toda a nossa dor. —DCM

*O sofrimento pode ser como um ímã
que aproxima o cristão do seu Mestre.*

APRECIE A SUA REFEIÇÃO

Leitura:
1 Coríntios 11:23-34

... fazei isto em memória de mim.
—1 CORÍNTIOS 11:24

NÃO SE TRATA DA MESA, seja ela quadrada ou redonda, nem das cadeiras — sejam elas de plástico ou madeira. Não se trata da comida, ainda que isto ajude se tiver sido feita com amor. Usufruímos de uma boa refeição quando desligamos a televisão e os nossos celulares e concedemos a nossa atenção às pessoas com quem estamos.

Simplesmente amo me reunir ao redor da mesa, desfrutar de uma boa conversa com amigos e a família e falar sobre variados assuntos. Entretanto, a tecnologia instantânea dificulta essa interação. Algumas vezes, estamos mais preocupados com o que outros — às vezes a quilômetros de distância — têm a dizer do que com o que a pessoa à nossa frente à mesa está dizendo.

Somos convidados para outra refeição à mesa quando nos reunimos em um único local para celebrar a Ceia do Senhor. Não importa se a igreja é grande ou pequena. Não importa o tipo de pão. Precisamos desligar nossos pensamentos das preocupações e inquietações e nos aproximarmos de Jesus.

Quando foi a última vez que desfrutamos da mesa do Senhor? Contentamo-nos em Sua presença, ou estamos mais preocupados com o que está acontecendo em outro lugar qualquer? Isto é importante, "Porque, todas as vezes que comerdes este pão e beberdes o cálice, anunciais a morte do Senhor, até que ele venha" (1 CORÍNTIOS 11:26). —KO

Relembrar a morte de Cristo nos dá coragem
para o dia de hoje e esperança para o amanhã.

NÃO SE PREOCUPE!

Leitura:
1 Pedro 5:1-11

... lançando sobre ele toda a vossa ansiedade,
porque ele tem cuidado de vós.
—1 PEDRO 5:7

GEORGE BURNS, ator e humorista americano, disse: "Se você perguntar: 'Qual é o item mais importante para a longevidade?' Eu diria que é evitar preocupação, estresse e tensão. E mesmo que você não perguntasse eu daria a mesma resposta." Burns, que viveu até os 100 anos, gostava de fazer as pessoas rirem e aparentemente seguia seu próprio conselho.

Mas como podemos não nos preocupar quando a nossa vida é tão incerta, tão repleta de problemas e necessidades? O apóstolo Pedro ofereceu este encorajamento aos seguidores de Jesus que haviam sido propositadamente dispersos pela Ásia durante o primeiro século: "Humilhai-vos, portanto, sob a poderosa mão de Deus, para que ele, em tempo oportuno, vos exalte, lançando sobre ele toda a vossa ansiedade, porque ele tem cuidado de vós" (1 PEDRO 5:6,7).

As instruções de Pedro não foram dadas para nos ajudar a evitar o sofrimento (V.9), mas para que possamos encontrar paz e força para permanecer vitoriosos contra os ataques de Satanás (VV.8-10). Em vez de sermos consumidos por ansiedade e preocupação, ficamos livres para desfrutar do amor de Deus por nós e expressá-lo uns aos outros.

Nosso objetivo não deveria ser apenas ver quantos anos conseguiremos viver, mas viver plenamente no serviço amoroso ao Senhor durante todos os anos que recebermos. —DCM

Deus, meu Pai, não se esquece de nada.
Por que me preocupar? —OSWALD CHAMBER

A ÁRVORE DO AMOR

Leitura:
Mateus 27:27-35

... carregando ele mesmo em seu corpo, sobre o madeiro...
—1 PEDRO 2:24

O SALGUEIRO PERMANECEU em vigília por mais de 20 anos em nosso quintal. Deu sombra aos nossos filhos e abrigo aos esquilos da vizinhança. Mas quando a primavera chegou e a árvore não acordou de seu sono de inverno, o momento de cortá-la havia chegado.

Todos os dias, durante uma semana, trabalhei naquela árvore — primeiro para derrubá-la e depois para talhar duas décadas de crescimento em partes menores. Nisto, tive muito tempo para pensar sobre as árvores.

Pensei na primeira árvore — naquela em que estava o fruto proibido ao qual Adão e Eva simplesmente não resistiram (GÊNESIS 3:6). Deus usou aquela árvore para testar a lealdade e confiança deles. Há também a árvore no Salmo 1 que nos lembra da fertilidade da vida piedosa. E em Provérbios 3:18, a sabedoria é personificada como uma árvore de vida.

Mas a mais importante de todas as árvores é aquela que teve sua madeira utilizada para outro propósito — a rude cruz do Calvário que foi lavrada em uma árvore vigorosa. Nela nosso Salvador foi crucificado entre o céu e a terra para carregar todos os pecados de todas as gerações em Seus ombros. Esta árvore está acima de todas as outras como um símbolo de amor, sacrifício e salvação.

No Calvário, o único Filho de Deus sofreu uma terrível morte sobre a cruz. Para nós, essa é a árvore da vida. —JDB

A cruz de Cristo revela o pior do pecado do homem
e o melhor do amor de Deus.

AS MELHORES LAGOAS DE PESCA

Leitura:
Apocalipse 22:1-5

*... foi arrebatado ao paraíso
e ouviu palavras inefáveis ...*
—2 CORÍNTIOS 12:4

MEU AMIGO GUSTAVO, pescador de trutas, faleceu há algum tempo. Os fins de semana geralmente eram os dias em que ele estava em seu pequeno barco ou próximo a um lago, pescando. Recebi uma carta de sua filha Heidi há alguns dias, contando-me que tem falado sobre o céu com seus netos desde que Gustavo foi para o lar celestial. Seu neto de 6 anos, que também ama pescar, explicou como é o céu e o que seu bisavô está fazendo: "É muito lindo, " ele refletiu, "e Jesus está mostrando ao vovô onde estão as melhores lagoas de pesca."

Faltaram palavras a Paulo para relatar a visão que Deus lhe deu do céu. A passagem diz: "...foi arrebatado ao paraíso e ouviu palavras inefáveis, as quais não é lícito ao homem referir" (2 CORÍNTIOS 12:4). As palavras não conseguem transmitir os fatos do céu — talvez porque nós, seres humanos, sejamos incapazes de compreendê-los.

Ainda que ganhemos algum consolo pelo fato de conhecermos mais detalhes sobre o céu, não é esse conhecimento que nos dá garantia; é o nosso conhecimento do próprio Deus. Porque o conheço e sei o quanto Ele é bondoso, posso deixar essa vida e tudo que faz parte dela com total confiança de que o céu será belo e que Jesus me mostrará "onde estão as melhores lagoas de pesca" — porque assim é o nosso Deus! —DHR

Nada neste mundo se compara a estar com Cristo no céu.

FÉ FIRME COMO A ROCHA

Leitura:
Salmo 18:1-3,46

O Senhor é a minha rocha,
a minha cidadela, o meu libertador...
—SALMO 18:2

MINHA ESPOSA E EU temos avós que têm mais de 100 anos. Em conversas com elas e seus amigos, percebo que há uma tendência que parece quase universal na memória dos mais idosos: lembram-se de momentos difíceis com nostalgia. Trocam, entre si, as histórias sobre a Segunda Guerra Mundial e a Grande Depressão. Falam com ternura sobre dificuldades como as tempestades, os banheiros externos e a época em que comiam o mesmo tipo de comida por semanas seguidas.

Paradoxalmente, os momentos difíceis podem ajudar a alimentar a fé e a fortalecer os laços pessoais. Vendo este princípio ser praticado, entendo melhor um dos mistérios relacionados a Deus. A fé se resume a uma questão de confiança. Se Deus realmente é a minha Rocha sólida (SALMO 18:2), as piores circunstâncias não destruirão o meu relacionamento com Ele.

A fé firme como a rocha me permite acreditar que apesar do caos do momento atual, o Senhor realmente reina. Independentemente do quão indigno eu possa me sentir, sou importante para o Deus de amor. Nenhuma dor dura para sempre e nenhum mal triunfa no fim.

A fé, firme como a rocha, vê até mesmo o feito mais obscuro de toda a história, a morte do Filho de Deus, como um prelúdio necessário para o momento mais luzente em toda a história — Sua ressurreição e triunfo sobre a morte. —PDY

Cristo, a Rocha, é a nossa única esperança.

ALICERCE FIRME

Leitura:
Mateus 7:21-27

Todo aquele, pois, que ouve estas minhas palavras
e as pratica será comparado a um homem prudente
que edificou a sua casa sobre a rocha.
—MATEUS 7:24

O S TERREMOTOS são predominantes na região do Pacífico conhecida como Círculo de Fogo do Pacífico. Noventa por cento dos terremotos do mundo e 81% dos maiores terremotos ocorrem nesta região. Descobri que muitos edifícios na cidade de Hong Kong foram construídos sobre alicerces de granito, o que poderia ajudar a minimizar o estrago no caso de um terremoto. A fundação dos edifícios é particularmente importante em regiões do mundo que são propensas aos terremotos.

Jesus Cristo disse aos Seus seguidores que é crucial que o alicerce seja estável na edificação de vidas. E acrescentou: "Todo aquele, pois, que ouve estas minhas palavras e as pratica será comparado a um homem prudente que edificou a sua casa sobre a rocha; e caiu a chuva, transbordaram os rios, sopraram os ventos e deram com ímpeto contra aquela casa, que não caiu, porque fora edificada sobre a rocha" (MATEUS 7:24,25). A edificação em Jesus Cristo é o que dará a estabilidade que o nosso coração e a nossa vida precisam agora e também no futuro.

Ao permitirmos que a sabedoria de Deus nos guie em nossos relacionamentos, decisões e prioridades, percebemos que Ele provê o alicerce mais fidedigno sobre o qual qualquer vida pode ser edificada. —WEC

Jesus é o melhor fundamento sobre o qual
construímos uma vida sólida.

VIVER COM FRAGRÂNCIA

Leitura:
Filipenses 4:10-20

Recebi tudo e tenho abundância […]
o que me veio de vossa parte como aroma suave […]
aceitável e aprazível a Deus. —FILIPENSES 4:18

SOU GRATO POR DEUS nos ter concedido o olfato para podermos desfrutar de tantas fragrâncias da vida. Penso em quanto aprecio algo tão simples como o fresco e convidativo aroma de loção pós-barba pela manhã. Ou a suave fragrância de grama recém-cortada na primavera. Gosto particularmente de sentar-me no quintal quando o delicado perfume de minhas rosas favoritas enche o ar. E há também os aromas característicos que exalam de comidas deliciosas.

Então me chama atenção quando o apóstolo Paulo diz que nossos atos de amor para com os outros são como "…aroma suave […] aceitável e aprazível a Deus" (FILIPENSES 4:18). Quando pensamos em ajudar os necessitados, geralmente pensamos nisso como a atitude certa a se tomar — ou até mesmo como algo que um cristão deveria fazer. Mas Paulo diz que o nosso ato intencional de irmos até o outro para suprir a sua necessidade, na verdade, preenche a sala do trono de Deus com uma fragrância que o agrada.

Podemos agradar a Deus com os aromas que surgem quando abençoamos outros! Temos mais um incentivo para executar os atos de bondade em Seu nome.

Quem pode estar precisando de um ato de bondade seu hoje? Peça a Deus para guiá-lo a essa pessoa. Seja uma bênção. Agindo assim, exalamos o Seu aroma suave! —JMS

Ao abençoar outros você enaltecer a Deus.

A POÇA DE LAMA

Leitura:
Salmo 119:1-8

Bem-aventurados os que guardam
as suas prescrições e o buscam de todo o coração!
—SALMO 119:2

MEU AMIGO, EDUARDO, me contou uma história sobre seu filho pequeno. Ele estava em uma poça de lama, quando o pai lhe pediu que saísse. Mas em vez disso, Matias começou a correr na poça. "Você também não pode *correr* na poça," o pai lhe disse. Então o menino começou a caminhar na água. E o pai lhe disse: "nem *andar*!". Matias parou na ponta dos pés na poça de água, olhando provocativamente para o seu pai. A criança sabia o que seu pai desejava, mas não queria obedecer.

Algumas vezes, eu também sou como esse menino teimoso. Sei que o que estou fazendo não está agradando o Senhor, mas o faço mesmo assim. Deus disse aos filhos de Israel que guardassem "...todos os seus mandamentos..." (DEUTERONÔMIO 28:1), mas eles falharam repetidamente. O salmista reconheceu sua luta no Salmo 119: "Tomara sejam firmes os meus passos, para que eu observe os teus preceitos" (V.5).

A inveja, o ódio, e a rebeldia ocorrem com frequência. Mas Deus nos proveu redenção por meio do sacrifício de Seu Filho Jesus Cristo. O Espírito Santo nos ajuda quando somos tentados (1 CORÍNTIOS 10:13); e quando confessamos nossos erros, Deus promete nos perdoar (1 JOÃO 1:9).

Se você for como eu e continua voltando às poças de lama da vida, não desista. Deus o ajudará a resistir à tentação e o Senhor nunca deixará de amá-lo! —DCE

Para não cair em tentação, submeta-se
ao senhorio de Cristo.

DIVIDINDO UM HAMBÚRGUER

Leitura:
Tiago 2:14-17

*Não negligencieis, igualmente, a prática do bem
e a mútua cooperação; pois, com tais sacrifícios,
Deus se compraz.* —HEBREUS 13:16

UMA DAS PESSOAS que trabalha na organização *Compassion International* contou sobre uma mulher que viajou a uma terra distante para visitar a criança que ela apadrinhava. Ela decidiu levar a criança, que vivia em pobreza miserável, a um restaurante.

O menino pediu um hambúrguer e a mulher uma salada. Quando a comida foi trazida à mesa, o menino, que certamente nunca havia feito uma refeição como esta em sua vida, examinou a cena. Ele olhou o seu enorme hambúrguer e para a pequena salada de sua madrinha. Ele cortou o hambúrguer ao meio, e ofereceu uma das metades a ela, esfregando a sua barriga, perguntou -lhe: "está com fome?"

Uma criança que não teve quase nada em sua vida estava disposta a compartilhar metade do que tinha com alguém que, em sua opinião, precisava mais. Esta criança pode ser um bom lembrete na próxima vez em que encontrarmos alguém com necessidade física, emocional ou espiritual. Como seguidores de Jesus, nossa fé no Senhor deveria se refletir em nossas ações (TIAGO 2:17).

Encontramos pessoas necessitadas todos os dias. Algumas moram do outro lado do mundo, outras na próxima esquina. Algumas precisam de uma refeição quente, outras de palavras gentis. Que diferença os seguidores de Cristo que já experimentaram o Seu amor podem fazer ao praticar o bem e compartilhar! (HEBREUS 13:16). —JDB

Fazer o bem é a tarefa mais gloriosa do homem. —SÓFOCLES

QUANDO NOS DECEPCIONAMOS

Leitura:
1 Samuel 17:33-50

… o SENHOR salva, não com espada, nem com lança;
porque do SENHOR é a guerra, e ele vos
entregará nas nossas mãos. —1 SAMUEL 17:47

EM 4 DE AGOSTO DE 1991, o navio de cruzeiros *Oceanos* foi atingido por uma terrível tempestade na costa da África do Sul. Quando o navio começou a afundar, o capitão e os seus oficiais decidiram abandonar a embarcação, não notificando quem estava a bordo sobre o que estava acontecendo. O passageiro Moss Hills, um músico britânico, percebeu que algo estava errado e enviou um sinal de socorro à guarda costeira sul-africana. Moss, sua esposa Tracy e outros a bordo tomaram as rédeas da situação e ajudaram a organizar a evacuação de todos os passageiros, ajudando-os conforme subiam nos helicópteros.

Algumas vezes aqueles de quem esperamos liderança nos decepcionam. Quando o rei Saul e seus oficiais enfrentaram os insultos hostis do gigante filisteu Golias, eles reagiram com medo e acovardamento (1 SAMUEL 17:11). Mas um jovem músico e pastor, chamado Davi, teve fé em Deus, a qual transformou a sua perspectiva diante desta ameaça. Davi disse a Golias: "…Tu vens contra mim com espada, […] eu, porém, vou contra ti em nome do SENHOR dos Exércitos…" (V.45). Davi derrotou o inimigo e mudou o curso da batalha (V.50). Ele não esperou que sua força viesse de líderes mortais, mas do Deus vivo.

Quando os outros nos decepcionam, Deus pode estar nos chamando para liderar em Sua força e para a Sua honra. —HDF

À medida que seguimos a Jesus Cristo,
podemos levar outros na direção certa.

ISSO É MEU!

Leitura:
Ezequiel 29:1-9

Eu sou o SENHOR, *este é o meu nome...*
—ISAÍAS 42:8

O RIO NILO, na África, que tem a extensão de 6.650 quilômetros e flui em direção ao norte, cruzando vários países do nordeste da África, é o segundo rio mais longo do mundo. Através dos séculos, o Nilo proveu o mantimento e o sustento para milhões de cidadãos nos países pelos quais passa. Atualmente, a Etiópia está construindo o que se tornará a maior represa hidrelétrica no Nilo. Será uma grande fonte de recursos para a área.

O Faraó, rei do Egito, alegou ser o dono do rio Nilo e o seu criador. Ele e todo o Egito orgulhavam-se: "...O meu rio é meu, e eu o fiz para mim mesmo" (EZEQUIEL 29:3,9). Eles não reconheceram que somente Deus provê os recursos naturais. Em consequência disso, Deus prometeu punir essa nação (VV.8,9).

Nós devemos cuidar do que Deus criou e não nos esquecermos de que tudo o que temos vem do Senhor. Lemos em Romanos 11:36: "Porque dele, e por meio dele, e para ele são todas as coisas. A ele, pois, a glória eternamente...". É Ele quem dota a humanidade com a habilidade de manufaturar e inventar os recursos artificiais. Sempre que falamos sobre algo bom que tenha nos acontecido ou que realizamos, precisamos nos lembrar do que Deus diz em Isaías 42:8: "Eu sou o SENHOR, este é o meu nome; a minha glória, pois, não a darei a outrem...". —LD

A Deus seja a glória, pois Ele tem feito grandes coisas!

ORE PRIMEIRO

Leitura:
1 Samuel 23:1-5

Consultou Davi ao Senhor ...
—1 SAMUEL 23:2

QUANDO MEU MARIDO e eu supervisionamos as aulas de piano de nosso filho, começamos sempre pedindo que Deus nos ajude. Oramos primeiro porque nem meu marido nem eu sabemos tocar piano. Juntos, nós três estamos entendendo os mistérios musicais tais como o significado de *"staccato"* e *"legato"* e quando usar as teclas pretas do piano.

Quando percebemos que precisamos da ajuda de Deus, a oração se torna uma prioridade. Davi precisou do auxílio de Deus em uma situação perigosa ao considerar lutar com os filisteus na cidade de Queila. Antes de entrar na batalha: "Consultou Davi ao Senhor, dizendo: Irei eu e ferirei estes filisteus?..." (1 SAMUEL 23:2). Deus deu Sua aprovação. Entretanto, os guerreiros de Davi admitiram que as forças do inimigo os intimidavam. Antes que uma única espada fosse levantada contra os filisteus, Davi orou novamente. Deus lhe prometeu a vitória que ele, mais tarde, declarou (V.4).

A oração guia a nossa vida ou é nosso último recurso quando os problemas nos atingem com ímpeto? Algumas vezes, caímos no hábito de fazer planos e em seguida pedimos a Deus que os abençoe, ou oramos apenas nos momentos de desespero. Deus quer que nos voltemos a Ele em momentos de necessidade. Mas o Senhor também deseja que lembremos que precisamos dele em todo o tempo (PROVÉRBIOS 3:5,6). —JBS

Na verdade, "Deus quer que oremos antes de fazer qualquer coisa."
—OSWALD CHAMBERS

E ENTÃO VOCÊ RI

Leitura:
2 Coríntios 5:1-8

Aquele que não conheceu pecado, ele o fez pecado por nós;
para que, nele, fôssemos feitos justiça de Deus.
—2 CORÍNTIOS 5:21

B ARULHO. VIBRAÇÃO. PRESSÃO. METEOROS. Estas foram as palavras que o astronauta canadense Chris Hadfield usou para descrever a sensação de ser lançado ao espaço. À medida que o foguete subia rapidamente, o peso da gravidade aumentava e a dificuldade de respirar também. Exatamente quando pensava que ia desmaiar, o foguete flamejante passou para a leveza completa. Em vez de ficar inconsciente, o astronauta irrompeu em gargalhadas.

Essa descrição me fez pensar nos dias próximos à morte de minha mãe. O peso da vida continuava a aumentar até ela não ter mais força para respirar. Ela foi liberada de sua dor e alcançou a "leveza completa" do céu. Gosto de pensar nela rindo, quando pela primeira vez inspirou na presença de Jesus.

Na sexta-feira que chamamos de "santa" algo semelhante aconteceu com Cristo. Deus colocou sobre Ele o peso do pecado de todo o mundo — passado, presente e futuro — até que Ele não pudesse mais respirar. Então, Jesus disse: "...Pai, nas tuas mãos entrego o meu espírito!..." (LUCAS 23:46). Após ser sufocado por nosso pecado, Jesus ressuscitou e agora vive onde o pecado e a morte não têm poder algum. Todos que confiam em Cristo se juntarão a Ele um dia, e me questiono se olharemos para trás e daremos gargalhadas. —JAL

O sacrifício de Jesus nos concede a alegria do céu.

DEMAIS PARA MIM

Leitura:
Mateus 26:36-46

... Meu Pai, se possível, passe de mim este cálice!
—MATEUS 26:39

"DEUS NUNCA NOS DÁ MAIS do que podemos suportar," foi o que alguém disse a um pai cujo filho de 5 anos havia perdido a batalha contra o câncer. Estas palavras, que foram ditas com a intenção de encorajá-lo, na verdade o deprimiram e o fizeram se perguntar o porquê de ele não conseguir "suportar" de modo algum a perda de seu filho. A dor era tão insuportável que ele mal podia respirar. Reconhecia que o seu pesar era tão imenso que precisava desesperadamente que Deus o sustentasse.

O versículo que alguns usam para fundamentar essa afirmação de que "Deus nunca nos dá mais do que podemos suportar" está em 1 Coríntios 10:13, "...juntamente com a tentação, vos proverá livramento...". Mas o contexto destas palavras é a tentação, não o sofrimento. Podemos escolher o livramento que Deus provê, mas não podemos escolher o livramento do sofrimento.

O próprio Jesus quis livrar-se do sofrimento pelo qual passaria, quando orou: "A minha alma está profundamente triste até à morte [...]. Meu Pai, se possível, passe de mim este cálice!" (MATEUS 26:38,39). Contudo, Ele deliberadamente passou por isso para a nossa salvação.

Quando a vida parece um fardo pesado demais para carregarmos, neste momento nos lançamos à misericórdia de Deus e Ele nos acolhe. —AMC

Se Deus está ao seu lado e o sustenta com Seus braços,
você pode enfrentar qualquer situação.

VENHA A MIM

Leitura:
João 20:24-31

… Bem-aventurados os que não viram e creram.
—JOÃO 20:29

CHARLOTTE ELLIOTT escreveu o hino "Tal qual estou", em 1834. Por muitos anos ela fora inválida e ainda que quisesse ajudar em um evento para arrecadar e prover fundos para uma escola de meninas, estava doente demais. Ela se sentia inútil, e esta angústia interna a fez duvidar de sua fé em Cristo. Nesse contexto, ela escreveu: "Tal qual estou" como resposta à sua dúvida. Talvez estas palavras expressem melhor o ponto crucial de sua angústia:

Tal como estou, sem direção,
Confuso em grande comoção,
Temendo, em luta e tentação;
Ó Salvador, eu venho a ti. (HCC 217)

Três dias após Sua morte e sepultamento, Jesus ressuscitou e convidou o discípulo a quem a história apelidou de "Tomé, o incrédulo" a examinar as marcas de Sua crucificação (JOÃO 20:27). Quando Tomé tocou as chagas de Jesus, ele finalmente acreditou em Sua ressurreição. Cristo lhe disse: "…Porque me viste, creste? Bem-aventurados os que não viram e creram" (V.29).

Como cristãos nos dias de hoje, somos aqueles que também não viram, mas ainda assim creram. Entretanto, nossas circunstâncias terrenas, em alguns momentos, levantam sérios questionamentos em nossa alma. Neste momento, ainda clamamos: "…Eu creio! Ajuda-me em minha falta de fé!" (MARCOS 9:24). Jesus nos recebe tal como estamos. —JBS

O Cristo ressurreto é a Porta para que você
tenha plenitude de vida.

SOMOS UMA COMUNIDADE

Leitura:
1 Coríntios 12:1-11

*E ele mesmo concedeu uns [...] para o
desempenho do seu serviço, para a
edificação do corpo de Cristo.*
—EFÉSIOS 4:11,12

ESPOSA DE UM pastor foi diagnosticada com mal de Parkinson, o que colocou a família em uma situação difícil e estressante. O pastor se perguntava como poderia cuidar da esposa enquanto ainda tinha responsabilidades com os membros de sua família cristã. Mas sua preocupação foi desnecessária pois os membros da sua igreja se voluntariaram para auxiliá-lo com refeições e parte do cuidado de sua esposa.

O apóstolo Paulo escreveu à igreja de Corinto sobre o propósito para o qual o Senhor lhes concedeu seus dons espirituais. Antes de listar a diversidade de dons em 1 Coríntios 12:8-10, ele os lembrou de que: "A manifestação do Espírito é concedida a cada um visando a um fim proveitoso" (V.7). Deus não nos dá Seus dons espirituais para o nosso uso egoísta, mas para servir outros e ao fazê-lo, nós o servimos.

Todos nós recebemos dons individuais para serem usados em momentos e de formas diferentes. No entanto, todos devem ser usados em amor "...para a edificação do corpo de Cristo" (EFÉSIOS 4:12). Onde quer que Deus tenha nos colocado, podemos usar o que Ele nos dotou conforme virmos necessidade, lembrando-nos de que somos todos parte da igreja — o Corpo de Cristo (1 CORÍNTIOS 12:13,14). —CPH

Use os seus dons em prol dos outros.

CORREDORES MAJESTOSOS

Leitura:
Isaías 40:6-11,28-31

Seca-se a erva, e caem as flores […],
mas os que esperam no SENHOR renovam as suas forças…
—ISAÍAS 40:7,31

O MAJESTOSO GUEPARDO africano é conhecido por alcançar velocidades de 112 quilômetros por hora em percursos curtos, mas não tem desempenho tão bom em longas distâncias. Um artigo jornalístico relatou que quatro membros de uma vila queniana conseguiram vencer dois guepardos em uma corrida de 6,5 quilômetros.

Aparentemente, dois enormes guepardos vinham se alimentando das cabras do vilarejo. Então os quatro homens bolaram um plano para acabar com isso. Eles esperaram pela hora mais quente do dia e começaram a perseguir os felinos, seguindo-os até que os animais não conseguissem mais correr. Os guepardos exaustos foram capturados sem perigo e entregues ao serviço de proteção à vida animal para relocação.

Será que conseguimos nos ver nesses guepardos? Nossas forças podem parecer impressionantes, mas são fugazes. Como o profeta Isaías nos lembra, somos como a erva que logo seca sob o calor do sol (40:6-8).

Entretanto, é quando chegamos no fim de nossas forças que o nosso Deus nos oferece consolo. Aqueles que esperam no Senhor se surpreendem. Em Seu tempo e de Seu modo, Ele pode renovar a nossa força. Por Seu Espírito, Ele pode nos capacitar a subir "…com asas como águias…" ou a correr e não nos cansarmos (V.31). —M. R. DEHAAN

Quando nos aproximamos de Deus,
nossa mente é revigorada e nossa força renovada.

O MUNDO DE DEUS

Leitura:
Salmo 24

Ao Senhor pertence a terra e tudo o que nela se contém...
—SALMO 24:1

EU SABIA QUE meu filho se alegraria em ganhar um mapa-múndi de aniversário. Após procurar, encontrei um mapa colorido dos continentes que incluía ilustrações em todas as regiões. Uma borboleta ornithoptera pairava sobre Papua, Nova Guiné. Montanhas cascateavam pelo Chile. Um diamante adornava a África do Sul. Fiquei encantado, mas tive dúvidas sobre a legenda embaixo do mapa: *Nosso Mundo.*

Em um sentido, a Terra é nosso mundo porque vivemos nela. Temos permissão para beber sua água, minerar seu ouro, e pescar em seus mares —, mas apenas porque Deus nos deu a autorização (GÊNESIS 1:28-30). Na verdade, esse é o *mundo de Deus.* "Ao Senhor pertence a terra e tudo o que nela se contém, o mundo e os que nele habitam" (SALMO 24:1). Fico maravilhado com o fato de Deus ter confiado Sua incrível criação a meros seres humanos. O Senhor sabia que alguns de nós a maltratariam, negariam ter sido criada por Ele e alegariam ser seus donos. Ainda assim, Ele permite que a chamemos de casa e a sustém por meio de Seu Filho (COLOSSENSES 1:16,17).

Hoje, separe um momento para desfrutar da vida no mundo de Deus. Aprecie o sabor de alguma fruta. Observe um pássaro e ouça-o cantar. Deleite-se com o pôr do sol. Permita que o mundo em que você habita o inspire a adorar Aquele que é o Seu dono. —JBS

*A beleza da criação nos dá razões
para cantar louvores ao Senhor.*

UM PAI QUE CORRE

Leitura:
Lucas 15:11-24

Porque o Filho do Homem veio buscar e salvar o perdido.
—LUCAS 19:10

TODOS OS DIAS um pai estendia seu pescoço em direção à estrada distante esperando pela volta de seu filho. E todas as noites ele ia dormir decepcionado. Mas um dia, um pequeno traço surgiu. Uma silhueta solitária se colocou diante do céu carmesim. *Será que é meu filho?* O pai se perguntou. E então percebeu seu modo de andar familiar. *Sim, só pode ser meu filho!*

Ele vinha "…ainda longe, quando seu pai o avistou, e, compadecido dele, correndo, o abraçou, e beijou" (LUCAS 15:20). É extraordinário que o patriarca da família tenha feito algo que era considerado indigno na cultura do Oriente Médio — ele correu para encontrar o seu filho. O pai estava muito feliz pelo retorno dele.

E este filho não merecia tal recepção. Ao pedir a seu pai o adiantamento de sua parte da herança e sair de casa, foi como se desejasse que seu pai já estivesse morto. Mas apesar de tudo o que fizera ao pai, ele ainda era o seu filho (V.24).

Esta parábola nos lembra de que somos aceitos por Deus por causa de Sua graça, não por nossos méritos. Ela garante que nunca afundaremos tão profundamente a ponto de a graça de Deus não poder nos alcançar. Nosso Pai celestial nos aguarda ansioso com Seus braços abertos. —PFC

Merecemos castigo e recebemos perdão; merecemos a ira de Deus e recebemos o Seu amor. —PHILIP YANCEY

ENFRENTANDO O IMPOSSÍVEL

Leitura:
Josué 5:13–6:5

Olha, entreguei na tua mão Jericó...
—JOSUÉ 6:2

EM 2008, os valores das casas estavam despencando. Mas duas semanas depois que eu e meu marido colocamos nossa casa de 40 anos à venda, apareceu um comprador e fechamos a venda. Em pouco tempo, os empreiteiros começaram a trabalhar na casa que eu herdara e que seria nosso novo lar. Mas dias antes da venda da antiga casa ser concretizada, o comprador desistiu. Ficamos desolados! Agora tínhamos duas propriedades — uma cujo valor despencava e a outra, uma ruína virtual que não podíamos vender, e para a qual nem podíamos nos mudar. Até surgir um novo comprador, não poderíamos pagar o empreiteiro. Foi uma situação desagradável.

Quando Josué lutou em Jericó, uma cidade fortificada e bloqueada, talvez tenha sentido que estava enfrentando uma situação impossível (JOSUÉ 5:13–6:27). Mas um Homem com uma espada desembainhada apareceu a Josué. Alguns teólogos acreditam que o Homem era o próprio Jesus. Josué ansiosamente perguntou-lhe se Ele estaria do lado dos israelitas ou de seus inimigos na batalha que aconteceria. Ele respondeu: "Não; sou príncipe do exército do SENHOR..." (5:14). Josué curvou-se em adoração antes de dar mais um passo. Ele ainda não sabia como Jericó seria entregue em suas mãos, mas ouviu a Deus e o adorou. E, em seguida, obedeceu às instruções do Senhor e o impossível aconteceu. —MS

Nada é impossível para o Senhor!

UM FINAL FELIZ

Leitura:
Efésios 4:20-32

*... sede uns para com os outros benignos,
compassivos, perdoando-vos uns aos outros, como também Deus,
em Cristo, vos perdoou.* —EFÉSIOS 4:32

MEU AMIGO ME CONTOU que estava assistindo a um jogo de futebol na TV, enquanto sua filha mais nova brincava por perto. Irado com uma jogada ruim de seu time, ele pegou o objeto mais próximo e jogou-o ao chão. O brinquedo favorito de sua filhinha ficou despedaçado, e seu coraçãozinho também. Meu amigo imediatamente abraçou sua filha e se desculpou. Ele substituiu o brinquedo achando que tudo havia se resolvido. Mas não sabia o quanto sua fúria havia assustado sua filha de 4 anos, e nem ela reconhecia o quão profunda era sua própria dor. Com o tempo, houve o perdão.

Anos mais tarde, ele enviou um brinquedo idêntico à sua filha que estava grávida. Ela postou uma foto do brinquedo no *Facebook* com as seguintes palavras: "Este presente tem uma história muito longa que remete à minha infância. Na época não foi um acontecimento bom, mas hoje teve um final feliz! A redenção é algo belo. Obrigada, vovô!"

A Bíblia nos incita a evitar acessos de raiva nos revestindo do novo homem "...criado segundo Deus, em justiça e retidão procedentes da verdade" (EFÉSIOS 4:24). E se formos vítimas da ira, Deus nos pede que sejamos "...benignos, compassivos, perdoando-vos uns aos outros, como também Deus, em Cristo, vos perdoou" (V.32).

Não é fácil restaurar os relacionamentos, mas é possível pela graça de Deus. —DCM

*O arrependimento e o perdão são a cola que restaura
um relacionamento rompido.*

AGORA VÁ!

Leitura:
Êxodo 4:10-17

*Vai, pois, agora, e eu serei com a tua boca
e te ensinarei o que hás de falar.*
—ÊXODO 4:12

MILHARES DE LÍDERES cristãos estiveram presentes em um enorme auditório na Holanda, em 1986, para ouvir o renomado evangelista Billy Graham. Sentei-me entre eles, ouvindo-o narrar suas experiências. E para minha surpresa, ele disse: "Permitam-me que lhes diga: todas as vezes que me coloco diante da congregação do povo de Deus para pregar, tremo e meus joelhos vacilam!"

O quê? Pensei. *Como um pregador que encantou milhões com seus poderosos sermões pode ter os seus joelhos trêmulos e vacilantes?* Prosseguiu descrevendo não o medo e pavor do púlpito, mas a sua intensa humildade e resignação, por sentir-se inadequado à tarefa para a qual Deus lhe chamara. Confessou que dependia do Senhor para fortalecê-lo, e não de sua própria eloquência.

Moisés sentiu-se inadequado quando Deus o enviou para libertar os israelitas escravizados por 400 anos no Egito. Ele suplicou-lhe que enviasse outra pessoa, com a desculpa de que não era um bom orador (ÊXODO 4:10,13).

Temos medos semelhantes quando Deus nos chama para fazer algo para Ele. O encorajamento dele para Moisés pode nos estimular também: "Vai, pois, agora, e eu serei com a tua boca e te ensinarei o que hás de falar" (V.12).

Como Billy Graham disse naquele dia: "Quando Deus o chamar, não tenha medo dos seus joelhos tremerem ou cambalearem, pois Ele estará com você!" —LD

Por onde quer que Deus nos envie, Ele nos acompanha.

A ESPERANÇA VIVE

Leitura:
1 Pedro 1:3-9

*... vossa fé, muito mais preciosa do que o ouro [...]
redunde em louvor, glória e honra na revelação de Jesus Cristo...*
—1 PEDRO 1:7

❧

QUANDO AS TRAGÉDIAS estilhaçam a vida das pessoas, elas procuram por respostas. Uma mãe que perdeu um filho adolescente me disse: "Não consigo entender. Não sei se ainda consigo crer. Tento, mas Deus não faz sentido para mim. O que significa isso ?" Não há resposta fácil para essas inquietações. Mas para os que confiam em Cristo há esperança — estejam eles usufruindo bênçãos ou remoendo aflições.

Em termos elogiosos, Pedro louva a Deus que "...nos regenerou para uma viva esperança..." (1 PEDRO 1:3) por meio de nossa salvação. Essa esperança pode trazer alegria mesmo em meio à tragédia. Ele também nos dá garantia da permanência desta esperança (v.4); e segue nos falando desta realidade dura em que ficamos "...contristados com várias tentações" (v.6). Os que sofreram perdas voltam seus corações esperançosos para as palavras de Pedro: estas perdas vêm: "Para que a prova da vossa fé [...] se ache em louvor, e honra, e glória, na revelação de Jesus Cristo" (v.7).

As provações, aparentemente aleatórias e inexplicáveis, podem ser vistas de modo diferente à luz dessas palavras. Em meio à tragédia, podemos refletir o poder e a beleza de nossa salvação por causa de nosso grande Salvador. E essa pode ser exatamente a luz necessária para auxiliar uma pessoa angustiada, por mais um dia. —JDB

*A luz da salvação brilha claramente
mesmo na noite mais escura.*

ENTREGANDO TUDO

Leitura:
Romanos 12:1-8

*... apresenteis o vosso corpo por sacrifício vivo,
santo e agradável a Deus, que é o vosso culto racional.*
—ROMANOS 12:1

DURANTE SEU ÚNICO discurso inaugural como presidente dos Estados Unidos, John F. Kennedy lançou este desafio aos americanos: "Não pergunte o que seu país pode fazer por você; pergunte o que você pode fazer pelo seu país." Foi um renovado apelo para que os cidadãos entregassem suas vidas em sacrifício e serviço aos outros. Suas palavras inspiraram, de modo especial, os filhos de homens e mulheres que haviam servido o seu país na guerra.

Seu significado era claro: o que seus pais adquiriram, em grande parte com sacrifícios na vida deles, deveria agora ser protegido por meios pacíficos. Um exército de voluntários surgiu para responder a esse chamado e por décadas eles têm executado quantidades imensuráveis de trabalhos humanitários em todo o mundo.

Séculos antes, o apóstolo Paulo lançou um chamado semelhante aos cristãos nos versículos de abertura de Romanos 12. Aqui ele nos incita a dar nossos corpos como "...sacrifício vivo..." em serviço ao que pagou com Sua vida por nossos pecados. Este sacrifício espiritual deve ser mais do que meras palavras; deve ser um investimento de nossa vida no bem-estar físico, emocional e espiritual de outros.

O melhor de tudo é podermos servir exatamente onde estamos. —RKK

*Pare de perguntar a Jesus o que Ele pode fazer por você;
pergunte-lhe o que você pode fazer para Ele.*

O LIVRO POR TRÁS DA HISTÓRIA

Leitura:
Salmo 119:105-112

*Os teus testemunhos, recebi-os por legado perpétuo,
porque me constituem o prazer do coração.*
—SALMO 119:111

MILHARES DE PESSOAS ao redor do mundo assistiram ao filme *E o vento levou*, que estreou nos Estados Unidos em 15 de dezembro de 1939. O filme ganhou dez prêmios *Oscar* e permanece sendo um dos filmes comercialmente mais bem-sucedidos de Hollywood. Foi baseado no romance de Margaret Mitchell de 1936, que vendeu um milhão de cópias em 6 meses, ganhou o prêmio *Pulitzer* e foi traduzido para mais de 40 idiomas. Um filme épico geralmente tem sua fonte em um livro forte e atemporal.

A Bíblia é o livro que fundamenta a fé cristã. Do livro de Gênesis ao Apocalipse, ela está repleta do plano de Deus para a Sua criação, e nós estamos incluídos. O Salmo 119 celebra o poder e a necessidade que temos da Palavra de Deus em nossa vida. As Escrituras iluminam o nosso caminho (v.105), reavivam a nossa alma (v.107) e guardam os nossos passos (v.108). Nelas encontramos sabedoria, orientação, vida e alegria. "Os teus testemunhos, recebi-os por legado perpétuo, porque me constituem o prazer do coração" (v.111).

Jesus, nosso Senhor, nos convoca a alicerçarmos nossa vida em Sua Palavra e a compartilhar da alegria de conhecê-lo com pessoas que anseiam por encontrar vida. "Induzo o coração a guardar os teus decretos, para sempre, até ao fim" (v.112).

Que livro! Que Salvador! —DCM

A Bíblia, a verdade eterna de Deus, ainda hoje é confiável.

AMOR E LUZ

Leitura:
Deuteronômio 11:8-15

*… mas a terra que passais a possuir é terra
[…] de que cuida o SENHOR, vosso Deus …*
—DEUTERONÔMIO 11:11,12

NA PRIMAVERA, os meus amigos planejam as suas hortas casei-ras. Uns começam plantando sementes no interior da casa onde é possível controlar melhor as condições para a germina-ção. Após as geadas passarem, eles transferem as sementes para o ar livre. Plantado o jardim, o trabalho de capinar, nutrir, regar e proteger de roedores e insetos começa. É trabalhoso produzir!

Moisés relembrou isso aos israelitas antes que entrassem na Terra Prometida. No Egito, eles tinham que irrigar manualmente as planta-ções (DEUTERONÔMIO 11:10), mas Deus lhes prometeu que no lugar para onde os levava o trabalho deles seria atenuado pelas chuvas que Ele enviaria: "…darei as chuvas da vossa terra a seu tempo, as primeiras e as últimas…" (V.14). A única condição seria obedecer os Seus manda-mentos, e "…amar o SENHOR, vosso Deus, e de o servir de todo o vosso coração e de toda a vossa alma" (V.13). O Senhor estava levando o Seu povo a um lugar em que a obediência deles e a bênção divina os tornaria uma luz para os que estivessem ao seu redor.

Deus quer que o nosso amor seja manifesto na obediência para que possamos ser a Sua luz às pessoas ao nosso redor. O amor e a obediência que temos para oferecer são menos do que Ele merece, pois o Senhor é o nosso provedor, que nos abençoa e capacita a sermos a luz que o reflete. —JAL

*Amar a Deus não acaba com os nossos problemas,
mas ter a Sua força facilita a vida.*

NO MESMO BARCO

Leitura:
Mateus 8:23-27

Então, entrando ele no barco,
seus discípulos o seguiram.
—MATEUS 8:23

QUANDO O NAVIO APORTOU, os passageiros do cruzeiro saíram o mais rápido possível. Eles haviam passado os últimos dias sofrendo com a presença de um vírus e centenas de pessoas tinham adoecido. Um dos passageiros, entrevistado ao desembarcar, disse: "Bem, não quero reclamar exageradamente. Sei que todos estavam no mesmo barco." Seu trocadilho aparentemente involuntário fez o repórter sorrir.

Em Mateus 8, lemos sobre outra viagem sobre as águas (VV.23-27). Jesus entrou no barco e os Seus discípulos o seguiram (V.23). Uma terrível tempestade se formou e os discípulos de Jesus temeram pela vida deles. Eles acordaram Jesus, pois presumiram que o Senhor não estava ciente da crise.

Ainda que Jesus estivesse literalmente no mesmo barco que os Seus seguidores, Ele estava despreocupado com a tempestade. Como Criador Todo-Poderoso, Ele não a temia, e "...levantando-se, repreendeu os ventos e o mar; e fez-se grande bonança" (V.26).

Mas nós não somos todo-poderosos e somos tão, mas somos muito inclinados a temer! Então o que podemos fazer quando as tempestades da vida nos assolam? Sejam elas passageiras ou soprem por longos períodos, podemos confiar em Jesus, pois estamos no mesmo barco com Aquele a quem até mesmo os ventos e o mar obedecem. —CHK

Deus está tão próximo do cristão que nenhum perigo
consegue emparelhar-se.

ACESSO A DEUS

Leitura:
1 João 5:6-15

Acheguemo-nos, portanto, confiadamente,
junto ao trono da graça, a fim de recebermos misericórdia e
acharmos graça [...] em ocasião oportuna.
—HEBREUS 4:16

A TECNOLOGIA é uma bênção em vários aspectos. Você precisa de alguma informação sobre um problema de saúde? Basta acessar a *internet* e você encontra instantaneamente uma lista de opções para guiar sua busca. Precisa entrar em contato com um amigo? É só enviar uma mensagem, *email* ou postar algo no *Facebook*. Mas algumas vezes, a tecnologia também pode ser frustrante. Um dia desses precisei acessar algumas informações de minha conta bancária e uma lista de perguntas de segurança me foi apresentada. Como não consegui lembrar as respostas exatas, meu acesso à conta foi bloqueado. Lembre-se das diversas vezes em que uma conversa importante foi cortada pelo fim da carga da bateria do celular sem haver chance de reconectar-se até encontrar um local para recarrega-la.

Tudo isto me faz apreciar o fato de que quando preciso entrar na presença de Deus em oração, não há perguntas de segurança e nem é necessário ter baterias carregadas. Amo ter a garantia que João oferece ao dizer: "E esta é a confiança que temos para com ele: que, se pedirmos alguma coisa segundo a sua vontade, ele nos ouve" (1 JOÃO 5:14).

Deus é sempre acessível, pois jamais dormita ou dorme! (SALMO 121:4). E graças ao Seu amor por nós, Ele está a postos, sempre pronto a nos ouvir. —JMS

Deus está sempre acessível no momento
de nossa necessidade.

CONSULTORES DE IMAGEM

Leitura:
Colossenses 3:1-11

*... e vos revestistes do novo homem que se refaz
para o pleno conhecimento, segundo a imagem
daquele que o criou ...* —COLOSSENSES 3:10

N ESSA ÉPOCA SATURADA pela mídia, os consultores de imagem se tornaram indispensáveis. Os artistas, atletas, políticos e empresários parecem desesperar-se para administrar o modo como são percebidos aos olhos do mundo. Estes caríssimos consultores gerenciam o modo como os seus clientes são vistos — mesmo que algumas vezes haja um forte contraste entre a imagem pública e a verdadeira pessoa.

Na verdade, o que essas pessoas precisam — e que todos nós precisamos — não é uma transformação externa, mas sim interna. Nossas falhas mais profundas não podem ser corrigidas com cosméticos. Elas estão relacionadas, diretamente, a quem somos no coração e na mente e revelam o quão distantes estamos da imagem de Deus à qual fomos criados. Mas essa transformação está além de qualquer habilidade humana.

Somente Cristo nos oferece a transformação verdadeira — não apenas a remoção das rugas ou correções externas. Paulo disse que aqueles que foram ressuscitados para a vida eterna em Cristo foram revestidos "...do novo homem que se refaz para o pleno conhecimento, segundo a imagem daquele que o criou" (COLOSSENSES 3:10).

Novo! Que palavra extraordinária repleta de esperança! Cristo nos transforma em novas criaturas nele — pessoas com um novo coração, não apenas pessoas repaginadas exteriormente. —WEC

O Espírito desenvolve em nós a nítida imagem de Cristo.

A IDADE NÃO INFLUENCIA

Leitura:
1 Coríntios 12:12-26

... se um membro sofre, todos sofrem com ele;
e, se um deles é honrado, com ele todos se regozijam.
—1 CORÍNTIOS 12:26

APÓS TER um laboratório de prótese dentária e trabalhar nele durante 50 anos, Dave Bowman planejava aposentar-se e relaxar. O diabetes e uma cirurgia cardíaca confirmavam a sua decisão. Mas ao ouvir sobre os jovens refugiados do Sudão que necessitavam de ajuda, ele decidiu que transformaria a sua vida: concordou em custear cinco deles.

Ao conhecer melhor a situação, soube que esses jovens nunca haviam ido a um médico ou dentista. E quando alguém em sua igreja mencionou o versículo: "...se um membro sofre, todos sofrem com ele...", Bowman não conseguiu tirar a necessidade deles de seus pensamentos. Os cristãos do Sudão estavam sofrendo por necessitar de cuidados médicos, e este senhor já aposentado sentiu que Deus lhe impulsionava para fazer algo a respeito. Mas o quê?

A despeito de sua idade e saúde comprometida, Bowman começou a explorar a possibilidade de construir um centro médico no Sudão. Pouco a pouco, Deus reuniu as pessoas e os recursos necessários e, em 2008, o Hospital Cristão abriu as suas portas aos pacientes. Desde então, centenas de doentes e feridos foram tratados ali.

O hospital é um lembrete de que Deus se importa com o sofrimento do povo. E Ele age por meio de pessoas como nós para dispensar os Seus cuidados, mesmo quando pensamos que a nossa parte já foi feita. —JAL

Deus se importa com o sofrimento do povo.

EM TODAS AS GERAÇÕES

Leitura:
Salmo 100

O Senhor é bom, a sua misericórdia
dura para sempre, e, de geração em geração,
a sua fidelidade. —SALMO 100:5

PODE PARECER SURPREENDENTE as crianças não seguirem o exemplo de seus pais em relação a fé em Deus de seus pais. Igualmente inesperado é ver alguém com um profundo comprometimento com Cristo vir de uma família onde a fé não se fazia presente. Em todas as gerações, cada pessoa tem uma escolha.

Samuel foi um grande homem de Deus que indicou seus dois filhos, Joel e Abias, como líderes de Israel (1 SAMUEL 8:1,2). Diferente de seu pai, entretanto, eles eram corruptos e "...se inclinaram à avareza, e aceitaram subornos, e perverteram o direito" (V.3). Mesmo assim, anos mais tarde, encontramos Hemã, filho de Joel, designado como um músico na casa do Senhor (1 CRÔNICAS.6:31-33). Hemã, neto de Samuel, e Asafe, seu braço direito e autor de muitos salmos, serviram ao Senhor cantando com alegria (15:16,17).

Embora uma pessoa pareça indiferente com relação à fé tão preciosa para os seus pais, Deus ainda está agindo. As coisas podem mudar ao longo dos anos, e as sementes de fé podem florescer em gerações seguintes.

Não importa qual seja a sua situação familiar, sabemos que: "O Senhor é bom, a Sua misericórdia dura para sempre, e, de geração em geração, a Sua fidelidade". —DCM

A fidelidade de Deus se estende a todas as gerações.

AQUELE QUE SERVE

Leitura:
Lucas 22:24-27

… qual é maior: quem está à mesa ou quem serve?
Porventura, não é quem está à mesa? Pois, no meio de vós,
eu sou como quem serve. —LUCAS 22:27

"NÃO SOU EMPREGADA de ninguém!", gritei. Naquela manhã, as demandas da família pareciam demais, pois eu ajudava freneticamente o meu marido a encontrar sua gravata azul, enquanto alimentava um bebê aos berros, e resgatava um brinquedo perdido debaixo da cama que pertencia ao nosso filho de 2 anos.

Mais tarde, no mesmo dia, ao ler a Bíblia me deparei com deste versículo: "Pois qual é maior: quem está à mesa ou quem serve? Porventura, não é quem está à mesa? Pois, no meio de vós, eu sou como quem serve."

Jesus não precisava lavar os pés de Seus discípulos, ainda assim Ele o fez (JOÃO 13:5). Havia servos para fazer aquele trabalho, mas Jesus escolheu servi-los. A sociedade de hoje insiste em que devemos almejar "ser alguém". Queremos o emprego mais bem pago, o melhor cargo na companhia, o trabalho de liderança na igreja. Porém, seja qual for a posição que ocuparmos, podemos aprender a servir com o nosso Salvador.

Seja como pais, filhos, amigos, funcionários, líderes ou alunos, nós exercemos papéis diferentes. A questão é: Desempenhamos esses papéis com a atitude de servos? Mesmo que a minha rotina diária às vezes seja cansativa, sou grata ao Mestre por me ajudar, porque eu quero seguir os Seus passos e servir aos outros de bom grado.

Que Deus nos ajude a fazer isso a cada dia. —KO

Precisamos ter a atitude de servos —
para sermos como Jesus.

O MELHOR CASAMENTO

Leitura:
Apocalipse 21:1-8

*... exultemos e demos-lhe a glória, porque são chegadas
as bodas do Cordeiro, cuja esposa a si mesma
já se ataviou.* —APOCALIPSE 19:7

NOS ÚLTIMOS 800 ANOS ou mais, um novo costume foi acrescentado à cerimônia judaica de casamento. Ao final dela, o noivo quebra uma taça de vinho com o pé. O vidro quebrado simboliza a destruição do templo no ano 70 d.C. Ao constituir o seu próprio lar, os jovens casais são relembrados de que a casa de Deus foi destruída.

Entretanto, Deus não é um sem-teto. Ele apenas escolheu um novo lugar para habitar: em nós, Seus seguidores. Na metáfora bíblica, os cristãos são tanto a Noiva de Cristo, quanto o templo no qual Deus habita. O Senhor está reunindo o Seu povo para construir um novo lar que será Seu lugar de permanente habitação. Ao mesmo tempo, o Senhor está preparando a Noiva e planejando um casamento que incluirá todos de Sua família, desde o início dos tempos.

Nosso papel é fácil, embora, algumas vezes, seja doloroso. Cooperamos com Deus enquanto Ele está agindo em nós para nos tornar mais semelhantes a Seu Filho Jesus. Em algum dia, no melhor casamento de todos, nosso Senhor nos apresentará a si mesmo, sem mácula, nem ruga. Seremos santos e sem defeitos (EFÉSIOS.5:27). Esse casamento colocará um fim a toda tristeza e sofrimento. —JAL

A volta de Jesus é certa.

CORAÇÃO ALEGRE!

Leitura:
João 15:1-11

*Tenho-vos dito estas coisas para que o meu gozo
esteja em vós, e o vosso gozo seja completo.*
—JOÃO 15:11

ENQUANTO ESTAVA NA SALA do Aeroporto de Singapura esperando para embarcar no meu voo, percebi uma jovem família: mãe, pai e filho. O recinto estava cheio, e eles procuravam um lugar para sentar-se. De repente, o garotinho começou a cantar alto: "Cantai que o Salvador chegou" (HCC 106). O garoto tinha cerca de 6 anos, e me deixou muito impressionado por ele saber toda a letra desse hino.

O olhar no rosto do menino chamou minha atenção em especial. Seu sorriso radiante combinava com as palavras que cantava, ao proclamar a todos que estavam prontos a embarcar — a alegria, sobre o Salvador Jesus Cristo que já chegou.

Esta alegria não é limitada às crianças cheias de animação, nem deveria estar confinada ao período do Natal. A alegria transbordante de sentir a presença de Cristo em nossa vida foi um dos temas do ensinamento final de Jesus aos Seus discípulos na noite anterior à Sua morte na cruz. O Mestre lhes falou de Seu incrível amor por eles — que Ele os amou como o Pai amou o Seu Filho (JOÃO 15:9). Após compartilhar sobre este relacionamento eterno, disse: "Tenho-vos dito estas coisas para que o meu gozo esteja em vós, e o vosso gozo seja completo" (V.11).

Que promessa! Por meio de Jesus Cristo, o nosso coração pode pode estar repleto de alegria — da verdadeira alegria! —WEC

*Em cada época da vida, podemos conhecer
a alegria em Cristo.*

A ESCOLA DA DOR

Leitura:
Salmo 119:65-80

*Bem sei, ó Senhor, que os teus juízos são justos
e que com fidelidade me afligiste.*
—SALMO 119:75

N O LIVRO *O problema do sofrimento* (Ed. Vida, 2006), C. S. Lewis diz: "Deus sussurra a nós na saúde e prosperidade, ...por meio de nosso prazer, fala-nos mediante nossa consciência, ... de nossa dor, este é seu megafone para despertar o homem surdo."

O sofrimento nos ajuda a redirecionar o modo de pensar. Desvia a nossa mente das circunstâncias imediatas para que ouçamos a Deus sobre a Sua ação em nossa vida. A vida cotidiana é substituída por um novo momento de aprendizagem espiritual.

O salmista sempre se dispôs a aprender, mesmo em circunstâncias dolorosas. Ele as aceitou como orquestradas por Deus e, submisso, orou: "...com fidelidade me afligiste". O profeta Isaías via o sofrimento como um processo de refinamento: "Eis que te acrisolei, mas disso não resultou prata; provei-te na fornalha da aflição" (ISAÍAS 48:10). Apesar dos lamentos, Jó aprendeu sobre a soberania e grandiosidade de Deus, por meio de seus problemas (JÓ 40-42).

Não estamos sozinhos em nossa experiência de dor. O próprio Deus tomou a forma humana e sofreu muito: "Porquanto para isto mesmo fostes chamados, pois que também Cristo sofreu em vosso lugar, deixando-vos exemplo para seguirdes os seus passos" (1 PEDRO 2:21). Jesus está perto, Ele nos confortará e ensinará em meio ao sofrimento. —HDF

Aprendemos a lição da confiança na escola da provação.

QUEM NÃO CHORA, NÃO MAMA

Leitura:
Lucas 18:1-8

... Muito pode, por sua eficácia,
a súplica do justo.
—TIAGO 5:16

"QUEM NÃO CHORA, não mama" é um ditado popular. Quando criança, eu andava longas distâncias, entre a casa e a escola, de bicicleta, e o rangido das rodas chamava a minha atenção para a necessidade de lubrificá-las.

Em Lucas 18, o insistente pedido da viúva ao juiz por justiça contra o seu adversário, a fez soar como o "rangido das rodas" até conseguir o resultado que precisava. Lucas explica que Jesus contou esta história para nos ensinar que devemos orar continuamente e não desistir, mesmo que a resposta à nossa oração pareça estar atrasada (VV.1-5).

Certamente Deus não é um juiz injusto que precisa ser incomodado até nos responder. Ele é o nosso Pai amado que se preocupa conosco, e nos ouve quando clamamos. A oração regular e persistente nos aproxima dele. Pode parecer que somos como uma roda rangendo, mas o Senhor recebe a nossa oração e nos encoraja a nos aproximarmos dele com os nossos clamores. Ele nos ouve e virá em nosso socorro de formas inesperadas.

Como Jesus ensina em Mateus 6:5-8, a oração incessante não demanda longos períodos de "vãs repetições". Ao contrário, à medida que levamos as nossas necessidades perante Deus "dia e noite" (LUCAS 18:7) e andamos com Aquele que já as conhece, aprendemos a confiar em Deus e a esperar pacientemente por Sua resposta. —LD

Não desista — Deus o ouve quando você ora!

TODOS A BORDO

Leitura:
2 Pedro 3:1-13

O Senhor [...] é longânimo para convosco,
não querendo que nenhum pereça.
—2 PEDRO 3:9

UM DIA, ao deixar meu marido na estação de trem, observei o condutor procurar por retardatários. Uma mulher, com os cabelos molhados, saiu correndo do estacionamento e entrou no trem. Em seguida, um homem, de terno escuro, entrou na estação a passos largos e embarcou. O condutor esperou pacientemente enquanto diversos retardatários corriam para embarcar no último minuto.

Assim como o condutor foi paciente com os que embarcavam, Deus espera pacientemente que as pessoas venham conhecê-lo. Entretanto, um dia Jesus voltará e "...os céus passarão com estrepitoso estrondo, e os elementos se desfarão abrasados" (2 PEDRO 3:10). Quando isto acontecer, ou quando o nosso corpo mortal perder a vida, será tarde demais para iniciar um relacionamento com Deus.

"O Senhor [...] é longânimo para convosco," diz Pedro, "não querendo que nenhum pereça, senão que todos cheguem ao arrependimento" (v.9). Se você se atrasou em decidir seguir a Cristo, eis a boa notícia — ainda é possível comprometer-se com Ele. "Se, com a tua boca, confessares Jesus como Senhor e, em teu coração, creres que Deus o ressuscitou dentre os mortos, serás salvo" (ROMANOS 10:9). Ele está chamando. Você correrá em Sua direção? —JBS

A hora de escolher o Senhor é agora.

LEMBRE O POVO

Leitura:
Tito 3:1-8

Lembra-lhes que [...] dando provas de toda cortesia ...
—TITO 3:1,2

NUMA SEMANA TÍPICA, muitos de nós recebemos diversos *emails* nos lembrando de compromissos, eventos futuros ou pedidos de oração por alguém. Todos são avisos necessários.

Quando Paulo escreveu sua mensagem para Tito, ele terminou sua carta dizendo "Lembra-lhes que..." (3:1). Podemos assumir, pela escolha de palavras de Paulo, que ele já havia escrito sobre estas coisas. Mas eram de tal importância às pessoas na igreja, que ele as repetiu para não serem esquecidas.

Perceba que Paulo não queria que eles errassem. Ele lembrou o povo — vivendo sob as opressivas leis romanas — "...que se sujeitem aos que governam, às autoridades" (v.1). Era importante ser conhecido pela obediência, por fazer o que é bom, por não caluniar, por ser pacífico e cordato, e por se humilhar ao invés de reclamar. Seu comportamento deveria demonstrar a mudança em suas vidas por estarem seguindo a Cristo (vv.3-5).

Como eles podiam fazer isso? E nós? "Mediante o lavar regenerador e renovador do Espírito Santo, [...] por meio de Jesus Cristo" que nos possibilita sermos "solícitos na prática de boas obras" (vv.5,6,8). É por meio do grande presente da salvação de Jesus, que somos preparados para exercer boa influência ao nosso redor. Esse é um lembrete que todos nós precisamos. —JDB

A vida do cristão é uma janela pela qual os outros podem ver Jesus.

NENHUMA NECESSIDADE
É BANAL DEMAIS

Leitura:
Isaías 49:13-18

... o Senhor se compadece dos que o temem.
—SALMO 103:13

DIVERSAS MÃES DE crianças pequenas compartilhavam respostas encorajadoras à oração. Porém uma delas disse sentir-se egoísta por incomodar Deus com seus problemas pessoais. "Comparado com as enormes necessidades globais que Deus enfrenta," ela explicou, "as minhas questões devem lhe soar banais."

Minutos mais tarde, seu filhinho prendeu os dedos numa porta e correu, aos berros, para a mãe. Ela não lhe disse: "Como você é egoísta em me incomodar com seus dedinhos latejantes, estou ocupada!". Em vez disso, ela demonstrou grande compaixão e carinho por ele.

Como nos relembra o Salmo 103:13, essa é uma resposta de amor, humana e divina. Em Isaías 49, Deus disse que mesmo que uma mãe se esqueça de sentir compaixão por sua criança, o Senhor nunca esquece de Seus filhos (v.15). Deus garantiu ao Seu povo: "Eis que nas palmas das minhas mãos te gravei" (v.16).

Tal intimidade com Deus pertence aos que o temem, e que realmente confiam nele ao invés de em si mesmos. Como aquela criança com os dedos latejantes correu livremente para sua mãe, que da mesma forma possamos correr para Deus com nossos problemas diários.

Nosso Deus compassivo não negligencia outros para responder às nossas preocupações. Ele tem tempo e amor ilimitados para cada um de Seus filhos. Nenhuma necessidade é banal demais para Ele. —JEY

Deus mantém os Seus filhos na palma de Sua mão.

CONTE A SUA HISTÓRIA

Leitura:
1 Timóteo 1:12-20

Falar-se-á do poder dos teus feitos tremendos,
e contarei a tua grandeza.
—SALMO 145:6

MICHAEL DINSMORE, um ex-presidiário e cristão relativamente novo, foi convidado a dar testemunho numa prisão. Após sua fala, alguns internos lhe disseram: "Esse foi o encontro mais animador que tivemos!" Dinsmore ficou maravilhado que Deus pudesse usar a sua simples história.

Em 1 Timóteo, depois que Paulo encarregou Timóteo de ficar pregando o evangelho (1:1-11), ele deu o seu testemunho pessoal para encorajar o jovem (vv.12-16), e falou da misericórdia de Deus em sua vida. Paulo contou que tinha zombado do Senhor, mas que Ele o havia transformado. Em Sua misericórdia, Deus não apenas o tornou fiel e lhe deu uma tarefa, mas também permitiu que fizesse o Seu trabalho (v.12). Paulo se considerava o pior dos pecadores, mas Deus o salvou (v.15).

O Senhor é capaz! Era isso que Paulo queria que Timóteo visse, e também o que precisamos ver. Pelo testemunho de Paulo, vemos a misericórdia de Deus. Se Ele pôde usar alguém como Paulo, pode nos usar também. Se Deus pôde salvar o pior dos pecadores, ninguém está além de Seu alcance.

A história da obra do Senhor em nossa vida pode encorajar outros. Permita que aqueles que estão à sua volta, saibam que o Deus da Bíblia continua agindo hoje! —PFC

Ninguém está além do alcance do amor de Deus.

DE QUEM PODEMOS DEPENDER?

Leitura:
2 Samuel 9

... usarei de bondade para contigo,
por amor de Jônatas, teu pai...
—2 SAMUEL 9:7

"QUE FUNERAL LINDO!", disse Cíntia ao sairmos. Nossa amiga Helena havia morrido, e um amigo após o outro, a homenageou contando histórias a respeito de seu jeito divertido. Mas a vida dela não tinha sido só de piadas e risos. Seu sobrinho falou de sua fé em Jesus e da preocupação que ela tinha pelos outros. Ela o tinha acolhido em sua casa quando ele era jovem e revoltado. Agora, aos 20 anos, disse sobre ela: "Minha tia foi como uma mãe. Nunca desistiu de mim em minhas revoltas. Tenho certeza que, se não fosse por ela, eu teria perdido a fé." Uau! Que influência! Helena dependia de Jesus e queria que o seu sobrinho confiasse nele também.

No Antigo Testamento, lemos que o rei Davi levou um jovem chamado Mefibosete à sua casa com o propósito de ser bondoso com ele, em nome de seu pai, Jônatas (AMIGO DE DAVI, 2 SAMUEL 9:1). Anos antes, Mefibosete ficara aleijado quando sua babá o deixou cair durante uma fuga, depois de saberem que o seu pai tinha sido morto (4:4). O jovem ficou surpreso que o rei se preocupasse com ele. O rapaz inclusive, referia-se a si mesmo como um "cão morto" (9:8). Ainda assim, o rei o tratou como filho (9:11).

Eu queria ser esse tipo de pessoa, você não? Alguém que se importa com os outros e os ajuda a se firmar na fé em Jesus, mesmo quando a vida parece sem esperança. —AMC

Deus faz a maior parte de Seu trabalho pelas pessoas,
por meio de pessoas.

AS RIQUEZAS DA OBEDIÊNCIA

Leitura:
Salmo 119:14,33-40

Mais me regozijo com o caminho
dos teus testemunhos do que com todas as riquezas.
—SALMO 119:14

A S LOTERIAS ESTATAIS existem em mais de 100 países. Há poucos anos, as vendas de bilhetes de uma das loterias no Brasil, totalizaram mais de 224 milhões de reais, e isso significa apenas parte do que é apostado no mundo todo. A isca de enormes prêmios criou em muitos a ideia de que todos os problemas da vida seriam resolvidos "se ganhassem na loteria".

Não há nada de errado com a riqueza em si, mas ela tem o poder de iludir com a ideia de que o dinheiro é a resposta para todas as nossas necessidades. O salmista, expressando um ponto de vista diferente, escreveu: "Mais me regozijo com o caminho dos teus testemunhos do que com todas as riquezas. [...]. Terei prazer nos teus decretos; não me esquecerei da tua palavra" (SALMO 119:14,16). Esse conceito de tesouro espiritual é baseado na obediência a Deus e no andar "...pela vereda dos teus mandamentos..." (V.35).

E se nos animássemos mais em seguir a Palavra do Senhor do que em ganhar um prêmio de milhões? Podemos orar com o salmista, "Inclina-me o coração aos teus testemunhos e não à cobiça. Desvia os meus olhos, para que não vejam a vaidade, e vivifica-me no teu caminho" (VV.36,37).

As riquezas da obediência, as verdadeiras riquezas, pertencem a todos os que andam com o Senhor. —DCM

Sucesso é conhecer e amar a Deus.

OUVINDO COM AMOR

Leitura:
Lucas 18:9-14

... o que se exalta será humilhado;
mas o que se humilha será exaltado.
—LUCAS 18:14

NUMA NOITE DE INVERNO, um jovem missionário falou em nossa pequena igreja. O país onde ele e sua esposa serviam, estava vivento uma guerra religiosa e era considerado perigoso demais para as crianças. Em uma de suas histórias, ele relatou um episódio de cortar o coração, quando sua filha implorou para que não a deixasse num internato.

Eu tinha acabado de me tornar pai naquela época, e tinha sido abençoado com uma filha, e a história me aborreceu. *Como pais amorosos poderiam deixar sua filha sozinha assim?* Murmurei. Quando a sua exposição terminou, eu estava tão incomodado que ignorei a oportunidade de conversar com eles. Saí da igreja, falando em voz alta: "Ainda bem que não sou como...".

Naquele instante, o Espírito Santo me deteve. Não consegui nem terminar a frase. Ali estava eu, dizendo quase que as mesmas palavras que o fariseu disse a Deus: "...Graças te dou porque não sou como os demais homens..." (LUCAS 18:11). Como fiquei decepcionado comigo mesmo! Como Deus deve ter ficado desapontado! Desde aquela noite, tenho pedido ao Senhor para me ajudar a ouvir os outros com humildade e moderação quando abrem os seus corações em confissão, declarações ou dor. —RKK

Não nos tornamos mais íntimos do Senhor
pelo fato de julgarmos os outros.

OS PENSAMENTOS
DE UM SOBREVIVENTE

Leitura:
Romanos 9:1-5

*... desejaria ser [...] separado de Cristo,
por amor de meus irmãos ...*
—ROMANOS 9:3

APÓS TER SIDO resgatada durante um trágico naufrágio, uma senhora sul coreana, de 71 anos, sofria por sentir-se culpada em estar viva. De sua cama no hospital, ela disse que não conseguia entender como poderia ser correto ter sobrevivido a um acidente que havia tirado a vida de tantos que eram tão mais jovens. Ela também lamentava não saber o nome do jovem que a tirara da água, depois de ela ter perdido as suas esperanças. E acrescentou: "Quero, pelo menos, pagar uma refeição para ele, segurar sua mão ou lhe dar um abraço."

O sentimento dessa mulher em relação aos outros me lembra do apóstolo Paulo. Ele se preocupava tanto com seus vizinhos e compatriotas, que disse desejar poder trocar seu próprio relacionamento com Cristo, pelo resgate deles: "...tenho grande tristeza e incessante dor no coração; porque eu mesmo desejaria ser anátema, separado de Cristo, por amor de meus irmãos" (ROMANOS 9:2,3).

Paulo também expressou um profundo sentimento de gratidão pessoal. Ele sabia que não compreendia os caminhos e julgamentos de Deus (VV.14-24). Então, enquanto fazia tudo o que podia para proclamar o evangelho a todos, encontrou paz e alegria ao confiar o coração a um Deus que ama o mundo todo, muito mais do que jamais poderíamos amar. —MRD

A gratidão a Deus conduz ao crescimento em santidade.

MOTIVADO POR AMOR

Leitura:
2 Coríntios 5:11–17

Pois o amor de Cristo nos constrange...
—2 CORÍNTIOS 5:14

NOS ANOS 1920, Bobby Jones dominava o mundo do golfe apesar de ser apenas amador. Em um filme sobre sua vida, *Bobby Jones: a lenda do golfe*, há uma cena onde um golfista profissional lhe pergunta quando deixará de ser amador e passará a jogar por dinheiro como os demais. Jones lhe explicou que a palavra *amador* vem do latim *amo* — amar. Sua resposta foi clara. Ele jogava golfe, porque amava esse esporte.

Nossos motivos, o porquê de fazermos o que fazemos, contam muito. Isto certamente se aplica aos seguidores de Jesus Cristo. Em sua carta à igreja de Corinto, Paulo nos dá um exemplo disto. Ao longo dessa carta, ele defendeu a sua conduta, caráter e o chamado como um apóstolo de Cristo. Em resposta àqueles que questionaram seus motivos para o ministério, Paulo disse: "Pois o amor de Cristo nos constrange, julgando nós isto: um morreu por todos; logo, todos morreram. E Ele morreu por todos, para que os que vivem não vivam mais para si mesmos, mas para aquele que por eles morreu e ressuscitou" (2 CORÍNTIOS 5:14,15).

O amor de Cristo é a maior de todas as motivações. Leva aqueles que o seguem a viver para Ele, não para si mesmos. —WEC

Somos moldados e formados por aquilo que mais amamos.

PODER EM LOUVOR

Leitura:
2 Crônicas 20:15-22

... Rendei graças ao SENHOR,
porque a sua misericórdia dura para sempre.
—2 CRÔNICAS 20:21

WILLIE MYRICK foi sequestrado em frente à sua casa quando tinha 9 anos. Por horas, rodou de carro com o sequestrador, sem saber o que lhe aconteceria. Durante esse tempo, o garoto decidiu cantar a canção chamada *Grande é o Senhor, e mui digno de ser louvado.* Enquanto cantava repetidamente, o raptor cuspia profanações e mandava que se calasse. Finalmente, parou o carro e soltou o garoto — ileso.

Esse garoto demonstrou que o louvor sincero ao Senhor requer que nos concentremos no caráter de Deus deixando de olhar para o que tememos, o que está errado em nossa vida e para a autossuficiência em nosso coração.

Os israelitas alcançavam este lugar de entrega quando enfrentavam seus agressores. Enquanto se preparava para a batalha, o rei Josafá organizou um coro para marchar à frente, em direção ao exército inimigo. O coro cantava, "...rendei graças ao SENHOR, porque a sua misericórdia dura para sempre" (2 CRÔNICAS 20:21). Quando a música começou, os inimigos ficaram confusos e se destruíram uns aos outros. Como previu o profeta Jaaziel, Israel não precisou lutar (V.17).

Estejamos nós encarando uma batalha ou nos sentindo presos, podemos glorificar a Deus em nosso coração. Verdadeiramente, "...grande é o SENHOR e mui digno de ser louvado..." (SALMO 96:4). —JBS

A adoração é um coração transbordante
de louvor a Deus.

UM PASSO MAIS PERTO

Leitura:
Romanos 13:10-14

A nossa salvação está, agora,
mais perto do que quando no princípio cremos.
—ROMANOS 13:11

ALGUNS ANOS ATRÁS, escalei o monte Whitney em companhia de amigos. Com 4.421m, é a montanha mais alta da zona continental dos Estados Unidos. Chegamos ao Portal Whitney tarde da noite, esticamos nossos sacos de dormir no campo da base e tentamos descansar um pouco antes de começar nossa subida, na primeira luz da manhã. O monte Whitney não oferece uma escalada técnica, mas uma longa e exaustiva caminhada — quase 18 quilômetros de subida implacável.

Embora difícil, a subida foi emocionante, com vistas deslumbrantes, belos lagos azuis e prados verdejantes ao longo do caminho. Mas a trilha foi ficando longa e cansativa: um teste para as pernas e pulmões. Conforme o dia passava e o caminho parecia se estender infinitamente diante de nós, cheguei a pensar em voltar.

No entanto, de repente vi o cume e percebi que cada passo me deixava um passo mais próximo dele. Se eu apenas continuasse andando, chegaria lá. Foi esse pensamento que me fez continuar.

Paulo nos garante: "...nossa salvação está, agora, mais perto do que quando no princípio cremos" (ROMANOS 13:11). Cada dia nos deixa um dia mais perto do grande dia quando chegaremos ao "topo" e veremos a face de nosso Salvador. Esse é o pensamento que pode nos fazer prosseguir. —DHR

Agora, vemos Jesus na Bíblia, mas um dia,
o veremos face a face.

O GRANDE MÉDICO

Leitura:
Gênesis 2:7-15

... pois eu sou o SENHOR, que te sara.
—ÊXODO 15:26

OS MÉDICOS QUE CONHEÇO são inteligentes, trabalhadores e cheios de compaixão. Eles aliviaram minha dor em muitas ocasiões, e sou grata por sua capacidade em diagnosticar doenças, prescrever medicamentos, consertar ossos quebrados e dar pontos em ferimentos. Mas isto não significa que coloco a minha fé nos médicos ao invés de colocá-la em Deus.

Por motivos conhecidos apenas pelo Senhor, Ele designou os seres humanos para serem Seus parceiros no cuidado da criação (GÊNESIS 2:15), e os médicos estão entre eles. Estudam a ciência e aprendem como Deus projetou o corpo. Usam esse conhecimento para ajudar a nos restaurar a saúde. Mas a única razão de os médicos poderem fazer alguma coisa, é o fato de Deus ter nos criado com a possibilidade de cura. Os cirurgiões seriam inúteis, se as incisões não cicatrizassem.

Os cientistas podem aprender como o Senhor criou o funcionamento do corpo e desenvolver terapias para restaurar ou curar, mas não são eles que curam, é Deus (ÊXODO 15:26). Os médicos apenas cooperam com o propósito e desígnio original de Deus.

Sou grata pela ciência e pelos doutores, mas o meu louvor e a minha gratidão vão para Deus, que projetou o Universo ordenado, e nos criou com mentes que podem descobrir como ele funciona. Creio, portanto, que toda cura é divina, porque nenhuma cura acontece sem Deus. —JAL

Ao pensar em tudo o que é bom, agradeça a Deus.

OLHE FIRMEMENTE PARA JESUS

Leitura:
1 Coríntios 3:1-9

*Olhando firmemente para o Autor
e Consumador da fé, Jesus...*
—HEBREUS 12:2

"ESSE É MEU discípulo," uma vez ouvi uma mulher dizer sobre alguém que ela estava ajudando. Como seguidores de Cristo, todos nós somos convocados a fazer discípulos — compartilhando as boas-novas de Cristo, e ajudando as pessoas a crescer espiritualmente. Mas pode ser fácil focar em nós mesmos ao invés de em Jesus.

O apóstolo Paulo estava preocupado de que a igreja de Corinto estivesse perdendo sua centralidade em Cristo. Os dois pregadores mais conhecidos da época eram Paulo e Apolo. A igreja estava dividida. "Eu sigo Paulo." "Bem, eu sigo Apolo!" Eles tinham começado a evidenciar a pessoa errada, seguindo os professores ao invés do Salvador. Mas Paulo os corrigiu: "...de Deus somos cooperadores." Não importa quem planta nem quem rega, pois apenas Deus pode dar o crescimento. Cristãos são "lavoura de Deus, edifício de Deus" (1.CORÍNTIOS 3:6-9). Os cristãos em Corinto não pertenciam nem a Paulo nem a Apolo.

Jesus nos manda ir e fazer discípulos, e a ensinar-lhes sobre Ele (MATEUS 28:20). E o autor do livro de Hebreus nos lembra de olhar firmemente para o Autor e Consumador de nossa fé (12:2). Cristo será honrado quando olharmos firmes para Ele, pois o Senhor é superior a qualquer ser humano e suprirá as nossas necessidades. —CPH

Coloque Jesus em primeiro lugar.

NOVO COMEÇO
PARA O CORAÇÃO PARTIDO

Leitura:
Isaías 61:1-3

*... o Senhor [...] enviou-me a curar
os quebrantados de coração...* —ISAÍAS 61:1

O MUSEU DOS RELACIONAMENTOS ROMPIDOS, na Croácia, é repleto de lembranças anônimas de amores que não deram certo. Há um machado, que alguém abandonado usou para destruir a mobília do cônjuge. Animais de pelúcia, cartas de amor em vidros quebrados e vestidos de noiva. Todos os itens representam os corações partidos. Embora alguns visitantes deixem o museu em lágrimas por suas próprias perdas, alguns casais saem abraçados e fazendo promessas de não se separarem.

No Antigo Testamento, Isaías escreveu: "O Espírito do Senhor Deus está sobre mim, porque o Senhor me ungiu para pregar boas-novas aos quebrantados, enviou-me a curar os quebrantados de coração..." (ISAÍAS 61:1). Ao ler a passagem de Isaías 61 na sinagoga de Nazaré, Jesus disse: "...Hoje, se cumpriu a Escritura que acabais de ouvir" (LUCAS 4:21). Estendendo a ajuda muito além de uma ferida emocional, as palavras de Isaías falam de um coração transformado e espírito renovado que acontece ao receber o presente de Deus: uma "...coroa em vez de cinzas, óleo de alegria, em vez de pranto, veste de louvor, em vez de espírito angustiado..." (ISAÍAS 61:3).

Todos nós experimentamos arrependimentos e promessas não cumpridas em nossa vida. Seja o que for que tiver acontecido, o Senhor nos convida a encontrar cura, esperança e nova vida nele. —DCM

Deus pode transformar tragédias em triunfos.

BUSQUEM A SABEDORIA

Leitura:
Provérbios 3:1-18

Feliz o homem que acha sabedoria...
—PROVÉRBIOS 3:13

AS UNIVERSIDADES FAZEM, anualmente, cerimônias para comemorar o sucesso dos estudantes que completaram os seus cursos e conquistaram seus diplomas. Depois de receberem esse documento, os recém-formandos enfrentarão um mundo que os desafiará. Apenas ter o conhecimento acadêmico não será o suficiente. A chave para ter sucesso na vida estará em aplicar sabiamente tudo o que aprenderam.

Por toda a Escritura, celebra-se a sabedoria como um tesouro que vale a pena buscar. É melhor do que riquezas (PROVÉRBIOS 3:13-18). Sua fonte é Deus —, o único perfeitamente sábio (ROMANOS. 16:27). Ela é encontrada nas ações e atitudes de Jesus, em quem "...todos os tesouros da sabedoria..." são encontrados (COLOSSENSES 2:3). A leitura e aplicação das Escrituras conduz à sabedoria. Temos um exemplo disso na forma como Jesus aplicou o Seu conhecimento, ao ser tentado (LUCAS 4:1-13). Em outras palavras, a pessoa verdadeiramente sábia tenta ver a vida a partir do ponto de vista de Deus, e escolhe viver de acordo com Sua sabedoria.

Qual a recompensa por esse tipo de vida? Em Provérbios, lemos que a sabedoria é como o mel mais doce ao paladar (24:13,14). "Feliz o homem que acha sabedoria..." (3:13) Portanto, busque a sabedoria, pois é mais rentável do que a prata ou o ouro! —JMS

*Buscar a sabedoria e viver por ela nos conduz
às bênçãos do Senhor.*

ATOLADO NO TREMEDAL DE LAMA

Leitura:
Salmo 40:1-5

Tirou-me [...] de um tremedal de lama...
—SALMO 40:2

ENQUANTO EU COLOCAVA uma coroa de flores no túmulo dos meus pais, meu marido tirou o carro do local onde tínhamos estacionado para deixar outro veículo passar. Tinha chovido por semanas e o estacionamento do cemitério inundara. Quando saímos, vimos que o nosso carro estava atolado. As rodas giravam, afundando-se cada vez mais na lama. Estávamos atolados!

Não iríamos a lugar algum sem um empurrão, mas o ombro de meu marido estava machucado e eu tinha acabado de sair do hospital. Precisávamos de ajuda! À distância, vi dois jovens, e eles responderam prontamente aos meus acenos e gritos frenéticos. Felizmente, a força dos dois, foi suficiente para empurrar o carro de volta à estrada.

O Salmo 40, destaca a fidelidade de Deus quando Davi clamou por socorro. "Esperei confiantemente pelo SENHOR; [...] e me ouviu quando clamei por socorro. Tirou-me de um poço de perdição, de um tremedal de lama" (VV.1,2). Independentemente desse salmo se referir a um poço de verdade ou a circunstâncias desafiadoras, Davi sabia que podia sempre clamar a Deus por libertação.

O Senhor nos ajudará também quando clamarmos por Ele. Algumas vezes, Ele intervém diretamente, porém, com frequência, trabalha por meio de outras pessoas. Quando admitimos nossa necessidade a Ele — e talvez a outros — podemos contar com a Sua fidelidade. —MS

A esperança vem com a ajuda de Deus e dos outros.

CONVERSA DE PÁSSARO

Leitura:
Isaías 41:10-13

... Não temas, que eu te ajudo.
—ISAÍAS 41:13

ESTIQUEI UMA TELA de jardim em meu quintal, sobre a qual eu ia espalhar algumas ramas de maracujá. Quando estava me preparando para terminar o trabalho, notei um pássaro enroscado na tela.

Coloquei minhas luvas e delicadamente comecei a aproximar-me dele. A avezinha não estava feliz comigo, e batia seus pezinhos traseiros e tentava me bicar. Calmamente lhe disse: "Não vim machucar você, amiguinho. Pelo contrário, acalme-se." Mas ele não me entendia, e continuou amedrontado. Finalmente, consegui livrá-lo e ele voou para longe dali rapidamente.

Algumas vezes, também nos sentimos enroscados e reagimos contra o Senhor, cheios de medo. Ele oferece resgate e esperança ao povo por séculos. E, ainda assim lhe resistimos, não compreendendo a ajuda que Ele nos concede. Em Isaías 41, o profeta cita o Senhor, dizendo: "Porque eu, o SENHOR, teu Deus, te tomo pela tua mão direita e te digo: Não temas, que eu te ajudo" (V.13).

Ao pensar em sua situação, como você vê a participação de Deus? Você teme entregar o seu fardo a Ele, temeroso de que Ele possa feri-lo? Deus é bom e está perto, querendo libertá-lo das complicações da vida. Você pode confiar sua vida a Ele. —JDB

Fé é o melhor antídoto para o medo.

NOSSA FORÇA E CÂNTICO

Leitura:
Êxodo 15:1,2,13-18

O SENHOR reinará por todo o sempre.
—ÊXODO 15:18

FREQUENTEMENTE CHAMADO de "O Rei das Marchas," o compositor e diretor de banda John Philip Sousa criou músicas que são tocadas por bandas em todo o mundo há mais de cem anos. Como declarou Loras John Schissel, historiador de música e maestro de uma grande banda militar: "Sousa é para as marchas, o que Beethoven é para as sinfonias", pois entendia o poder da música para motivar, encorajar e inspirar as pessoas.

Nos tempos do Antigo Testamento, o povo de Israel era frequentemente inspirado a compor e cantar músicas para celebrar a ajuda de Deus em tempos de necessidade. Quando o Senhor salvou o Seu povo da destruição certa pelo exército do Faraó, Moisés e os filhos de Israel entoaram este cântico ao Senhor: "…Cantarei ao SENHOR, porque triunfou gloriosamente; lançou no mar o cavalo e o seu cavaleiro. O SENHOR é a minha força e o meu cântico; Ele me foi por salvação" (ÊXODO 15:1,2).

A música tem o poder de elevar o nosso espírito, lembrando-nos da fidelidade de Deus no passado. Quando estamos desanimados, podemos entoar cânticos e hinos que afastam os nossos olhos das circunstâncias desafiadoras que enfrentamos, para ver o poder e a presença do Senhor. Somos relembrados de que Ele é a nossa força, o nosso cântico e a nossa salvação. —DCM

*Os cânticos de louvor elevam os nossos olhos
para contemplar a fidelidade de Deus.*

ACALMANDO A TEMPESTADE

Leitura:
Marcos 4:35-41

... e ele, despertando, repreendeu o vento e disse ao mar:
Acalma-te, emudece!...
—MARCOS 4:39

ENQUANTO O FURACÃO KATRINA seguia seu curso nos EUA, um pastor aposentado e sua esposa deixaram sua casa e foram para um abrigo. A filha deles implorou que fossem para onde ela morava, mas o casal não pôde retirar dinheiro para a viagem, pois os bancos estavam fechados. Depois que a tempestade passou, eles voltaram à sua casa para buscar alguns pertences, mas encontraram apenas fotos da família boiando na água. E, quando o homem estava tirando a foto de seu pai da moldura para secar, 366 dólares caíram dali. Era exatamente o valor necessário para comprar as duas passagens que precisavam. Eles aprenderam que podiam confiar em Jesus no que precisassem.

Na dramática narrativa de Marcos 4:35-41, a lição do dia para os discípulos foi confiar em Jesus durante a tempestade. Jesus os tinha instruído a cruzarem para o outro lado do mar da Galileia e fora dormir no barco. Quando uma tempestade rápida e violenta veio, os discípulos suaram de medo e ansiedade. Amedrontados, acordaram Jesus que se levantou e repreendeu a tempestade, dizendo: "Acalma-te, emudece!".

Todos nós experimentamos tempestades, perseguições, problemas financeiros, decepções, solidão, e nem sempre Jesus as evita. Mas Ele prometeu nunca nos deixar nem nos abandonar (HEBREUS 13:5). Ele nos manterá calmos na tempestade. —MLW

Nas tempestades da vida,
podemos ver o caráter de nosso Deus.

CHAMADOS POR SEU NOME

Leitura:
Atos 11:19-26

... foram os discípulos, pela primeira vez,
chamados cristãos.

—ATOS 11:26

EM JULHO DE 1860, a primeira escola de enfermagem foi aberta no Hospital *St. Thomas*, em Londres. Hoje, a escola é parte do *King's College*, onde os alunos de enfermagem são chamados de *Nightingales*. A escola — como a própria enfermagem moderna — foi criada por Florence Nightingale, que revolucionou a enfermagem durante a Guerra da Crimeia. Quando as futuras enfermeiras terminam o seu treinamento, elas fazem o "Juramento Nightingale," um reflexo do contínuo impacto dela na enfermagem.

Muitas pessoas, como essa enfermeira, tiveram um impacto significativo em nosso mundo. Mas ninguém impactou mais do que Jesus, cujo nascimento, morte e ressurreição vêm transformando vidas há 2 mil anos.

Ao redor do mundo, o nome de Cristo refere-se àqueles que são os Seus seguidores, voltando assim aos primeiros tempos da igreja. "[Barnabé] tendo-o encontrado [Saulo], levou-o para Antioquia. E, por todo um ano, se reuniram naquela igreja e ensinaram numerosa multidão. Em Antioquia, foram os discípulos, pela primeira vez, chamados cristãos" (ATOS 11:26).

Aqueles que são cristãos identificam-se com Jesus Cristo, o Salvador. Nós nos identificamos com Ele porque fomos transformados por Seu amor e graça. Declaramos ao mundo que Ele fez eterna diferença em nossa vida, e por isso, desejamos que o mesmo aconteça com os outros. —WEC

Os seguidores de Cristo — os cristãos — são
chamados pelo nome dele.

ESTOU PERPLEXO

Leitura:
Provérbios 30:1-4

Mas receio que [...] seja corrompida a vossa mente
e se aparte da simplicidade e pureza devidas a Cristo.
—2 CORÍNTIOS 11:3

A CHARADA ME DEIXOU PERPLEXO: "O que é maior do que Deus e pior do que o diabo? O pobre tem e o rico precisa. E se você comer morrerá."

Errei a solução ao permitir que minha mente se distraísse da resposta que é óbvia: "Nada."

Essa charada faz-me lembrar de outro teste de inteligência que teria sido muito mais difícil de solucionar quando feito originalmente. Um sábio da antiguidade chamado Agur, perguntou: "Quem subiu ao céu e desceu? Quem encerrou os ventos nos seus punhos? Quem amarrou as águas na sua roupa? Quem estabeleceu todas as extremidades da terra? Qual é o seu nome, e qual é o nome de seu filho, se é que o sabes?" (PROVÉRBIOS 30:4).

Hoje sabemos a resposta a essas perguntas. Mas algumas vezes, quando estamos no meio das situações, preocupações e necessidades de nossa vida, podemos perder a visão do que é óbvio. Os detalhes da vida podem tão facilmente nos afastar do Único que responde à charada mais importante: Quem é Um com Deus; mais poderoso do que o diabo; o pobre pode conhecê-lo; e o rico precisa dele; e se você comer e beber de Sua mesa, nunca morrerá? É Jesus Cristo, o Senhor. —MRD

Centralizar a nossa atenção em Deus nos ajuda
a desviar o olhar de nossos problemas.

CAMINHOS MISTERIOSOS

Leitura:
Jó 40:1-14

*... porque, assim como os céus são mais altos do que a terra,
assim são os meus caminhos mais altos do que os vossos caminhos...*
—ISAÍAS 55:9

MEU FILHO COMEÇOU a estudar a língua chinesa e eu fiquei maravilhada com as anotações que trouxe após sua primeira aula. Foi difícil entender como aqueles caracteres chineses se relacionavam as palavras faladas. A língua me parecia inacreditavelmente complexa; quase incompreensível.

Por vezes, também me sinto perplexa quando penso sobre a maneira de Deus agir. Sei que Ele disse: "Porque os meus pensamentos não são os vossos pensamentos, nem os vossos caminhos, os meus caminhos..." (ISAÍAS 55:8). Ainda assim, uma parte de mim sente que deveria ser capaz de entender porque Deus permite que certas coisas aconteçam. Afinal, leio a Sua Palavra regularmente e o Seu Santo Espírito habita em mim.

Quando estou disposta a entender os caminhos de Deus, tento ser humilde com mais afinco. Recordo-me de que Jó não conseguiu uma explicação para todos os seus sofrimentos (JÓ 1:5,8). Ele lutou para entender, mas Deus lhe perguntou: "Acaso, quem usa de censuras contenderá com o Todo-Poderoso?" (40:2). Jó, contritamente, respondeu: "...que te responderia eu? Ponho a mão na minha boca..." (v.4). Jó ficou sem palavras perante a grandiosidade de Deus.

Embora os caminhos de Deus, às vezes, possam parecer misteriosos e insondáveis, podemos descansar confiantes de que eles são mais altos do que os nossos. —JBS

*Se você reconhece que a mão de Deus está em tudo,
deixe tudo em Suas mãos.*

O DOM DAS LÁGRIMAS

Leitura:
João 11:32-44

Jesus chorou.
—JOÃO 11:35

LIGUEI PARA UM velho amigo quando a mãe dele morreu. Ela tinha sido muito amiga de minha mãe, e agora as duas já haviam partido. À medida que conversávamos, a conversa facilmente nos emocionava — lágrimas de tristeza, agora que a mãe dele tinha morrido, e lágrimas de alegria, ao lembrarmos a pessoa cuidadosa e divertida que ela tinha sido.

Muitos de nós experimentamos essa estranha alternância de chorar em um momento e rir no seguinte. É incrível como a tristeza e a alegria podem nos dar tamanha liberação física.

Como somos feitos à imagem de Deus (GÊNESIS 1:26), e o humor é uma parte tão integrante de quase todas as culturas, imagino que Jesus tivesse um senso de humor maravilhoso. Mas sabemos que Ele também conheceu a dor do luto. Quando o seu amigo Lázaro morreu, Jesus viu Maria chorando, e "…agitou-se no espírito e comoveu-se". E em seguida, Ele também começou a chorar (JOÃO 11:33-35).

Nossa habilidade para expressar emoções com lágrimas é um dom divino, e Deus reconhece cada lágrima que choramos. O Salmo 56:8 diz, "Contaste os meus passos quando sofri perseguições; recolheste as minhas lágrimas no teu odre; não estão elas inscritas no teu livro?" Mas temos a promessa de que um dia Deus nos "…enxugará dos olhos toda lágrima" (APOCALIPSE 7:17). —CHK

Nosso Pai celestial, que lavou nossos pecados,
também nos enxugará as lágrimas.

O JOGO DA CULPA

Leitura:
Levítico 16:5-22

... Eis o Cordeiro de Deus, que tira o pecado do mundo!
—JOÃO 1:29

TENHO SIDO CULPADA de muitas coisas, e com razão. Meu pecado, erro e incompetência têm causado dor, ansiedade e inconveniência a amigos e familiares (e provavelmente até a estranhos). Também fui culpada por coisas que não sou responsável; que eu não tenho poder para mudar.

Mas já estive do outro lado do muro, lançando acusações contra outros. Se eles apenas tivessem feito algo diferente, dizia a mim mesma, eu não estaria na confusão que estou. A culpa machuca. Portanto, sejamos culpados ou não, desperdiçamos muito tempo e energia mental tentando achar alguém mais para levá-la por nós.

Jesus nos oferece um caminho melhor para lidar com a culpa. Apesar de ser inocente, Ele tomou para si o pecado do mundo e o levou para longe (JOÃO 1:29). Com frequência nos referimos a Jesus como o cordeiro do sacrifício, mas Ele foi também o bode expiatório final para tudo que está errado com o mundo (LEVÍTICO 16:10).

Uma vez que reconhecemos os nossos pecados e aceitamos a oferta de Cristo para lançá-los longe, não precisamos mais carregar o peso de nossa culpa. Podemos parar de procurar alguém para culpar pelo que está errado conosco, e podemos parar de aceitar a culpa dos outros que tentam fazer o mesmo.

Graças a Jesus, podemos parar de jogar este jogo de culpa. —JAL

Ao sermos honestos sobre os nossos pecados,
podemos receber o perdão e livrar-nos da culpa.

LUZ NA ESCURIDÃO

Leitura:
João 12:42-50

Eu vim como luz para o mundo,
a fim de que todo aquele que crê em mim
não permaneça nas trevas.
—JOÃO 12:46

URANTE UMA VIAGEM ao Peru, visitei uma das muitas cavernas encontradas nesse país montanhoso. Nosso guia nos disse que esta caverna específica já havia sido explorada até a profundidade de 15 quilômetros — e que era ainda mais funda. Vimos morcegos fascinantes, pássaros noturnos e formações rochosas interessantíssimas. Entretanto, em pouco tempo a escuridão da caverna tornou-se enervante — quase sufocante. Fiquei grandemente aliviado quando voltamos à superfície e à luz do dia.

Essa experiência lembrou-me da opressão da escuridão e do quanto precisamos de luz. Vivemos em um mundo escurecido pelo pecado — um mundo que se voltou contra o seu Criador. E nós precisamos da Luz.

Jesus, que veio para restaurar toda a criação — incluindo os seres humanos — colocando-a em seu devido lugar referiu-se a si mesmo como essa "luz" (JOÃO 8:12). "Eu vim como luz para o mundo...". Ele disse, "...a fim de que todo aquele que crê em mim não permaneça nas trevas" (12:46).

Nele, não temos apenas a luz da salvação, mas a única luz pela qual podemos encontrar nosso caminho — o caminho dele, em meio à escuridão espiritual de nosso mundo. Você já viu a luz de Cristo brilhar em nosso mundo decaído? De que maneira você já compartilhou a luz de Jesus? —WEC

Se caminharmos na luz, não tropeçaremos na escuridão.

SENTINDO-SE INSIGNIFICANTE?

Leitura:
Salmo 139:7-16

*Graças te dou, visto que por modo
assombrosamente maravilhoso me formaste...*
—SALMO 139:14

ESTAMOS ENTRE sete bilhões de pessoas que coexistem em um pequeno planeta que está localizado numa pequena seção de um sistema solar um tanto insignificante. Nossa Terra, na verdade, é apenas um ponto azul minúsculo entre milhões de corpos celestes que Deus criou. Na enorme tela do nosso Universo, nosso belo e majestoso planeta aparece como uma pequena partícula de pó.

Isso poderia nos fazer sentir extremamente insignificantes e irrelevantes. Contudo, a Palavra de Deus sugere que a verdade é exatamente o oposto. Nosso grande Deus, que "...na concha de sua mão mediu as águas..." (ISAÍAS 40:12), escolheu cada pessoa deste planeta como alguém extremamente importante, pois somos feitos à Sua imagem.

Por exemplo, Ele criou tudo para nosso deleite (1 TIMÓTEO 6:17). Além disso, Deus deu um propósito a todos os que confiam em Jesus como Salvador (EFÉSIOS 2:10). E ainda há o seguinte aspecto: apesar da vastidão deste mundo, Deus se preocupa especificamente com cada um de nós. No Salmo 139 lemos que Ele sabe o que diremos e o que pensamos. Não podemos escapar de Sua presença e Ele planejou a nossa existência na Terra antes que nascêssemos.

Não temos motivo para nos sentirmos insignificantes quando o Deus do Universo se interessa tanto assim por nós! —JDB

O Deus que criou o Universo é o Deus que o ama.

ALGO NOVO

Leitura:
Efésios 2:10-22

*Pois somos feitura dele, criados em Cristo Jesus
para boas obras, as quais Deus de antemão preparou
para que andássemos nelas.* —EFÉSIOS 2:10

ERA APENAS UM pedaço de madeira, mas Carlos avistou muito mais do que isso. Recolheu madeira de construção de um celeiro há muito abandonado, e traçou um projeto simples. Derrubou então alguns carvalhos e álamos de sua propriedade e meticulosamente dividiu-os em quadrados com o machado de seu avô. Pedaço por pedaço, ele uniu a madeira antiga com a nova.

Hoje podemos ver escondido entre as árvores o perfeito chalé de madeira que ele construiu. Parte da casa ficou para os hóspedes, outra parte como um espaço para guardar as heranças de família. Sua estrutura é um tributo à visão, à habilidade e à paciência dele.

Ao escrever a um público gentio, Paulo contou à igreja em Éfeso como Jesus estava criando algo novo ao unir cristãos judeus e não-judeus em uma única entidade. "...vós, que antes estáveis longe, já pelo sangue de Cristo chegastes perto" (EFÉSIOS 2:13). Esta nova estrutura foi edificada "...sobre o fundamento dos apóstolos e dos profetas, de que Jesus Cristo é a principal pedra da esquina; no qual todo o edifício, bem ajustado, cresce para templo santo no Senhor" (VV.20,21).

O trabalho continua nos dias de hoje. Deus toma a nossa vida despedaçada e, engenhosamente, nos une com outras pessoas despedaçadas e resgatadas e pacientemente apara as nossas arestas. Com certeza, Ele ama a obra de Suas mãos. —TLG

*Nossas arestas devem ser aparadas para que a imagem
de Cristo seja revelada.*

MEU PAI ESTÁ COMIGO

Leitura:
Marcos 14:32-50

... sereis dispersos, cada um para sua casa,
e me deixareis só; contudo, não estou só,
porque o Pai está comigo.
—JOÃO 16:32

UMA AMIGA que estava lutando com a solidão postou as seguintes palavras em sua página no *Facebook*: "Não me sinto sozinha por não ter amigos. Tenho muitos amigos. Sei que tenho pessoas na minha vida que podem me apoiar e acalmar, conversar, se importar comigo e pensar em mim. Mas elas não podem estar comigo o tempo todo — para sempre."

Jesus compreende esse tipo de solidão. Imagino que durante Seu ministério entre nós, Ele via a solidão nos olhos dos leprosos e a ouvia nas vozes dos cegos. Mas acima de tudo, Ele deve tê-la experimentado quando os Seus amigos próximos o abandonaram (MARCOS 14:50).

Contudo, ao profetizar o abandono dos discípulos, Ele também confessou Sua inabalável confiança na presença de Seu Pai. Ele disse aos Seus discípulos: "...me deixareis só; contudo, não estou só, porque o Pai está comigo" (JOÃO 16:32). Pouco depois de dizer estas palavras, Jesus tomou a cruz por nós. Ele tornou possível que eu e você tenhamos um relacionamento restaurado com Deus e façamos parte de Sua família.

Por sermos humanos, todos nós experimentaremos momentos de solidão. Mas Jesus nos ajuda a compreender que sempre temos a presença do Pai conosco. Deus é onipresente e eterno. Somente Ele pode estar conosco o tempo todo, para sempre. —PFC

Se você conhece Jesus, jamais caminhará sozinho.

O QUE FAZEMOS

Leitura:
Filipenses 3:7-17

*... uma coisa faço [...] prossigo para o alvo,
para o prêmio da soberana vocação de Deus em Cristo Jesus.*
—FILIPENSES 3:13,14

QUANDO UM RENOMADO CRÍTICO de cinema faleceu, um colega jornalista escreveu: "Com toda a sua notoriedade, honra, fama, todas as suas entrevistas exclusivas e encontros estelares com celebridades, ele nunca esqueceu a essência do que fazemos — crítica de filmes. E os criticou com zelo contagiante e inteligência inquiridora."

O apóstolo Paulo nunca esqueceu a essência do que Deus queria que ele fosse e fizesse. Foco e entusiasmo estavam no centro de seu relacionamento com Cristo. Seja em ponderar com filósofos em Atenas, passar por naufrágio no Mediterrâneo ou estar acorrentado a um soldado romano na prisão, ele se concentrou em seu chamado para conhecer Jesus, o poder da sua ressurreição, e a "...comunhão dos seus sofrimentos..." e ensinar sobre Ele (FILIPENSES 3:10).

Enquanto estava na prisão, Paulo escreveu à igreja em Filipos, dizendo: "...não julgo que o haja alcançado; mas uma coisa faço, e é que, esquecendo-me das coisas que atrás ficam, e avançando para as que estão diante de mim, prossigo para o alvo, pelo prêmio da soberana vocação de Deus em Cristo Jesus" (3:13,14). Quaisquer que fossem as circunstâncias, Paulo estava continuamente avançando em seu chamado como discípulo de Cristo Jesus.

Lembremo-nos sempre da essência, o cerne daquilo para o qual somos chamados para ser e fazer como seguidores de Jesus. –DCM

Paulo ansiava por uma coisa apenas: seu relacionamento com Jesus Cristo. —OSWALD CHAMBERS

COMECE AQUI!

Leitura:
Atos 9:1-9

... Senhor, que queres que eu faça?
—ATOS 9:6 (ARC)

NO DIA D, três oficiais se reuniram numa cratera surgida pela explosão de bombas, na praia de Utah, Normandia, França. Ao perceberem que a maré os havia levado para o lugar errado da praia decidiram de improviso: "Começaremos daqui mesmo." E avançaram partindo desse local de risco.

Saulo estava em situação difícil, precisava tomar uma decisão após ter encontrado Jesus na estrada de Damasco (ATOS 9:1-20). Repentinamente, lhe foi revelado que o local onde estava e a direção que sua vida tinha tomado, tinha sido um erro, a vida que levara parecia um desperdício. Ir em frente seria difícil e exigiria trabalho pesado e desconfortável, talvez até mesmo tivesse que enfrentar as famílias cristãs cujas vidas ele havia destruído. Mas ele perguntou: "...Senhor, que queres que eu faça?" (V.6).

Com frequência nos encontramos em situações inesperadas, que nunca planejamos nem queríamos estar. Podemos estar endividados, impossibilitados fisicamente ou sofrendo as consequências do pecado. Quer Cristo nos encontre hoje numa cela ou palácio, despedaçados e destruídos ou consumidos por nossos desejos egoístas, as Escrituras nos aconselham a prestar atenção ao conselho de Paulo e esquecer o que ficou para trás e avançar para Cristo (FILIPENSES 3:13,14). O passado não é barreira para avançarmos com Ele. —RKK

Nunca é tarde para recomeçar.

A MAIOR DE TODAS AS COISAS

Leitura:
Lucas 10:38-42

*… Maria […] assentada aos pés do Senhor
a ouvir-lhe os ensinamentos.*
—LUCAS 10:39

URANTE UM CULTO na igreja notei uma criança pequena algumas filas à frente. Conforme o bebê espiava por cima do ombro do pai, seus olhos se abriam maravilhados ao olhar para os membros da congregação. Ele sorria para algumas pessoas, babava e mastigava seus dedos gordinhos, mas não conseguia encontrar o dedão. As palavras do pastor foram se distanciando à medida que meus olhos continuavam se voltando para olhar aquele doce bebê.

As distrações vêm em todas as formas e tamanhos. Para Marta a distração tomou forma de limpeza e culinária, ela tentou servir Cristo em vez de ouvi-lo e conversar com Ele. Maria se recusou a se afastar. "Maria […] assentada aos pés do Senhor a ouvir-lhe os ensinamentos" (LUCAS 10:39). Quando Marta murmurou porque Maria não a estava ajudando, Jesus disse: "…Maria escolheu a boa parte, a qual não lhe será tirada" (V.42).

As palavras de Jesus nos lembram de que nosso relacionamento com Ele é mais importante do que qualquer coisa boa que possa temporariamente capturar a nossa atenção. Já foi dito que coisas *boas* são inimigas das coisas *ótimas*. Para os seguidores de Jesus, o maior acontecimento nesta vida é conhecê-lo e caminhar com Ele. —JBS

*Ensina-me Senhor a conhecê-lo, pois assim aprenderei
a amá-lo acima de tudo.*

EM UMA COLINA DISTANTE

Leitura:
Gênesis 22:1-12

... Toma teu filho, teu único filho,
Isaque, a quem amas...
—GÊNESIS 22:2

ERALMENTE ME PEGO pensando na época em que meus filhos eram pequenos. Uma memória específica muito especial para mim é a de nossa rotina matinal de levantar da cama. Todas as manhãs eu ia aos seus quartos, os chamava carinhosamente pelos nomes e dizia-lhes que era hora de levantar e se preparar para o dia.

Quando leio que Abraão se levantou cedo de manhã para obedecer à ordenança de Deus, penso naqueles momentos em que acordava meus filhos e me pergunto se parte da rotina diária de Abraão era ir até a cama de Isaque para acordá-lo — e como teria sido diferente naquela manhã em particular. Quão terrível deve ter sido para Abraão acordar seu filho naquele dia!

Abraão amarrou Isaque e o colocou no altar, mas naquele momento, Deus proveu um sacrifício alternativo. Centenas de anos depois, Deus supriria outro sacrifício — o sacrifício final — Seu próprio Filho. Pense em quão agonizante deve ter sido para Deus sacrificar o Seu Filho, Seu único Filho a quem Ele amava! E Jesus passou por tudo isso porque o ama.

Se você se questiona se é ou não amado por Deus, não tenha mais dúvida. —JMS

Deus já provou o Seu amor por você.

CORRENTES ENGANOSAS

Leitura:
Deuteronômio 8:11-20

Quando tinham pasto, eles se fartaram, e,
uma vez fartos, ensoberbeceu-se lhes o coração...
—OSEIAS 13:6

S HANKAR VEDANTAM, autor do livro: *O cérebro oculto* (Ed. Guerra&Paz, 2011) descreve o dia em que foi nadar. A água estava calma e translúcida e ele se sentiu forte e orgulhoso por ter nadado uma longa distância com facilidade. Decidiu então nadar até o mar aberto, e ao tentar voltar não conseguiu, pois tinha sido enganado pela corrente marítima. A tranquilidade do nado não se relacionava à sua força, mas ao movimento da água.

Em nosso relacionamento com Deus, pode acontecer algo semelhante. "Ir com a maré" pode nos fazer crer que somos mais fortes. Quando a vida está fácil, nossa mente nos diz que essa calmaria está relacionada à nossa força. Tornamo-nos orgulhosos e autoconfiantes. Quando a luta chega, percebemos como somos fracos e impotentes.

Aconteceu isto com os israelitas. Deus os abençoaria com sucesso militar, paz e prosperidade. Mas se pensassem que teriam tudo isso por si próprios, se tornariam orgulhosos e autossuficientes (DEUTERONÔMIO 8:11,12). Presumindo que não mais precisassem de Deus, continuariam sozinhos até serem atacados e perceberiam como eram fracos sem a ajuda do Senhor.

Quando a vida vai bem, precisamos estar cientes do autoengano. O orgulho nos levará aonde não queremos ir. Somente a humildade nos manterá onde devemos estar: gratos a Deus e dependentes de Sua força. —JAL

A verdadeira humildade credita todo o sucesso a Deus.

A IMPROVÁVEL

Leitura:
1 Coríntios 1:25-31

*... Deus escolheu as [...] coisas fracas do mundo
para envergonhar as fortes.*
—1 CORÍNTIOS 1:27

FANNY KEMBLE, atriz britânica, se mudou para os Estados Unidos no início dos anos 1800 e casou-se com Pierce Butler, um sulista, dono de plantações. Fanny desfrutou das riquezas proporcionadas por essa propriedade, até ver que o custo daquele luxo era pago pelos escravos que trabalhavam em suas plantações.

Ela escreveu um relato do tratamento cruel que os escravos recebiam com frequência e eventualmente se divorciou. Seus escritos circularam vastamente entre os abolicionistas e foram publicados em 1863 como *Diário de uma residência numa plantação da Georgia em 1838–39*. Devido à sua oposição à escravatura, a ex-esposa de um senhor de escravos ficou conhecida como "A abolicionista improvável."

Deus geralmente nos surpreende de modos maravilhosos. Ele repetidamente usa os improváveis — pessoas e circunstâncias — para cumprir Seus propósitos. Paulo escreveu: "...pelo contrário, Deus escolheu as coisas loucas do mundo para envergonhar os sábios e escolheu as coisas fracas do mundo para envergonhar as fortes; e Deus escolheu as coisas humildes do mundo, e as desprezadas..." (1 CORÍNTIOS 1:27,28).

Isto nos lembra de que Deus, em Sua graça, pode usar qualquer um. Se permitirmos que a Sua obra seja feita em nós, poderemos nos surpreender com o que Ele pode fazer por meio de nós! —WEC

Deus quer corações dispostos prontos para serem usados.

FORÇA NA QUIETUDE

Leitura:
Êxodo 14:10-14

*... Em vos converterdes e em sossegardes,
está a vossa salvação; na tranquilidade e na confiança,
a vossa força...* —ISAÍAS 30:15

LOGO NO COMEÇO de minha vida cristã as demandas do compromisso me fizeram questionar se eu aguentaria mais de um ano sem retornar aos meus velhos caminhos de pecado. Mas este versículo das Escrituras me ajudou: "O SENHOR pelejará por vós, e vós vos calareis" (ÊXODO 14:14). Estas são as palavras de Moisés aos israelitas quando haviam acabado de escapar da escravidão no Egito e estavam sendo perseguidos pelo Faraó. Eles estavam desencorajados e com medo.

Sendo cristão inexperiente, com as tentações me cercando, este chamado para "me calar" me encorajou. Agora, alguns 37 anos depois, permanecer calado e calmo enquanto confio nele em meio a situações carregadas de estresse tem sido o desejo constante de meu viver cristão.

"Aquietai-vos e sabei que eu sou Deus..." o salmista diz (SALMO 46:10). Quando permanecemos em quietude, aprendemos a conhecer o Senhor "...nosso refúgio e fortaleza, socorro bem presente na angústia" (V.1). Vemos nossas fraquezas quando separados de Deus e reconhecemos a nossa necessidade de nos entregarmos a Ele. O apóstolo Paulo diz: "...quando sou fraco, então, é que sou forte" (2 CORÍNTIOS 12:10).

Diariamente nos desgastamos com o estresse e outras situações frustrantes. No entanto, podemos confiar que Ele será fiel à Sua promessa de cuidar de nós. Aprendamos as nos aquietar. —LD

*O Senhor pode acalmar a sua tempestade,
porém mais frequentemente Ele acalmará você.*

NÃO PERCA A CONFIANÇA

Leitura:
Gálatas 6:1-10

… a seu tempo ceifaremos, se não desfalecermos.
—GÁLATAS 6:9

COZINHAR PODE SE TORNAR uma tarefa tediosa quando é exercida três vezes ao dia, semana após semana. Canso-me de descascar, cortar, fatiar, misturar e em seguida, esperar a comida assar, grelhar ou cozinhar. Mas comer nunca é tedioso! É na verdade algo que realmente apreciamos, mesmo que o façamos todos os dias.

Paulo usou a ilustração de semear e colher porque sabia que fazer o bem pode ser cansativo (GÁLATAS 6:7-10). Ele escreveu: "E não nos cansemos de fazer o bem, porque a seu tempo ceifaremos, se não desfalecermos" (v.9). É difícil amar os nossos inimigos, disciplinar os nossos filhos ou orar sem cessar. Entretanto, colher o bem que semeamos não é tedioso! Que alegria quando vemos o amor vencendo a discórdia, os nossos filhos seguindo os caminhos de Deus, ou respostas às nossas orações.

Ainda que o processo de preparação do alimento possa durar horas, minha família geralmente termina uma refeição em 20 minutos ou menos. Mas a colheita de que Paulo fala, será eterna. Sempre que tivermos oportunidade, façamos o que é bom e esperemos pelas bênçãos que, no tempo de Deus, seguem essas atitudes. Hoje, não desanime ao seguir os caminhos de Deus. Lembre-se de que a alegria está garantida até estarmos além desta vida, pela eternidade. —KO

Continue servindo a Deus com a eternidade em vista.

QUE TE IMPORTA?

Leitura:
João 21:15-22

*Respondeu-lhe Jesus: Se eu quero que ele
permaneça até que eu venha, que te importa?
Quanto a ti, segue-me.* —JOÃO 21:22

A MÍDIA SOCIAL É ÚTIL para muitas coisas, mas para o contentamento não. Ao menos para mim. Quando meus objetivos são bons, posso me desencorajar com os lembretes contínuos de que outros estão conquistando seus objetivos antes de mim ou têm melhores resultados. Sou propensa ao desencorajamento, então relembro com frequência que Deus não falhou comigo. O Senhor já me deu tudo que preciso para cumprir o trabalho que Ele quer que eu faça.

Não preciso de um orçamento maior nem da certeza do sucesso. Não preciso de ambiente de trabalho melhor nem de emprego diferente. Não preciso da aprovação nem da permissão de outros. Não preciso de boa saúde nem de mais tempo. Deus pode me conceder estas coisas, mas já tenho o que preciso, pois quando Ele nos dá trabalho, Ele provê os recursos. Devo usar o tempo e os talentos que me concedeu para abençoar outros e dar-lhe glória.

Jesus e Pedro conversaram sobre este assunto. Após o café da manhã à margem do mar da Galileia, Jesus disse a Pedro o que aconteceria no fim da vida dele. Apontando para outro discípulo, Pedro perguntou: "...e quanto a este?" Jesus respondeu: "...que te importa?"

Esse é o meu questionamento quando me comparo aos outros, mas a resposta é: "não é da minha conta". Minha tarefa é segui-lo e ser fiel com os dons e oportunidades que Ele me concede. —JAL

*Sentimos ressentimento ao olharmos para outros;
e contentamento ao olharmos para Deus.*

NUNCA PARE DE APRENDER

Leitura:
2 Timóteo 3:10-17

Tu, porém, permanece naquilo que aprendeste
[...] e que, desde a infância, sabes as sagradas letras...
—2 TIMÓTEO 3:14,15

SHEILA É UMA leitora voraz. Enquanto outros assistem TV ou jogam *vídeo game*, ela fica profundamente absorta pelas páginas de um livro.

Grande parte disso teve início em sua infância. Sua família geralmente visitava os tios-avôs que eram donos de uma livraria. Lá, Sheila se sentava no colo do tio Edmundo enquanto ele lia para ela e a apresentava às maravilhas e ao encantamento dos livros.

Séculos atrás, um rapaz chamado Timóteo recebeu a orientação de Paulo em seu caminho de aprendizado. Na última carta de Paulo, da qual temos registro, o apóstolo reconheceu que a avó e a mãe de Timóteo, tinham sido as primeiras pessoas que, lhe haviam apresentado as Escrituras (2 TIMÓTEO 1:5). E Paulo exorta este jovem Timóteo a continuar em sua caminhada cristã, porque "...desde a infância, sabes as sagradas letras..." (3:14,15).

Para o cristão, aprender sobre a vida espiritual nunca deveria deixar de nos encantar e nos ajudar a crescer. O ato de ler e estudar a Palavra de Deus pode ser grande parte disso, mas também precisamos de outras coisas para nos encorajar e nos ensinar.

Quem o ajudou a crescer em sua fé? E a quem você pode ajudar em troca? Essa é uma ótima maneira de intensificar o nosso amor por Deus e fortalecer o nosso relacionamento com Ele. —HDF

A leitura bíblica diária não somente informa,
mas transforma.

OLHE PARA CIMA!

Leitura:
Salmo 121:1-8

O meu socorro vem do SENHOR, que fez o céu e a terra.
—SALMO 121:2

NO PARQUE PRÓXIMO a nossa casa, temos uma trilha pela qual gosto de caminhar. Em um dos lados há uma vista panorâmica de arenito vermelho com um majestoso pico por trás daquelas rochas. De tempos em tempos, caminho por essa parte da trilha com a mente tão ocupada por algum assunto, que fico olhando para baixo, para a trilha ampla e plana. Se ninguém estiver por perto, posso até parar para dizer em voz alta: "olhe para cima!"

Os salmos conhecidos como "Cânticos de romagem" (SALMOS 120-134) foram cantados pelo povo de Israel à medida que caminhavam pela estrada até Jerusalém para os três festivais anuais do peregrino. O Salmo 121 começa com: "Elevo os olhos para os montes: de onde me virá o socorro?" (V.1). A resposta vem em seguida: "O meu socorro vem do SENHOR, que fez o céu e a terra" (V.2). O Criador não é um ser distante, mas um companheiro que está sempre conosco, sempre atento às nossas circunstâncias (VV.3-7), guiando e guardando a nossa jornada pela vida "...desde agora e para sempre" (V.8).

Pelos caminhos da vida, precisamos manter os nossos olhos fixos em Deus, nossa fonte de socorro. Quando nos sentimos oprimidos e desencorajados, não há problemas em dizer em voz alta: "Olhe para cima!" —DCM

Mantenha os olhos em Deus — sua fonte de socorro.

NOSSA ÂNCORA

Leitura:
Hebreus 6:13-20

… a qual temos por âncora da alma, segura e firme …
—HEBREUS 6:19

A professora aposentada, Estella Pyfrom, comprou um ônibus e o equipou com mesas e computadores e agora dirige o "ônibus cintilante". Dessa forma, ela provê um local para crianças em situação de risco fazerem a sua lição de casa e aprenderem com tecnologia. Estella está garantindo a estabilidade e a esperança para crianças que talvez possam sentir-se tentadas a jogar fora os seus sonhos de obter um futuro melhor.

No primeiro século, uma avalanche de sofrimento e desencorajamento ameaçou a comunidade cristã. O autor da carta aos Hebreus escreveu para convencer estes seguidores de Cristo a não lançar fora a sua confiança na esperança futura (2:1). A esperança que tinham; a fé em Deus para salvação e entrada no céu, era fundamentada na pessoa e no sacrifício de Cristo. Quando Jesus entrou no céu após a Sua ressurreição, Ele garantiu essa esperança para o futuro (6:19,20). Como uma âncora lançada no mar, para impedir que um navio derive, a morte, a ressurreição e o retorno de Jesus ao céu trouxeram a certeza e a estabilidade à vida do cristão. Esta esperança para o futuro não pode e não será perdida.

Jesus ancora a nossa alma, para que não distanciemos da nossa esperança em Deus. —MLW

Nossa esperança está ancorada em Jesus.

SÁBIAS PALAVRAS

Leitura:
Provérbios 10:18-21; 12:17-19

... a língua dos sábios é medicina.
—PROVÉRBIOS 12:18

QUAL É O MÚSCULO mais forte do corpo humano? Alguns dizem que é a língua, mas é difícil determinar qual músculo é o mais poderoso, porque nenhum deles trabalha sozinho.

No entanto, sabemos que a língua é forte. Considerando que se trata de um músculo pequeno, pode causar muitos estragos. Esse pequeno órgão muscular ativo que nos ajuda a comer, engolir, saborear e iniciar a digestão tem também uma tendência a nos auxiliar a dizer coisas que não deveríamos. A língua é culpada de bajulação, maldição, mentira, vanglória e por ferir outros. E essa é apenas uma pequena lista.

Parece ser um músculo muito perigoso, não é? Mas a notícia boa é que não precisa ser assim. Quando somos controlados pelo Espírito Santo, nossa língua pode ser utilizada para o bem maior. Podemos falar da justiça de Deus (SALMO 35:28) e de Seu juízo (37:30). Podemos proclamar a verdade (15:2), demonstrar amor (1 JOÃO 3:18) e confessar o pecado (1 JOÃO 1:9).

O escritor de Provérbios 12:18 revela um dos melhores usos para a língua: "...mas as palavras do sábio podem curar" (NVI). Imagine como poderíamos glorificar Aquele que fez a nossa língua quando Ele nos ajuda a usá-la para trazer cura — não dor — a todos com quem conversamos. —JDB

Consolai-vos, pois, uns aos outros e edificai-vos reciprocamente...
—1 TESSALONICENSES 5:11

O FRACASSO NÃO É FATAL

Leitura:
João 18:15-27

... tu és o Santo de Deus.
—JOÃO 6:69

O PRIMEIRO-MINISTRO Winston Churchill sabia como levantar os ânimos do povo britânico durante a Segunda Guerra Mundial. Em 18 de junho de 1940, ele disse a população amedrontada: "Hitler sabe que terá que nos destruir... ou perder a guerra... mantenhamo-nos, portanto, firmes... suportando uns aos outros para que, caso o Império Britânico [dure] por mais mil anos, os homens digam: 'Este foi seu momento mais admirável!'"

Todos nós gostaríamos de ser lembrados por nosso momento "mais admirável". Talvez o momento mais admirável do apóstolo Pedro tenha sido quando ele proclamou: "...tu és o Santo de Deus." (JOÃO 6:69). Algumas vezes, entretanto, deixamos nossos fracassos nos definirem. Após Pedro negar repetidamente que conhecia Jesus, ele afastou-se e chorou amargamente (MATEUS 26:75; JOÃO 18).

Como Pedro, todos nós falhamos — em nossos relacionamentos, em nossa luta com o pecado, em nossa fidelidade a Deus. Mas "o fracasso não é fatal" como Churchill também disse. Felizmente, isto é verdade em nossa vida espiritual. Jesus perdoou Pedro, que estava arrependido por sua falha (JOÃO 21) e o usou para pregar e levar muitos ao Salvador.

O fracasso não é fatal. Deus restaura amorosamente aqueles que se voltam para Ele. —CHK

Quando Deus perdoa, Ele remove o pecado
e restaura a alma.

OLHE PARA AS BORLAS

Leitura:
Números 15:37-41

... vos lembreis de todos
os mandamentos do Senhor e os cumprais...
—NÚMEROS 15:39

O AUTOR *best-seller* Chaim Potok começou seu romance *The Chosen* (O escolhido, inédito em português) descrevendo um jogo de beisebol entre dois times judaicos em Nova Iorque. Reuven Malter, o personagem principal do livro, nota que os jogadores do outro time tinham um acessório singular — quatro longas borlas semelhantes a cordas que se estendiam abaixo das camisetas de cada jogador. Malter reconheceu as borlas como sinal de severa obediência às leis de Deus no Antigo Testamento.

A história dessas franjas ou *tzitzit* — começou com uma mensagem de Deus. Por meio de Moisés, Deus disse a Seu povo que criasse borlas com alguns filamentos de linha azul e as prendesse aos quatro cantos de suas vestes (NÚMEROS 15:38). Deus disse: "E as borlas estarão ali para que, vendo-as, vos lembreis de todos os mandamentos do Senhor..." (v.39).

O artifício criado por Deus para ativar a memória dos antigos israelitas tem um paralelo para nós, nos dias de hoje. Podemos olhar para Cristo que, consistentemente, guardou toda a lei em nosso lugar e obedeceu Seu Pai celestial (JOÃO 8:29). Por termos recebido Sua obra em nosso favor nós agora nos revestimos "...do Senhor Jesus Cristo e nada [dispomos] para a carne no tocante às suas concupiscências" (ROMANOS 13:14). Manter os nossos olhos no Filho de Deus nos ajuda a honrar o nosso Pai celestial. —JBS

Se Cristo é o centro de sua vida,
você sempre estará focado nele.

UMA OVELHA PERDIDA

Leitura:
Lucas 15:1-10

... somos o seu povo e rebanho do seu pastoreio.
—SALMO 100:3

LAURA COLOCOU no trailer uma cabra e uma ovelha emprestadas para o ensaio de um presépio vivo. Elas se cabecearam e depois se acalmaram. Laura iniciou o trajeto até a igreja, mas antes precisou abastecer.

Enquanto enchia o tanque, percebeu que a cabra estava parada no estacionamento! E a ovelha havia desaparecido! Na agitação de tentar acalmá-las ela se esquecera de fechar um dos trincos. Laura ligou para um serviço de apoio e para alguns amigos que procuraram pelos comércios, milharais e bosques durante as últimas horas do dia. Muitos oravam para que ela encontrasse o animal emprestado.

Na manhã seguinte, Laura e um amigo saíram para fixar cartazes com o anúncio de "Ovelha perdida" em comércios locais. Sua primeira parada foi no posto de gasolina. Um cliente ouviu eles pedirem permissão para afixar o cartaz e lhes disse: "Acho que sei onde a sua ovelha está!" Ela tinha ido até a fazenda de seu vizinho que a colocou no celeiro para passar a noite.

O Senhor se importa com ovelhas perdidas — incluindo você e eu. Jesus veio do céu até a terra para nos mostrar Seu amor e prover salvação (JOÃO 3:16). Ele se esforça grandemente nos procurando para nos encontrar (LUCAS 19:10).

Quando a ovelha foi encontrada, Laura a apelidou de "Milagre". E a salvação de Deus para nós é um milagre de Sua graça. —AMC

O bom pastor dá a vida pelas ovelhas. —JOÃO 10:11

DE NOVO, NÃO!

Leitura:
2 Tessalonicenses 2:13-17

*... Deus vos escolheu desde o princípio para a salvação,
pela santificação do Espírito e fé na verdade.*
—2 TESSALONICENSES 2:13

À MEDIDA QUE EU LIA a mensagem de texto em meu celular, minha temperatura começou a subir e o meu sangue começou a ferver. Eu estava em vias de responder com uma mensagem desagradável, quando uma voz interior me disse para me acalmar e responder no dia seguinte. Na manhã seguinte, após uma boa noite de sono, a questão que me perturbara tanto na véspera, parecia muito trivial. Eu havia reagido desproporcionalmente, porque não queria colocar o interesse de outra pessoa antes dos meus. Eu não estava disposta a me incomodar para poder ajudar alguém.

Infelizmente, tenho vontade de responder com raiva com mais frequência do que gostaria de admitir. Constantemente, tenho de colocar em prática verdades bíblicas comuns, como "Irai-vos e não pequeis..." (EFÉSIOS 4:26) e "Não tenha cada um em vista o que é propriamente seu, senão também cada qual o que é dos outros" (FILIPENSES 2:4).

Felizmente, Deus nos deu o Seu Espírito, que nos ajudará em nossa batalha contra o nosso pecado. Os apóstolos Paulo e Pedro, a denominaram: "santificação do Espírito" (2 TESSALONICENSES 2:13; 1 PEDRO 1:2). Sem o Seu poder, somos impotentes e derrotados; mas com o Seu poder, podemos ter vitória. —PFC

O crescimento de um santo é obra para a vida inteira.

O DESAFIO DAS MUDANÇAS

Leitura:
Josué 1:6-11

… sê forte e mui corajoso…
—JOSUÉ 1:7

APÓS UM EX-ATLETA profissional ter sofrido uma lesão que acabou com sua carreira, ele disse a um grupo de veteranos do exército que mesmo que nunca tivesse estado em combate, entendia as pressões que as mudanças trazem.

Seja a perda de trabalho, de um casamento, uma doença séria ou revés financeiro, toda grande mudança traz desafios. Ele disse aos soldados que a chave para o sucesso ao passarmos por uma mudança dessas é pedir ajuda.

Sempre que nos encontramos em meio a transições, o livro de Josué é uma leitura recomendada. Após 40 anos de perambulação e reveses, o povo de Deus estava pronto para entrar na Terra Prometida. Moisés, seu grande líder, havia morrido e Josué, seu assistente, estava no comando.

Deus disse a Josué: "…sê forte e mui corajoso para teres o cuidado de fazer segundo toda a lei que meu servo Moisés te ordenou; dela não te desvies, nem para a direita nem para a esquerda, para que sejas bem-sucedido por onde quer que andares" (JOSUÉ 1:7). As palavras do Senhor deveriam ser o fundamento da liderança de Josué em todas as situações.

A exortação e a promessa do Senhor a Josué aplicam-se também a nós: "…Esforça-te, e tem bom ânimo; não temas, nem te espantes; porque o SENHOR teu Deus é contigo, por onde quer que andares" (V.9).

Ele está conosco em qualquer transição. —DCM

Deus permanece fiel em meio a qualquer mudança.

FAZENDO COMPRAS

Leitura:
Gênesis 3:14-19

... Este te ferirá a cabeça, e tu lhe ferirás o calcanhar.
—GÊNESIS 3:15

MEU FILHO GOSTA muito de colher as flores chamadas dentes-de-leão ou esperança, para a sua mãe. Até hoje ela não se cansou de ganhar essas flores amarelas que crescem no meio da grama. A erva daninha de um homem é a flor de um menino.

Certa vez o levei para fazer compras comigo. Ao passarmos rapidamente pela sessão de flores, ele apontou empolgado para um arranjo de tulipas amarelas. "Papai," ele exclamou, "você deveria comprar esses dentes-de-leão para a mamãe!" Seu conselho me fez rir e a foto foi parar na página do *facebook* da mãe dele.

Alguns veem nas ervas daninhas um lembrete do pecado de Adão. Ao comer o fruto proibido, Adão e Eva trouxeram para si a maldição de um mundo caído; trabalho permanente, nascimento agonizante e morte eventual (GÊNESIS 3:16-19).

Mas os olhos inocentes de meu filho me lembram de outra coisa. Há beleza até mesmo em ervas daninhas. A angústia do nascimento traz esperança para todos nós. A morte está definitivamente derrotada. A "Semente" da qual Deus falou em Gênesis 3:15 travaria guerra com a descendência da serpente. A Semente é o próprio Jesus, que nos resgatou da maldição da morte (GÁLATAS 3:16).

O mundo pode estar destruído, mas prodígios nos aguardam a cada esquina. Até mesmo as ervas daninhas nos relembram da promessa de redenção e de um Criador que nos ama. —TLG

A criação nos relembra da promessa da redenção.

ANDANDO SOBRE AS ÁGUAS

Leitura:
Mateus 14:22-33

... Tende bom ânimo! Sou eu. Não temais!
—MATEUS 14:27

QUANDO APRENDI A VELEJAR, tinha que caminhar por uma plataforma flutuante muito oscilante para chegar até os pequenos barcos em que tínhamos as aulas. Era algo que eu odiava. Não tenho bom equilíbrio e tinha pavor de cair entre a plataforma e o barco na hora de subir. Quase desisti. "Mantenha os olhos fixos em mim," o instrutor dizia. "Estou aqui e a seguro caso você escorregue." Fiz o que ele disse e agora sou a orgulhosa proprietária de um certificado de proficiência em navegação básica!

Você evita correr riscos a todo custo? Muitos dentre nós relutamos em sair de nossas zonas de conforto pela possibilidade de nos machucarmos ou parecermos tolos. Mas se permitirmos que esse medo nos prenda, acabaremos com medo de fazer qualquer coisa.

A história de Pedro aventurando-se a andar por sobre as águas e o suposto motivo do seu fracasso é uma escolha popular entre os pregadores (MATEUS 14:22-33). Mas acho que nunca ouvi nenhum deles discutir o comportamento do restante dos discípulos. Em minha opinião, Pedro foi um sucesso. Ele sentiu o medo, mas, mesmo assim, respondeu ao chamado de Jesus. Talvez aqueles que nunca tentaram são os que realmente falharam.

Jesus arriscou tudo por nós. Estamos preparados para arriscar algo por Ele? —MS

A vida é: ou uma aventura intrépida ou nada.
—HELEN KELLER

VALE A PENA

Leitura:
1 Coríntios 15:30-38

... O que semeias não nasce,
se primeiro não morrer.
—1 CORÍNTIOS 15:36

AO FIM DO QUARTO SÉCULO, os cristãos não eram mais lançados aos leões para entreter os cidadãos romanos. Mas os jogos da morte continuaram até o dia em que um homem saiu da multidão na ousada tentativa de impedir que dois gladiadores se matassem.

Telêmaco era um ex-monge que havia ido a Roma para as festas e acabou percebendo que não poderia tolerar o banho de sangue desse entretenimento popular. Segundo Teodoreto, bispo e historiador da igreja que viveu no século 5º, Telêmaco clamou pelo fim da violência, mas foi apedrejado até a morte pela multidão. O imperador Honório ouviu falar desse corajoso ato e ordenou que os jogos acabassem.

Alguns podem questionar Telêmaco. Sua ação foi a única forma de protestar contra o trágico esporte sanguinário? O apóstolo Paulo fez uma pergunta semelhante a si mesmo: "E por que também nós nos expomos a perigos a toda hora?" (1 CORÍNTIOS 15:30). Em 2 Coríntios 11:22-33, ele registrou alguns de seus esforços por amor a Cristo, muitos dos quais poderiam tê-lo matado. Tudo isso valeu a pena?

Na mente de Paulo a questão estava decidida. Trocar aquilo que logo terá fim, por honra que durará para sempre é um bom investimento. Na ressurreição, a vida que foi dedicada por amor a Cristo e a outros é semente para uma eternidade da qual nunca nos arrependeremos. —MRD

Agora é a hora de investir na eternidade.

MISTÉRIOS ESCONDIDOS

Leitura:
2 Reis 6:15–23

*... Não temas, porque mais são os que estão conosco
do que os que estão com eles.*
—2 REIS 6:16

JAMAIS VEMOS a maior parte daquilo que ocorre no Universo. Muitas coisas são pequenas demais, se movem muito rápido ou muito lentamente de modo que não as percebemos. Contudo, utilizando a moderna tecnologia o cineasta Louis Schwartzberg exibe imagens formidáveis de algumas dessas coisas — a boca de uma lagarta, os olhos de uma mosca de frutas, o crescimento de um cogumelo.

Nossa pouca habilidade em enxergar detalhes incríveis e complexos no mundo físico nos lembra de que nossa habilidade de ver e entender o que está acontecendo no mundo espiritual é igualmente limitada. Deus está agindo ao nosso redor fazendo coisas mais maravilhosas do que podemos imaginar. Mas nossa visão espiritual é limitada e não conseguimos vê-las. O profeta Eliseu, contudo, conseguiu ver a obra sobrenatural que Deus estava fazendo. O Senhor também abriu os olhos do colega amedrontado desse profeta, para que ele também pudesse ver o exército celestial enviado para lutar a seu favor (2 REIS 6:17).

O medo nos faz sentir fracos e inúteis e nos faz pensar que estamos sozinhos no mundo. Mas Deus nos garantiu que o Seu Espírito em nós é maior do que qualquer poder desse mundo (1 JOÃO 4:4).

Sempre que ficamos desencorajados pelo mal que vemos, precisamos pensar na boa obra que Deus está executando e que não podemos ver. —JAL

*Com os olhos da fé vemos Deus trabalhando
em todas as situações.*

A HISTÓRIA COMPLETA

Leitura:

Atos 8:26-37

Então, Filipe explicou; e, começando por esta
passagem da Escritura, anunciou-lhe a Jesus.
—ATOS 8:35

RECENTEMENTE, MEU NETO de 5 anos perguntou: "Por que Jesus morreu na cruz?" Então tivemos uma pequena conversa. Expliquei-lhe sobre o pecado e a prontidão de Jesus para ser nosso sacrifício. Por fim, ele foi brincar.

Minutos depois o ouvi conversando com sua prima, de 5 anos, explicando-lhe porque Jesus morreu. Ela lhe disse: "Mas Jesus não está morto." Ele respondeu: "Está sim. Vovô me disse que Ele morreu na cruz."

Percebi que não havia completado a história. Então tivemos outra conversa em que lhe expliquei que Jesus ressuscitou dos mortos. Repassamos a história até ele entender que Jesus está vivo hoje, ainda que tenha morrido por nós.

Esse é um bom lembrete de que as pessoas precisam ouvir o evangelho por completo. Quando um homem da Etiópia perguntou a Filipe sobre a porção das Escrituras que não havia entendido, Filipe "...explicou; e, começando por esta passagem da Escritura, anunciou-lhe a Jesus" (ATOS 8:35).

Conte aos outros as boas-novas sobre Jesus: somos todos pecadores carentes de salvação; o Filho perfeito de Deus morreu para nos salvar e ressuscitou da sepultura demonstrando Seu poder sobre a morte. Jesus, nosso Salvador, está vivo e se oferece agora para viver a Sua vida por meio de nós.

Quando alguém quiser saber algo sobre Jesus, lembremo-nos de contar a história completa! —JDB

Disse-lhe Jesus: Eu sou a ressurreição e a vida.
Quem crê em mim, ainda que morra, viverá ... —JOÃO 11:25

UMA VOZ NA NOITE

Leitura:
Salmo 134

... erguei as mãos para o santuário
e bendizei ao SENHOR.
—SALMO 134:2

O SALMO 134 tem apenas três versículos, mas é prova de que pequenas coisas podem ter muito significado. Os primeiros dois versículos são uma admoestação aos sacerdotes que servem na casa de Deus noite após noite. O edifício era escuro e vazio; nada relevante estava acontecendo — ou assim parecia. Entretanto estes ministros eram encorajados: "...erguei as mãos para o santuário e bendizei ao SENHOR" (v.2). O terceiro versículo é uma voz da congregação clamando na escuridão e solidão da noite: "De Sião te abençoe o SENHOR, criador do céu e da terra!"

Penso em outros servos do Senhor hoje — pastores e suas famílias que servem em pequenas igrejas em lugares pequenos. Geralmente se desencorajam, são tentados a desistir, fazendo o seu melhor, servindo despercebidos e sem recompensa. Perguntam se alguém se importa com o que fazem; se alguém em algum momento pensa neles, ora por eles ou os considera parte de suas vidas.

Eu lhes diria — e para qualquer um que esteja se sentindo solitário e insignificante: ainda que seja um lugar pequeno, é um lugar santo. Aquele que fez e move os céus e a terra está agindo em e por meio de você. Erga as mãos e louve-o. —DHR

Qualquer um que execute a obra de Deus à maneira dele
é importante aos Seus olhos.

RESGATANDO O RELUTANTE

Leitura:
Gênesis 19:12-25

*... pegaram-no os homens pela mão [...] sendo-lhe
o SENHOR misericordioso, e o tiraram,
e o puseram fora da cidade.*
—GÊNESIS 19:16

HÁ MUITOS ANOS durante uma aula sobre segurança na água, nos foi ensinado como salvar alguém que está se afogando e resiste ao resgate. "Aborde a pessoa por trás," o instrutor nos disse. "Passe um braço à frente do peito da pessoa e de seus braços agitados e nade para um ponto seguro. Se você abordar a pessoa pela frente, ela pode agarrar você e puxar ambos para baixo." O pânico e o medo podem paralisar a capacidade de pensar e agir sabiamente.

Quando dois anjos enviados por Deus vieram resgatar Ló e sua família da destruição iminente das cidades de Sodoma e Gomorra (GÊNESIS 19:12,13), encontraram resistência. Os genros de Ló acharam que o aviso era uma piada (V.14). Quando os anjos disseram a Ló que se apressasse e fosse embora, ele hesitou (V.15). Naquele ponto, os dois anjos "...pegaram-no [...] pela mão, a ele, a sua mulher e as duas filhas..." e os levaram em segurança para fora da cidade porque Deus fora misericordioso com eles (V.16).

Quando refletimos sobre a nossa jornada de fé em Cristo, podemos ver a fidelidade de Deus ao dominar nossa relutância e resistência. Quando encontrarmos pessoas debatendo-se em desespero espiritual e medo, e qualquer pessoa que relute em ser resgatada por Ele, tenhamos sabedoria de Deus para demonstrar-lhes o Seu amor. —DCM

A misericórdia de Deus pode vencer a nossa resistência.

CRISTO, O REDENTOR

Leitura:
Jó 19:23-29

Porque eu sei que o meu Redentor vive...
—JÓ 19:25

A FAMOSA ESTÁTUA DO *Cristo Redentor* contempla do alto a cidade do Rio de Janeiro. A estátua é um modelo de Cristo com Seus braços estendidos de modo que o Seu corpo exibe o formato de uma cruz. O arquiteto brasileiro Heitor da Silva Costa projetou essa escultura. Ele imaginou que os moradores da cidade a veriam como a primeira imagem a emergir da escuridão ao alvorecer. No crepúsculo, ele esperava que os habitantes vissem o sol poente como uma auréola atrás da cabeça da estátua.

Há valor em manter os nossos olhos em nosso Redentor todos os dias, durante os momentos bons e os difíceis. Enquanto sofria, Jó disse: "...sei que o meu Redentor vive e por fim se levantará sobre a terra" (JÓ 19:25).

O clamor do coração de Jó nos leva a Jesus, nosso Salvador vivo que um dia virá à Terra novamente (1 TESSALONICENSES 4:16-18). Manter os nossos olhos em Jesus significa lembrar que fomos resgatados de nosso pecado. Jesus "...a si mesmo se deu por nós, a fim de remir-nos de toda iniquidade e purificar, para si mesmo, um povo exclusivamente seu..." (TITO 2:14).

Qualquer pessoa que já aceitou Jesus como Salvador tem motivos para se alegrar hoje. Não importa o que tenhamos que suportar neste mundo, podemos ter esperança hoje e esperar para desfrutar da eternidade com Ele. —JBS

Por meio de Sua cruz e ressurreição,
Jesus resgata e redime.

O SIGNIFICADO DA SABEDORIA

PARECE MUITO BOM para ser verdade. Como seguidores de Cristo podemos receber sabedoria se a pedirmos. A carta de Tiago diz: "Se, porém, algum de vós necessita de sabedoria, peça-a a Deus, que a todos dá liberalmente..." (1:5). Mas há uma condição: o nosso pedido deve ser oriundo da nossa confiança em Deus (VV.6-8).

Por que precisamos da sabedoria de Deus?
Tiago estava escrevendo para pessoas cuja fé estava sendo testada (1:2,3). É provável que estivessem na expectativa de uma perseguição religiosa e social. Mas talvez não previssem de que maneira se decepcionariam e se desiludiriam entre si. Jesus ensinou os Seus discípulos a amar uns aos outros (JOÃO 15:17). No entanto, apenas alguns anos mais tarde, estes primeiros seguidores de Jesus agiram como inimigos com preconceito, com palavras ofensivas e absoluta hipocrisia (TIAGO 4:1,2).

Qual a aparência da sabedoria de Deus?
Tiago nos ensinou a reconhecer a sabedoria que vem do "alto" ao invés daquela que é "terrena e demoníaca" (3:13-17). Esta sabedoria é...

PURA. A sabedoria do "alto" não mistura a fé em Cristo com os desejos egocêntricos (3:14-17; 4:1-3). Em primeiro lugar, Esta sabedoria questiona: Por que estou tão chateado? Quais os motivos que trago a este conflito? Tenho realmente a intenção de confiar em Cristo e em Sua provisão? Se a nossa motivação é confiar em Cristo podemos reagir ao conflito de maneira que seja...

EM PROL DA PAZ. Quando o nosso coração está em sintonia com o de Deus, ansiamos pela verdadeira paz. A sabedoria que nos permite valorizar a paz justamente motivada pelo conflito (1:5) é uma dádiva de Deus. É um novo ideal e faz surgir a sabedoria que é...

JUSTA. Na antiguidade, esta palavra foi usada para referir-se aos reis que usaram a sua autoridade com dignidade, paciência e clemência em relação aos súditos. É o tipo de sabedoria que permite aos servos do Rei Jesus representar a autoridade dele com espírito de bondade. Ser imparcial fundamenta a sabedoria que é...

SUBMISSA. O desejo de retribuir o bem pelo mal é uma demonstração de força e não de fraqueza. Confiar em Deus, ao invés de dar destaque a quem nos feriu, nos permite agir com paciência para atingir um resultado que seja...

CHEIO DE MISERICÓRDIA E BOM FRUTO. Quando o nosso coração se rende à sabedoria de Cristo, vemos o valor da bondade imerecida enquanto aguardamos pelo fruto da paz. Com paciência, damos tempo, um ao outro, para experimentar a crescente influência de Cristo em nossa própria vida. Quando não reagimos em relação aos outros de maneira míope e superficial, demonstramos uma sabedoria...

JUSTA. Tiago escreveu sobre os seguidores de Cristo que trataram os ricos e influentes melhor do que os pobres e necessitados (2:1-10). Ser justo é uma forma de demonstrar a sabedoria e o amor de Deus. Agir dessa maneira nos permite viver com a sabedoria que é...

SINCERA. Esta marca identificatória da sabedoria engloba o restante. Tiago a usou para celebrar a integridade da sabedoria que Deus quer nos conceder. Nenhum de nós quer falar a linguagem da fé e ao mesmo tempo ser ambicioso e invejoso.

O que podemos esperar da sabedoria de Deus?

Tiago nos mostra que Deus não torna a sabedoria facilmente acessível apenas para nos ajudar a conseguir o que queremos (1:2-5; 4:1-3). O Senhor nos concede a sabedoria para que possamos desenvolver a paciência e a maturidade plena do espírito de Cristo.

Extraído e adaptado do texto: *Melhor do que o ouro*, Mart DeHaan
© 2008 Ministérios Pão Diário

COMO EU VIM PARA JESUS

N A DÉCADA DE 1970, eu estava bebendo muito e me dro-
gando. Não me lembro de alguma vez ter dirigido minha
moto, quando estava sóbrio. Achava que quando casasse iria
sossegar, mas não foi o meu caso. Pelo contrário, fiquei pior. Em 1981,
eu já tinha um grave problema com o álcool e bebia em todas as oportunidades possíveis, simplesmente porque gostava da sensação de estar
embriagado.

Depois de certo tempo, as drogas e as bebidas já não me davam mais
a sensação de liberdade que eu tinha aprendido a desejar. Comecei a
perceber que estava me destruindo. Comecei a me sentir fora de lugar
nas festas lotadas. As piadas já não eram mais engraçadas, e já não sentia
que pertencia a esse tipo de ambiente. Sentia em meu espírito que seguia
pelo caminho errado e que se eu não mudasse, em breve, seria o meu
fim. Sabia que tudo isso de alguma forma tinha algo a ver com Deus,
mas não sabia exatamente como.

Comecei por assistir a um programa cristão na TV, quando não havia
ninguém por perto. Repetia a oração para a salvação no final do programa e, em seguida, levantava-me e seguia minha rotina, como de
costume, sem qualquer alteração. No entanto, eu pensava muito mais
em Deus. Fiz isto muitas vezes. Estava tão vazio por dentro e sabia que
algo estava me faltando.

Certo dia, perguntei a algumas pessoas que sabia que eram cristãs,
"Vocês estão orando por mim? Há algo acontecendo e tem a ver com
Deus." "Meu velho amigo de bebedeiras, que tinha se tornado um cristão, alguns meses antes, estava entre essas pessoas e veio à minha casa e
fez o seu melhor para responder às minhas perguntas. E ele me perguntou se poderia chamar o pastor para vir à minha casa. Eu sabia que se
dissesse que sim, isso significaria que eu iria percorrer todo o caminho

para me tornar um cristão também. Questionava-me sobre o que os meus amigos diriam. Mas neste momento, realmente já não me importava com o que os outros pensariam, pois estava desesperado para mergulhar nessa, já que não podia continuar vivendo daquele jeito. Apenas 10 minutos após o pastor ter chegado, eu já estava ajoelhado ao lado da mesa de café na minha sala de estar, repetindo a oração de salvação novamente, mas desta vez eu estava sendo realmente sincero e honesto comigo mesmo. Imediatamente me senti como se uns 90 quilos tivessem sido retirados dos meus ombros e me senti livre —, liberto do pecado, e de sofrer o julgamento por minhas ofensas contra Deus. Cada coisa errada que já tinha feito fora apagada e eu sabia disso! Sabia que estava limpo, como nunca antes.

Já se passaram 30 anos! Não tenho sido perfeito ao longo desses anos, mas Deus tem sido fiel. Mesmo quando me afastei dele, o Senhor pacientemente me chamou de volta. Descobri que os cristãos não estão isentos de mágoas, tristeza e dor, mas que o Salvador, que é perfeito, caminha conosco em meio a tudo e nos traz a paz em cada tempestade.

> *Nunca me arrependi de entregar a minha vida*
> *a Jesus e você também não se arrependerá.*
> *Ele é um Deus maravilhoso!* —BAXTER

Desde aquele dia em que me ajoelhei ao lado de minha mesa de café, há 30 anos, descobri que Jesus Cristo é o verdadeiro "Cara". Se você está pronto para entregar a sua vida a Jesus, pode fazer uma oração como esta:

> *Querido Jesus, creio que morreste pelos meus pecados*
> *e ressuscitastes dos mortos. Quero te aceitar como meu Senhor e Salvador*
> *e seguir-te. Por favor, perdoa os meus pecados e me ajuda,*
> *a partir deste momento, a viver uma vida que te agrada.*

CONSTRUINDO O SEU
RELACIONAMENTO COM DEUS

DEUS FALA COM VOCÊ através da Bíblia. Ao ler um trecho das Escrituras, pergunte a si mesmo: "O que isso significa?" Dentro de cada passagem você encontrará uma verdade espiritual que é válida para todas as épocas. Questione-se: "De que maneira devo mudar por ter estudado e compreendido esta passagem?" Saiba que o Espírito Santo pode influenciar o seu pensamento, o seu modo de falar e o seu comportamento, se você lhe permitir moldá-lo pelos princípios contidos na Palavra de Deus.

ORE AO SENHOR. Confesse os seus pecados e agradeça a Deus por Suas promessas. Peça-lhe por mais discernimento sobre o significado dos textos bíblicos, e sobre como eles podem ajudá-lo a tornar-se mais semelhante a Jesus.

FAÇA ANOTAÇÕES. Registre por escrito as suas descobertas. Reler as suas anotações o ajudarão a perceber o quanto você está amadurecendo espiritualmente. Ter essas verdades bíblicas sempre em mente influenciará as suas atitudes.

CONSTRUIR UM RELACIONAMENTO NÃO É FÁCIL. Exige diligência, comunicação, paciência, confiança e tempo. Não é diferente ao construir o seu relacionamento com Deus. Invista o seu tempo, em oração, na presença do Senhor e leia diariamente a Sua Palavra. Permita que a sua comunhão com Ele faça parte de todos os momentos de sua caminhada cristã. Dê-lhe a oportunidade de falar ao seu coração, e dê a você mesmo o privilégio de falar com o Senhor, com frequência. Invista em sua vida com Deus!

À medida que você praticar estas palavras, a sua vida com o Senhor será plena e abundante e você descobrirá que viver assim, realmente, vale a pena.

Dennis Fisher

LEVANTE SUAS MÃOS

Leitura:
João 4:7-15,28-30

*... Deus enviou o seu Filho ao mundo, não para que julgasse o mundo,
mas para que o mundo fosse salvo por ele.*
—JOÃO 3:17

APRECIO MUITO um renomado coral por sua bela música, e pela excelência do seu processo de seleção. Os candidatos são escolhidos com base no quão bem cantam, e em como soam dentro do conjunto todo. Outra razão é o fato de que todos os membros concordam em fazer do coral sua prioridade número um e se comprometem com uma agenda rigorosa de ensaios e espetáculos.

Uma das coisas que mais me intriga neste grupo é o que acontece durante os ensaios. Sempre que os componentes cometem um erro, eles levantam a mão. Em vez de tentar escondê-los, eles chamam atenção para os seus próprios erros! Isto permite que o regente ajude cada um, individualmente, a aprender a parte difícil e assim, ele aumenta a possibilidade de uma execução impecável.

Acredito que este é o tipo de comunidade que Jesus estava estabelecendo ao dizer a Nicodemos que Deus enviou Seu Filho ao mundo para salvar e não para condená-lo (JOÃO 3:17). Logo após esta conversa, Jesus encontrou uma samaritana no poço comunitário. Ao lhe prometer um modo de vida melhor em que poderia desfrutar de Seu perdão, criou uma situação em que foi fácil para ela admitir o fracasso (JOÃO 4).

Como membros do Corpo de Cristo, não temamos admitir os nossos erros, mas, sim, recebê-los como a oportunidade de experimentarmos juntos o perdão de Deus e nele regozijarmos. —JAL

*Não podemos abandonar os nossos pecados,
se não os enfrentarmos.*

CONVERSA FLAMEJANTE

Leitura:
Tiago 3:2-10

*A vossa palavra seja sempre agradável,
temperada com sal...*
—COLOSSENSES 4:6

D E ONDE VENHO no norte de Gana, África, os incêndios na mata são frequentes na estação da seca, entre dezembro e março. Testemunhei o incêndio de muitas fazendas quando os ventos carregavam pequenas fagulhas de chaminés ou bitucas de cigarros jogados negligentemente no acostamento. Com a vegetação seca, tudo o que se precisa para iniciar um incêndio devastador é uma pequena faísca.

É assim que Tiago descreve a língua, chamando-a de "...mundo de iniquidade; a língua está situada entre os membros de nosso corpo, e contamina o corpo inteiro, e não só põe em chamas toda a carreira da existência humana, como também é posta ela mesma em chamas pelo inferno" (TIAGO 3:6). Uma afirmação falsa feita aqui, uma calúnia ali, uma observação cruel acolá e os relacionamentos são destruídos. "Alguém há cuja tagarelice é como pontas de espada..." diz Provérbios 12:18, "...mas a língua dos sábios é medicina". Assim como o fogo tem elementos destrutivos e úteis, assim também "a morte e a vida estão no poder da língua..." (18:21).

Para que a nossa conversa reflita a presença de Deus em nós e o agrade, o ideal é que ela "...seja sempre agradável..." (COLOSSENSES 4:6). Ao expressarmos nossas opiniões durante divergências, peçamos a Deus que nos ajude a escolher um linguajar sadio que lhe traga honra. —LD

*A ira pode nos incitar a falar desatentamente quando deveríamos
prestar atenção no que dizemos.*

UMA CARTA DO CAMPO DE BATALHA

Leitura:
2 Timóteo 4:1-8

Combati o bom combate, completei a carreira, guardei a fé.
—2 TIMÓTEO 4:7

POR MAIS DE duas décadas Andrew Carroll pede para que as pessoas não joguem fora as cartas escritas por familiares ou amigos durante a guerra. Ele dirige o centro de uma renomada universidade, que coleta essas cartas como um registro dos acontecimentos de nossa época. Ele as considera uma conexão insubstituível para unir as famílias e abrir uma porta para o entendimento. "As gerações mais novas estão lendo essas cartas", Carroll diz, "questionando e dizendo: 'agora entendo pelo que vocês passaram, o que vocês sacrificaram.'"

"Quando o apóstolo Paulo estava preso em Roma e soube que a sua vida logo acabaria, ele escreveu uma carta a um jovem chamado Timóteo, a quem considerava um "filho na fé," Como um soldado no campo de batalha, Paulo abriu o seu coração a ele: "...o tempo da minha partida é chegado. Combati o bom combate, completei a carreira, guardei a fé. Já agora a coroa da justiça me está guardada, a qual o Senhor, reto juiz, me dará naquele Dia; e não somente a mim, mas também a todos quantos amam a sua vinda." (2 TIMÓTEO 4:6-8).

Quando lemos na Bíblia as cartas que os heróis da fé cristã nos deixaram e vislumbramos o que eles viveram por causa de seu amor por Cristo, ganhamos coragem para seguir os seus exemplos e permanecer firmes por aqueles que vêm depois de nós. —DCM

Continue correndo para completar a carreira com a eternidade em vista.

O CILINDRO DE CIRO

Leitura:
Esdras 1:1-4

… despertou o SENHOR o espírito de Ciro, rei da Pérsia …
—ESDRAS 1:1

OS ARQUEÓLOGOS descobriram, em 1879, um cilindro no Iraque (antiga Babilônia). Com 23 cm, o Cilindro de Ciro registra o que o rei Ciro da Pérsia fez há 2.500 anos. Diz-se que ele permitiu que um grupo de pessoas retornasse à sua terra natal e reconstruísse suas "cidades santas".

É a história contada em Esdras 1: "…despertou o SENHOR o espírito de Ciro, rei da Pérsia…" para fazer uma proclamação (V.1). E nessa proclamação, Ciro libertou os cativos na Babilônia para voltar a Jerusalém, restabelecer suas casas e reconstruírem seu templo (VV.2-5).

E mais, Daniel confessou seus pecados e os de seu povo e rogou a Deus que findasse o cativeiro na Babilônia (DANIEL 9). E Deus enviou um anjo para falar com ele (V.21). Mais tarde, Deus moveu Ciro a libertar os hebreus (JEREMIAS 25:11,12; 39:10).

O Cilindro de Ciro e a Palavra de Deus mostram que o coração do rei mudou, e ele permitiu que os hebreus exilados retornassem e adorassem.

Hoje, o mundo parece estar fora de controle, mas Deus pode mover o coração dos líderes; Provérbios 21:1 afirma que: "…assim é o coração do rei na mão do SENHOR…", e ainda: "…não há autoridade que não proceda de Deus…" (ROMANOS 13:1).

Reconhecemos que Deus é capaz de mudar o nosso coração e o de nossos líderes. Podemos confiar nele pois Ele está no controle. Peçamos a Ele que aja. —JDB

Em vez de reclamar, ore.

VENHA A MIM

Leitura:
João 6:30-40

... Eu sou o pão da vida; o que vem a mim
jamais terá fome...
—JOÃO 6:35

QUANDO JESUS VIVEU neste mundo, Ele convidava pessoas para virem a Ele e o faz ainda hoje (JOÃO 6:35). Mas o que Ele e Seu Pai no céu têm de que precisamos?

Salvação. Jesus é o único caminho para recebermos perdão do pecado e a promessa do céu. "...para que todo o que nele crê tenha a vida eterna" (JOÃO 3:15).

Propósito. Devemos entregar todo o nosso coração, a alma, a mente e força para seguir a Jesus. "...Se alguém quer vir após mim, a si mesmo se negue, tome a sua cruz e siga-me" (MARCOS 8:34).

Consolo. Na luta ou na dor, o "...Deus de toda consolação! [...] nos conforta em toda a nossa tribulação..." (2 CORÍNTIOS 1:3,4).

Sabedoria. Precisamos de mais do que a nossa própria sabedoria para tomar decisões. "Se, porém, algum de vós necessita de sabedoria, peça-a a Deus, [...] e ser-lhe-á concedida" (TIAGO 1:5).

Força. Quando estamos cansados, "O SENHOR dá força ao seu povo..." (SALMO 29:11).

Vida abundante. A plenitude de vida é encontrada em um relacionamento com Jesus; "...eu vim para que tenham vida e a tenham em abundância" (JOÃO 10:10).

Jesus disse: "...o que vem a mim, de modo nenhum o lançarei fora" (JOÃO 6:37). Venha! —AMC

Jesus nos convida a vir a Ele para termos vida.

TREVAS E LUZ

Leitura:
Salmo 91:1-8

*Não te assustarás do terror noturno
[…] nem da peste que se propaga nas trevas…*
—SALMO 91:5,6

QUANDO EU ERA MENINO, entregava jornais para 140 casas em média, em duas ruas que eram conectadas por um cemitério. Como eu entregava jornais de manhã, precisava sair de casa às três da madrugada caminhando por aquele cemitério na escuridão. Algumas vezes, eu ficava com tanto medo que chegava a correr! Tinha medo até chegar perto do poste de luz do outro lado. As trevas assustadoras eram dissipadas pela luz.

O salmista entendeu a conexão entre medo e trevas, mas também sabia que Deus é maior do que esses medos. Ele escreveu: "Não te assustarás do terror noturno, nem da seta que voa de dia, nem da peste que se propaga nas trevas…" (SALMO 91:5,6). Nem o terror noturno nem o mal na escuridão precisam nos causar medo. Temos um Deus que enviou Seu Filho, a Luz do Mundo (JOÃO 8:12).

Na luz do amor, da graça e da verdade de Deus, podemos encontrar coragem, ajuda e força para viver por Ele. —WEC

*Você não precisa temer as trevas ao caminhar
com a Luz do Mundo.*

A CAMINHADA LENTA

Leitura:
Jó 16:1-5

E eu rogarei ao Pai, e ele vos dará outro Consolador,
a fim de que esteja para sempre convosco.
—JOÃO 14:16

CALEBE ESTAVA muito doente, com uma doença do sistema nervoso. Com 5 anos, sofreu uma paralisia temporária. Seus pais oraram ansiosos, e esperaram. Lentamente, ele começou a se recuperar. Meses depois, quando foi liberado para voltar à escola, Calebe andava devagar e sem segurança.

Seu pai o visitou na escola, e o viu hesitando ao descer a escada para o *playground*. Logo, viu Tiago, o amigo de Calebe, ao lado de seu filho. Durante todo o recreio, enquanto as outras crianças corriam e faziam folia, Tiago caminhava lentamente pelo *playground* com seu frágil amigo.

Jó deve ter desejado ansiosamente por um amigo como Tiago. Mas na verdade, ele tinha três amigos que estavam certos de que Jó era culpado. "...acaso, já pereceu algum inocente?...", perguntou Elifaz (JÓ 4:7). Tais acusações induziram Jó a declarar amargamente: "...todos vós sois consoladores molestos" (16:2).

Eles eram tão diferentes de Jesus, que na véspera da Sua crucificação, consolou os Seus discípulos! O Senhor lhes prometeu que o Espírito Santo estaria com eles para sempre (JOÃO 14:16), e lhes garantiu: "Não vos deixarei órfãos, voltarei para vós outros" (V.18). Antes de voltar ao Seu Pai, disse: "...E eis que estou convosco todos os dias até à consumação do século" (MATEUS 28:20).

Jesus morreu por nós, e caminha conosco, passo a passo. —TLG

Algumas vezes, a melhor maneira de ser como Jesus
é amparar um amigo que esteja sofrendo.

PESSOAS COMUNS

Leitura:
Juízes 6:11-16

Temos, porém, este tesouro em vasos de barro,
para que a excelência do poder seja de Deus e não de nós.
—2 CORÍNTIOS 4:7

GIDEÃO ERA UMA pessoa comum. A história dele, registrada em Juízes 6, me inspira. Ele era fazendeiro e um homem bastante acanhado. Quando Deus o chamou para libertar Israel dos midianitas, a resposta inicial de Gideão foi: "...Com que livrarei Israel? Eis que a minha família é a mais pobre em Manassés, e eu, o menor na casa de meu pai" (JUÍZES 6:15). Deus prometeu que Ele estaria com Gideão e que este seria capaz de cumprir o que lhe havia sido pedido (V.16). A obediência de Gideão trouxe a vitória para Israel e ele faz parte da lista dos grandes heróis da fé (HEBREUS 11:32).

Muitos outros indivíduos tiveram papel importante no plano para salvar os israelitas de uma forte força inimiga. Deus proveu a Gideão 300 homens, todos heróis valentes, para vencer a batalha. Não sabemos os seus nomes, mas a sua bravura e obediência estão registradas nas Escrituras (JUÍZES 7:5-23).

Hoje, Deus ainda está chamando pessoas comuns para executar a Sua obra, e Ele nos garante que estará conosco enquanto a executarmos. Por sermos pessoas comuns sendo usadas por Deus, é óbvio que o poder vem do Senhor e não de nós. —PFC

Deus usa pessoas comuns para executarem
o Seu plano extraordinário.

GRAÇA, CORTESIA E FAVOR

Leitura:
Efésios 2:4-10

A vossa palavra seja sempre agradável...
—COLOSSENSES 4:6

H Á ALGUNS ANOS, um certo, general-de-exército, foi confundido com um garçom por uma conselheira-presidencial sênior num jantar formal. O general estava em pé atrás dela, fardado, e ela lhe pediu que trouxesse uma bebida. Só então, ela percebeu o seu engano, mas o general graciosamente atenuou o constrangimento dela, servindo-lhe a bebida e até a convidou a sentar-se à mesa, em companhia da família dele.

A palavra *gracioso* vem da palavra *graça* e pode significar um ato de bondade ou cortesia, como a atitude do general. Mas tem um significado ainda mais profundo para os seguidores de Cristo. Somos receptores do incrível favor, voluntário e imerecido — a graça — que Deus proveu por meio de seu Filho, Jesus (EFÉSIOS 2:8).

Por já termos recebido a graça, devemos demonstrá-la na forma como tratamos os outros — por exemplo, na maneira como lhes falamos: "Nas palavras do sábio há favor..." (ECLESIASTES 10:12). A graça em nosso coração se derrama em nossas palavras e atitudes (COLOSSENSES 3:16,17).

Aprender a estender a graça que está em nosso coração para outros é um subproduto da vida de um seguidor de Cristo Jesus, cheio do Espírito — o maior doador de graça. —CHK

A graça de Deus no coração torna perceptível as boas obras na vida.

AJUDA COM UMA CARGA PESADA

Leitura:
Números 11:4-17

... eles [...] contigo levarão a carga do povo,
para que não a leves tu somente.
—NÚMEROS 11:17

É INCRÍVEL O QUE você pode rebocar com uma bicicleta. Um adulto de porte médio com um *trailer* e um pouco de determinação pode usar uma bicicleta para rebocar até 135 quilos numa velocidade de até 15 quilômetros por hora. Só há um problema: carregar uma carga mais pesada significa se mover mais lentamente. Uma pessoa carregando 270 quilos de equipamentos de trabalho ou bens pessoais só conseguiria se mover a uma velocidade de 12 quilômetros por hora.

Moisés carregou outro tipo de peso no deserto — o peso emocional que o paralisou. O intenso desejo por carne em vez de maná reduziu os israelitas às lágrimas. Ouvindo seu lamento contínuo, Moisés exasperado disse a Deus: "Eu sozinho não posso levar todo este povo, pois me é pesado demais" (NÚMEROS 11:14).

Sozinho, Moisés não tinha os recursos necessários para resolver o problema. Deus lhe disse para selecionar 70 homens para estar com ele e partilhar seu fardo. Deus disse a Moisés: "...contigo levarão a carga do povo, para que não a leves tu somente" (V.17).

Como seguidores de Jesus, não temos que lidar com nossos fardos sozinhos. Temos o próprio Jesus, que está sempre disposto a nos ajudar. E Ele nos deu irmãos em Cristo com quem partilhar o fardo. Quando lhe entregamos o que para nós é pesado, Ele nos concede sabedoria e amparo. —JBS

Basta orar para receber a ajuda de Deus.

LUGARES DESÉRTICOS

Leitura:
Isaías 48:16-22

Não padeceram sede, quando
ele os levava pelos desertos...
— ISAÍAS 48:21

〜〜

SECO. EMPOEIRADO. Perigoso. Um deserto. Um lugar onde há pouca água, um lugar hostil à vida. Não surpreende que a palavra desértico descreva um lugar inabitável. A vida no deserto é difícil. Poucas pessoas o escolhem. Mas algumas vezes não há como evitar.

Nas Escrituras, o povo de Deus estava familiarizado com a vida no deserto. Grande parte do Oriente Médio, incluindo Israel, é deserto. Mas há exceções suntuosas, como o vale do Jordão e áreas ao redor do mar da Galileia. Deus escolheu "criar Sua família" em um lugar cercado pelo deserto, um lugar onde Ele poderia tornar conhecida a Sua bondade aos Seus filhos, conforme confiassem nele para receber proteção e provisão diária (ISAÍAS 48:17-19).

Hoje, a maioria de nós não vive literalmente em lugares desérticos, mas geralmente passamos por lugares desertos. Algumas vezes, como ato de obediência. Outras, nos encontramos lá sem ter feito uma escolha ou atitude consciente. Quando alguém nos abandona, ou a doença invade o nosso corpo, nos encontramos num deserto, onde os recursos são escassos e torna-se difícil viver.

Mas o objetivo de passar por um deserto, literalmente ou não, é nos lembrar de que dependemos da provisão de Deus e que Ele nos sustenta— uma lição que precisamos lembrar mesmo quando vivemos em lugares abastados. —JAL

Em todos os desertos Deus tem um oásis de graça.

VER ALÉM DA PERDA

Leitura:
Salmo 77:1-15

*Recordo os feitos do SENHOR, pois me lembro
das tuas maravilhas da antiguidade.*
—SALMO 77:11

O AUTOR WILLIAM ZINSSER descreveu sua última visita à casa onde cresceu, um lugar que ele amou profundamente quando menino. Quando ele e sua esposa chegaram à colina e olharam para aquela baía, descobriram que a casa havia sido demolida. Sobrara apenas uma enorme cratera. Desalentados, eles caminharam até o dique próximo. Zinsser olhou pela baía, absorvendo essa vista e os sons. Mais tarde, ele escreveu sobre este momento: "Eu estava em paz e um pouco triste. A vista estava intacta: o cenário exclusivo de terra e mar, do qual eu lembro tão bem e com o qual ainda sonho."

O salmista escreveu sobre um momento difícil quando sua alma se recusava a ser consolada e seu espírito estava esmagado (SALMO 77:2,3). Mas em meio à sua luta, ele mudou o seu foco, que estava em sua tristeza, para o Seu salvador dizendo: "...isto é a minha aflição; mudou-se a destra do Altíssimo. Recordo os feitos do SENHOR, pois me lembro das tuas maravilhas da antiguidade" (VV.10,11).

Ao lidar com a decepção, podemos nos focar em nossa perda ou no próprio Deus. O Senhor nos convida a olhar para Ele e ver a extensão de Sua bondade, Sua presença conosco e Seu amor eterno. —DCM

A fé na bondade de Deus mantém a esperança viva.

NÃO DIGA ADEUS

Leitura:
Filipenses 4:1-9

O que também aprendestes, e recebestes, e ouvistes,
e vistes em mim, isso praticai; e o Deus da paz
será convosco. —FILIPENSES 4:9

FRANCIS ALLEN foi quem me levou a conhecer Jesus como Salvador, e agora se aproximava a hora de ele encontrar-se com Jesus face a face. Eu estava em sua casa e era o momento da despedida. Eu queria dizer algo memorável e significativo.

Por quase uma hora fiquei ao lado de sua cama. Ele ria muito das histórias que eu lhe contava sobre a minha vida. Mas ele se cansou, ficamos sérios e ele investiu a sua energia aparando algumas arestas que ainda via em minha vida. Eu o ouvi, enquanto pensava nas palavras para lhe dizer adeus.

Ele me interrompeu antes de eu poder me despedir. "Lembre-se do que eu sempre lhe disse. Não temos nada a temer na história da vida porque sabemos como ela termina. Eu não estou com medo. Vá fazer o que lhe ensinei." Aquelas palavras desafiadoras me lembraram do que o apóstolo Paulo disse aos cristãos em Filipos: "O que também aprendestes, e recebestes, e ouvistes, e vistes em mim, isso praticai…" (FILIPENSES 4:9).

Allen tinha o mesmo brilho em seus olhos naquele seu último dia como o tinha no dia em que o conheci. Ele não tinha medo em seu coração.

Muitas das palavras que escrevo, histórias que conto e pessoas a quem sirvo são tocadas pela vida dele. Na jornada desta vida, lembremo-nos daqueles que nos encorajaram espiritualmente. —RKK

Viva de modo que as pessoas ao conhecê-lo,
desejem conhecer a Cristo.

NOSSA CONTRAPARTE

Leitura:
Mateus 9:35-38

Rogai, pois, ao Senhor da seara
que mande trabalhadores para a sua seara.
—MATEUS 9:38

NO FIM DO SÉCULO 19, William Carey sentiu o chamado do Senhor para ir à Índia como missionário para compartilhar as boas-novas de Jesus. Os pastores ao seu redor zombavam: "Meu jovem, se Deus quer salvar alguém na Índia, Ele o fará sem a sua ajuda ou a minha!" Eles esqueceram da parte da parceria. Deus faz muito pouco nesta Terra sem a nossa contraparte.

Como parceiros na obra de Deus nesta Terra, insistimos para que a vontade de Deus seja feita, e no mesmo momento nos comprometemos com tudo o que isso possa exigir de nós. Jesus nos ensinou a orar: "...venha o teu reino; faça-se a tua vontade..." (MATEUS 6:10). Estas palavras não são simples pedidos, mas ordenanças santas. Dê-nos justiça! Coloque o mundo nos eixos!

Temos diferentes papéis a exercer, nós e Deus. É nosso papel seguir os passos de Jesus ao executar a obra do reino por meio de nossas atitudes e orações.

Somos o Corpo de Cristo neste mundo, emprestando a metáfora de Paulo em Colossenses 1:24. Aqueles a quem servimos, Cristo serve. Quando estendemos misericórdia aos quebrantados, nós os alcançamos com as mãos do próprio Cristo. —PDY

Espere grandes coisas de Deus; empreenda
grandes coisas por Deus. —WILLIAM CAREY

CORAÇÕES TRANSFORMADOS

Leitura:
Ezequiel 36:22-31

*Sobre tudo o que se deve guardar, guarda o coração,
porque dele procedem as fontes da vida.*
—PROVÉRBIOS 4:23

URANTE O INÍCIO dos anos de 1970, surgiu em Gana um pôster intitulado "O coração do homem" nos muros e editais públicos. Em uma imagem, todos os tipos de répteis — símbolo do que é vil e desprezível — preenchiam a pintura em forma de coração sob a imagem do rosto de um homem muito triste. Em outra imagem, o coração estava limpo e sereno e o rosto era de um homem alegre. A legenda abaixo das imagens questionava: "Qual é a condição do seu coração?"

Jesus explicou o que polui uma pessoa. "Mas o que sai da boca vem do coração, e é isso que contamina o homem. Porque do coração procedem maus desígnios, homicídios, adultérios, prostituição, furtos, falsos testemunhos, blasfêmias" (MATEUS 15:18,19). Essa é a condição de um coração separado de Deus — a situação em que os antigos israelitas se encontravam, quando seus pecados os forçaram ao exílio (EZEQUIEL 36:23).

É linda a promessa de Deus em Ezequiel 36:26: "Dar-vos-ei coração novo e porei dentro de vós espírito novo; tirarei de vós o coração de pedra e vos darei coração de carne" (VEJA TAMBÉM 11:19). Deus vai tirar o nosso coração teimoso que foi corrompido por todo tipo de mal e nos dará um coração limpo que seja suscetível a Ele. Louve a Deus por Seu maravilhoso presente. —LD

Para um novo começo, peça a Deus um novo coração.

UM NOME DADO

Leitura:
Mateus 1:18-25

Ela dará à luz um filho e lhe porás o nome de Jesus,
porque ele salvará o seu povo dos pecados deles.
—MATEUS 1:21

A MAIORIA DAS FAMÍLIAS tem suas próprias histórias. Uma dessas histórias tem a ver com a maneira que escolheram o meu nome. Aparentemente, quando meus pais eram recém-casados, eles discordavam sobre o nome que dariam ao primeiro filho. Minha mãe queria um filho com o nome de meu pai, mas meu pai não queria ter um filho chamado "Júnior". Depois de muito discutir, eles chegaram a um acordo: somente se o menino nascesse no aniversário de meu pai poderia receber seu nome. Surpreendentemente, eu nasci no dia do aniversário de meu pai. E assim, recebi o nome dele com o "Júnior" para nos diferenciarmos um do outro.

Dar nome a uma criança é algo tão antigo quanto o tempo. Enquanto José lutava com a notícia de que a sua noiva Maria estava grávida, o anjo lhe trouxe a compreensão, vinda do Pai, sobre o nome desse Bebê: " Ela dará à luz um filho e lhe porás o nome de Jesus, porque ele salvará o seu povo dos pecados deles" (MATEUS 1:21). Seu nome não apenas seria Jesus, mas também explicaria a razão de Sua vinda ao mundo: tomar para si a punição que nós merecemos por nosso pecado. Seu propósito de redenção por detrás da manjedoura se fecha por completo no Nome perfeitamente dado, Nome sobre todo nome.

Que o desejo de nosso coração seja viver de modo a honrar o Seu maravilhoso nome! —WEC JR.

Jesus: Seu nome e Sua missão são uma única coisa.

LÁGRIMAS DE UM ADOLESCENTE

Leitura:
Romanos 9:1-5

... tenho grande tristeza e incessante dor no coração.
—ROMANOS 9:2

SENTADO COM quatro adolescentes, e um desabrigado em seus 20 anos, em um refeitório beneficente no Alasca, fiquei tocado pela compaixão dos adolescentes por ele. Eles ouviram enquanto ele falava sobre o que cria e gentilmente lhe apresentaram o evangelho — oferecendo-lhe amorosamente a esperança em Jesus. Infelizmente, o homem recusou-se a considerar seriamente o evangelho.

Ao irmos embora, Graça, uma das meninas, expressou em lágrimas o quanto desejava que o homem não morresse sem conhecer Jesus. Do fundo de seu coração, ela sofreu por esse jovem que, pelo menos naquele momento, estava rejeitando o amor do Salvador.

As lágrimas desta adolescente me lembram do apóstolo Paulo que serviu o Senhor humildemente, e sentiu muita tristeza em seu coração por seus compatriotas, desejando que cressem em Cristo (ROMANOS 9:1-5). A compaixão e a preocupação de Paulo provavelmente o levaram às lágrimas em muitas ocasiões.

Se nos importarmos o suficiente com outros que ainda não aceitaram a dádiva do perdão de Deus por meio de Cristo, encontraremos formas de compartilhar com eles. Com a confiança de nossa fé e com lágrimas de compaixão, levemos as boas-novas àqueles que precisam conhecer o Salvador. —JDB

Compartilhar o evangelho é: uma pessoa contando as boas-novas a outra.

DO MEU JEITO

Leitura:
2 Reis 5:1-15

*… agora, reconheço que em toda a terra
não há Deus, senão em Israel …*
—2 REIS 5:15

DOIS MENINOS PEQUENOS estavam jogando um jogo compli-cado com gravetos e barbante. Após alguns minutos, o menino mais velho voltou-se para seu amigo e disse irritado: "Você não está fazendo do jeito certo. Este jogo é meu e nós temos que jogar do meu jeito. Você não pode mais jogar!" O desejo de que as coisas sejam do nosso jeito começa muito cedo!

Naamã era uma pessoa acostumada a ter tudo do seu jeito. Ele era comandante do exército do rei da Síria. Mas também tinha uma doença incurável. Certo dia a menina, serva de sua esposa, que havia sido cap-turada da terra de Israel, sugeriu que ele buscasse a cura com Eliseu, o profeta de Deus. Naamã estava desesperado o suficiente para fazê-lo, mas queria que o profeta viesse até ele. Ele esperava ser tratado com grande cerimônia e respeito. Assim, quando Eliseu simplesmente enviou--lhe uma mensagem dizendo que ele deveria se banhar sete vezes no rio Jordão, Naamã ficou furioso e se recusou! (2 REIS 5:10-12). Apenas quando finalmente se humilhou e agiu do modo que Deus havia estabelecido, ele foi curado (VV.13,14).

Todos nós provavelmente tivemos momentos em que dissemos para Deus: "Vou fazer do meu jeito." Mas o jeito do Senhor é sempre o melhor. Peçamos a Deus que nos dê corações humildes que delibera-damente escolham agir do Seu jeito e não do nosso. —MS

Humildade é avaliar a si mesmo corretamente.
—CHARLES SPURGEON

LOUVE O DEUS VIVO

Leitura:
Efésios 1:3-14

Bendito o Deus e Pai de nosso Senhor Jesus Cristo,
que nos tem abençoado com toda sorte de bênção espiritual
nas regiões celestiais em Cristo. —EFÉSIOS 1:3

QUANDO ROSA PARKS, uma heroína norte-americana dos direitos civis, morreu em 2005, a apresentadora Oprah Winfrey considerou um privilégio poder homenageá-la em seu funeral. Ela disse sobre a mulher que se recusou a abrir mão de seu assento no ônibus para um homem branco, em 1955: "Pensei muito no que esse ato exigiu — sabendo quais eram as condições da época e o que poderia ter lhe acontecido — o que foi necessário para permanecer sentada. Você agiu sem preocupação consigo mesma e tornou a vida melhor para todos nós."

Geralmente, usamos a palavra *tributo* ao homenagear alguém em seu funeral. Mas podemos também prestar tributos em outras situações. Na carta aos Efésios, Paulo louvou o Deus vivo, ao dizer: "Bendito o Deus e Pai…" ele usou uma palavra grega para "bendito" que significa "louvor". Paulo os convidou a juntarem-se a ele no louvor a Deus por toda as bênçãos espirituais: Deus os havia escolhido e adotado; e Jesus os havia redimido, perdoado e feito conhecer o mistério do evangelho; além do Espírito lhes ter dado segurança e selado. Esta grande salvação foi puramente um ato de Deus e de Sua graça.

Continuemos a centrar os nossos pensamentos nas bênçãos de Deus em Cristo. Quando assim fizermos, como Paulo, nosso coração transbordará com um tributo que declara: "Para o louvor de Sua glória." —MLW

O louvor é a canção de uma alma liberta.

SERVIÇO FIEL

Leitura:
2 Timóteo 2:1-10

Participa dos meus sofrimentos
como bom soldado de Cristo Jesus.
—2 TIMÓTEO 2:3

⤜⤏

POR TER SERVIDO na Primeira Guerra Mundial, o estresse do serviço militar não era novidade para C. S. Lewis. Em um pronunciamento público durante a Segunda Guerra Mundial, ele descreveu eloquentemente as dificuldades que um soldado precisa enfrentar: "Tudo o que tememos em todo o tipo de adversidade [...] se junta na vida do soldado atuando em serviço. Assim como na doença, há a ameaça de dor e morte. Na pobreza, há a ameaça de alojamento desagradável, do frio, do calor, da sede e da fome. Assim como na escravidão, há ameaça de trabalho árduo, de humilhação, de injustiça e de controle despótico; e o exílio o separa de tudo o que você ama."

O apóstolo Paulo usou a analogia de um soldado sofrendo dificuldades para descrever as lutas que o cristão pode experimentar no serviço a Cristo. Paulo — agora no fim de sua vida, havia suportado fielmente o sofrimento por amor ao evangelho. Ele encoraja Timóteo a fazer o mesmo: "Participa dos meus sofrimentos como bom soldado de Cristo Jesus."

Servir a Cristo exige perseverança. Podemos encontrar obstáculos como saúde debilitada, relacionamentos conturbados ou circunstâncias difíceis. Mas como bons soldados persistimos — com a força de Deus, porque servimos ao Rei dos reis e Senhor dos senhores que se sacrificou por nós! —HDF

O amor de Deus não nos livra das provações,
mas nos ajuda a passar por elas.

SÓ FIQUE POR PERTO

Leitura:
Salmo 34:4-18

Perto está o SENHOR dos que têm o coração quebrantado...
—SALMO 34:18

MINHA AMIGA ESTAVA passando por alguns desafios difíceis em sua vida e com sua família. Eu não sabia o que dizer ou fazer, e não neguei que não sabia. Ela me olhou e acrescentou: "Só fique por perto." Foi isso que fiz e depois começamos a falar sobre o amor de Deus.

Muitas vezes, não sabemos como reagir quando outros estão sofrendo e as palavras podem causar mais mal do que bem. Servir outros exige que os entendamos e descubramos o que eles precisam. Geralmente podemos ajudar suprindo as necessidades práticas. Mas uma das melhores maneiras de encorajar aqueles que estão sofrendo é estando perto — sentar-se ao seu lado e ouvir.

Deus se aproxima de nós quando o chamamos, afirma o salmista: "Clamam os justos, e o SENHOR os escuta e os livra de todas as suas tribulações. Perto está o SENHOR dos que têm o coração quebrantado e salva os de espírito oprimido" (SALMO 34:17,18).

Quando nos colocarmos na situação de outros e permitirmos que o nosso coração sinta compaixão, podemos ajudar aqueles que estão sofrendo. Podemos estar perto deles como Deus está de nós, e nos sentarmos ao seu lado. No momento certo, o Espírito Santo nos dará as palavras para serem ditas, se forem necessárias. —KO

*A melhor forma de encorajar alguém
pode ser apenas estando perto.*

UMA TROCA

Leitura:
Salmo 32:1-11

... Disse: confessarei ao SENHOR as minhas transgressões;
e tu perdoaste a iniquidade do meu pecado.
—SALMO 32:5

JOANA SENTOU-SE na varanda ponderando sobre uma questão assustadora: deveria escrever um livro? Ela gostava de escrever um blog e falar em público, mas sentia que Deus talvez quisesse que ela fizesse algo mais. "Perguntei a Deus se Ele queria que eu fizesse isso", ela disse. Depois, orou ao Senhor e pediu por Sua orientação.

Joana começou a questionar se Deus queria que ela escrevesse sobre o vício de seu marido em pornografia, e como Deus estava agindo na vida dele e em seu casamento. Em seguida, achou que isso o desrespeitaria. Então, orou e pensou: "E se escrevêssemos juntos?". Joana conversou com seu marido e ambos concordaram em escrever sobre isso, juntos.

Ainda que ele não tenha declarado qual pecado cometera, o rei Davi falou publicamente de suas lutas. E até mesmo as colocou num cântico. "Enquanto calei os meus pecados, envelheceram os meus ossos..." (SALMOS 32:3). E disse: "...Confessarei ao SENHOR as minhas transgressões..." (V.5). Nem todos deveriam expor publicamente suas batalhas particulares. Mas quando Davi confessou o seu pecado, ele encontrou a paz e a cura que o inspiraram a adorar a Deus.

Carlos e Joana dizem que o processo de escrever a sua história profundamente pessoal os aproximou mais do que nunca. Como será então com Deus, que ama trocar a nossa culpa, vergonha e isolamento por Seu perdão, coragem e comunhão! —TLG

Deus perdoa aqueles que lhe confessam a sua culpa.

MATERIAL MIRACULOSO

Leitura:
Isaías 46:1-10

A quem, pois, me comparareis
para que eu lhe seja igual?...
—ISAÍAS 40:25

O INTERNACIONALMENTE conhecido canal de notícias CNN chama o "grafeno", derivado do "grafite", de material miraculoso que pode revolucionar o nosso futuro. Com a mesma espessura de um átomo, o grafeno está sendo aclamado como um material verdadeiramente bidimensional em um mundo tridimensional. Cem vezes mais forte do que o aço, é mais duro do que o diamante, conduz a eletricidade mil vezes melhor que o cobre e é mais flexível do que a borracha.

Tais avanços tecnológicos não são em si mesmos e por si mesmos nem morais nem maléficos. Mas devemos ser sábios e nos lembrar das limitações de qualquer coisa criada por nós.

Isaías falou a uma geração que levava consigo para o cativeiro os deuses que haviam feito com as suas próprias mãos. O profeta queria que os israelitas vissem a ironia da necessidade de precisar cuidar dos ídolos de prata e ouro que haviam feito para inspirar, ajudar, consolar e protegê-los.

O que era verdade para Israel é verdade para nós também. Nada do que fizermos ou comprarmos pode suprir as necessidades de nosso coração. Somente Deus, que nos carrega " desde o nascimento" e nos leva nos braços desde o ventre materno, até à velhice, é o mesmo, e pode nos suster até o futuro (ISAÍAS 46:3,4). —MRD

Um ídolo é qualquer coisa que tome
o lugar legítimo de Deus.

MANIFESTE-SE!

Leitura:
Lucas 22:54-65

*Então, prendendo-o, o levaram e o introduziram
na casa do sumo sacerdote. Pedro seguia de longe.*
—LUCAS 22:54

QUANDO OUÇO HISTÓRIAS sobre jovens que foram intimida-dos, percebo que há sempre pelo menos dois níveis de dano. O primeiro e mais óbvio vem da natureza do espírito vil daqueles que causam a intimidação. Isso é em si terrível. Mas há outro dano mais profundo, que pode acabar sendo ainda mais prejudicial do que o primeiro: o silêncio de todos os outros.

Isso magoa aqueles que sofrem *bullying*, ou seja; intimidação, porque os deixa atordoados perceber que ninguém os ajudará. geralmente torna a atitude mais descarada e intensifica a maldade de quem a pratica. Pior ainda, eleva o constrangimento, a falsa vergonha e a solidão da vítima. Por isso é essencial manifestar-se contra esse tipo de comportamento (PROVÉRBIOS 31:8).

Jesus sabe precisamente como é ser intimidado e ser abandonado ao sofrimento. Sem motivo algum, Ele foi preso, espancado e zombado (LUCAS 22:63-65). Mateus 26:56 diz que "... os discípulos todos, deixan-do-o, fugiram". Pedro, um de Seus amigos mais próximos, até mesmo negou três vezes que o conhecia (LUCAS 22:61). Ainda que outros não entendam completamente, Jesus entende.

Quando virmos outros sendo ofendidos, podemos pedir que o Senhor nos conceda coragem para nos manifestarmos. —RKK

A voz de um cristão corajoso é um eco da voz de Deus.

CAMINHANDO COM O SENHOR

Leitura:
Salmo 37:23-31

*O SENHOR firma os passos do homem bom
e no seu caminho se compraz.*
—SALMO 37:23

RECEBI UM PEQUENO panfleto de um amigo com o seguinte título: "Uma tentativa de compartilhar a história de 86 anos de relacionamento com o Senhor." Nele, Al Ackenheil mencionou o nome de pessoas e eventos em sua jornada de fé de quase nove décadas. O que pareciam ser escolhas comuns no momento — memorizar versículos bíblicos, encontrar-se com outros para orar, falar de Jesus aos seus vizinhos — tornaram-se pontos de referência que mudaram a direção de sua vida. Foi fascinante ler sobre a maneira como a mão de Deus o guiou e encorajou.

O salmista escreveu: "O SENHOR firma os passos do homem bom e no seu caminho se compraz." A passagem continua com uma bela descrição do cuidado fiel de Deus por todos os que querem caminhar com Ele. "No coração, tem ele a lei do seu Deus; os seus passos não vacilarão" (V.31).

Cada um de nós poderia criar um registro dos momentos em que Deus nos guiou e em que Ele foi fiel, se meditássemos na orientação de Deus aos seus, nos lugares e nas experiências que são marcos em nossa caminhada de fé. Toda lembrança da bondade do Senhor nos encoraja a continuar caminhando com Ele e a agradecer alguém que nos influenciou para o bem.

O Senhor guia e guarda todos os que caminham com Ele. —DCM

*Quando você caminha com Deus está indo
para a direção certa.*

UM CORAÇÃO DEVOTO

Leitura:
2 Crônicas 17:1-11; 20:32

... fazendo o que era reto perante o Senhor.
—2 CRÔNICAS 20:32

UM CRISTÃO, dono de empresas bem-sucedidas compartilhou seu testemunho. Ele foi sincero em relação às suas lutas com a fé e sua fortuna abundante. E declarou: "A riqueza me assusta!"

Ele citou a afirmação de Jesus: "Porque é mais fácil passar um camelo pelo fundo de uma agulha do que entrar um rico no reino de Deus" (LUCAS 18:25). E Lucas 16:19-52, sobre o homem rico e Lázaro, e o fato de o homem rico ir para o inferno. A parábola do "rico insensato" (LUCAS 12:16-21) o perturbava.

Ele afirmou: "aprendi uma lição com o veredito de Salomão sobre a abundância de riquezas. 'Nada disso tem sentido'" (ECLESIASTES 2:11). Ele estava determinado a não permitir que a riqueza atrapalhasse sua devoção a Deus, e queria servir ao Senhor com suas posses e ajudar os necessitados.

Deus abençoou materialmente algumas pessoas: Josafá em 2 Crônicas 17:5, "O Senhor confirmou o reino [...] teve riquezas e glória em abundância." Ele não se tornou orgulhoso nem intimidador. E: "Tornou-se-lhe ousado o coração em seguir os caminhos do Senhor..." (v.6). "Ele andou no caminho de Asa, seu pai, e não se desviou dele, fazendo o que era reto perante o Senhor" (20:32).

O Senhor não é contrário a riquezas, mas é contra adquiri-las de forma antiética e utilizá-las de modo indevido. Ele é digno da devoção de todos os Seus seguidores. —LD

Com riquezas ou não, os corações consagrados
agradam ao Senhor.

O CHECKUP

Leitura:
Salmo 139:17-24

*Sonda-me ó Deus [...] vê se há em mim
algum caminho mau...*
—SALMO 139:23,24

CHEGOU AQUELE MOMENTO do ano em que vou ao médico para o *checkup* anual. Ainda que me sinta bem e não esteja com problemas de saúde, sei que esses *checkups* rotineiros são importantes, porque podem revelar problemas escondidos que se não descobertos podem evoluir para questões sérias de saúde. Sei que dar permissão ao meu médico para procurar e medicar problemas obscuros pode aumentar o meu tempo de vida saudável.

Claramente o salmista se sentia assim espiritualmente. Apelando a Deus que o sondasse em busca de pecados escondidos, ele orou: "Sonda-me ó Deus [...] vê se há em mim algum caminho mau e guia-me pelo caminho eterno" (SALMO 139:23,24). Ele parou para dar a Deus a oportunidade de uma inspeção completa e irrestrita e então se entregou aos Seus justos caminhos que o manteriam espiritualmente saudável.

Mesmo que você esteja bem consigo mesmo, é hora de um *checkup*! Somente Deus conhece a verdadeira condição de nosso coração e somente Ele pode nos perdoar, curar e nos levar a uma vida pura e a um futuro produtivo. —JMS

*A obra de Deus em nós não acaba quando somos salvos;
isso é só o começo.*

BATALHA DO LÁPIS

Leitura:
Juízes 2:11-22

... nada deixavam das suas obras,
nem da obstinação dos seus caminhos.
—JUÍZES 2:19

ENQUANTO EU APRENDIA a escrever, a professora insistia para que eu segurasse o lápis de uma certa maneira. Quando ela me observava eu segurava o lápis como ela queria, e assim que ela se afastava, eu revertia o lápis para a posição que achava mais confortável.

Considerava-me a vencedora secreta nessa batalha das vontades e ainda seguro meu lápis do meu jeito peculiar. Décadas depois, entretanto, percebi que minha sábia professora sabia que meu hábito teimoso se transformaria em uma má prática de escrita que resultaria em mãos fatigadas mais rapidamente.

Os filhos pouco entendem sobre o que é bom para eles. E agem quase sempre focados no que desejam no momento. Talvez os filhos de Israel fossem sagazmente chamados assim, pois geração após geração insistiam obstinadamente em adorar os deuses das nações ao seu redor em vez de adorar o único Deus verdadeiro. Suas ações provocaram a ira do Senhor, porque Ele sabia o que era melhor e Deus retirou deles a Sua bênção (JUÍZES 2:20-22).

O pastor Rick Warren diz: "A obediência e a teimosia são dois lados da mesma moeda. Uma traz alegria, a outra nos torna miseráveis."

Se um espírito rebelde está nos impedindo de obedecer a Deus, é hora de uma mudança de coração. Volte ao Senhor; Ele é compassivo e misericordioso. —CHK

Primeiro construímos nossos hábitos,
depois eles nos constroem.

BAGUNÇA DE QUEM?

Leitura:
Mateus 15:7-21

Porque do coração procedem maus desígnios [...].
São estas as coisas que contaminam o homem...
—MATEUS 15:19,20

"**M**AS NINGUÉM podia carregar seu próprio lixo até aqui?", reclamei para o meu marido, enquanto juntava as garrafas vazias da praia e as jogava na lata de lixo a menos de seis metros de distância. "Deixar a praia naquela bagunça para quem viria depois os fazia sentir-se melhor consigo mesmos? Eu realmente espero que estas pessoas tenham sido os turistas. Não consigo acreditar que algum morador trataria a nossa praia com tal desrespeito."

No dia imediatamente seguinte a esse, encontrei uma oração que eu tinha escrito anos antes sobre julgar os outros. Minhas próprias palavras me lembraram de como eu estava errada ao me orgulhar de limpar a sujeira de outras pessoas. A verdade é a seguinte: tenho muita sujeira que simplesmente ignoro — principalmente no sentido espiritual.

Sou rápida em afirmar que a razão para eu não conseguir organizar minha vida é porque os outros a bagunçam. E sou rápida em concluir que o odor e a sujeira do "lixo" em meu derredor pertence a outra pessoa. Mas nada disso é verdade. Nada além de mim pode me condenar ou me contaminar — apenas o que está em meu interior (MATEUS 15:19,20). O verdadeiro lixo é a atitude que me faz empinar o nariz para um pequeno sopro do pecado de alguém, enquanto ignoro o meu próprio odor. —JAL

Muitos de nós temos hipermetropia para o pecado
— vemos o do outro, mas não o nosso.

O PODER GRISALHO

Leitura:
Josué 14:6-12

*... qual era a minha força naquele dia,
tal ainda agora...*
—JOSUÉ 14:11

A ARTISTA YONI LEFEVRE criou o projeto " O poder grisalho" para mostrar a vitalidade dos idosos na Holanda. Ela pediu às crianças que desenhassem os seus avós. Yoni queria mostrar uma "visão honesta e pura" dos idosos e acreditava que as crianças poderiam ajudá-la. Os desenhos infantis refletiam uma perspectiva vivaz e divertida de seus anciãos; avós e avôs representados jogando tênis, jardinando, pintando e mais!

Calebe foi importante em sua idade mais avançada. Ainda jovem, ele infiltrou-se na Terra Prometida antes que os israelitas a conquistassem. Ele cria que Deus ajudaria sua nação a derrotar os cananeus, mas os outros espiões discordaram (JOSUÉ 14:8). Por sua fé, Deus o sustentou, miraculosamente, por 45 anos para que ele sobrevivesse à perambulação no deserto e entrasse na Terra Prometida. Quando chegou o momento de entrar em Canaã, Calebe, 85 anos, disse: "...qual era a minha força naquele dia, tal ainda agora... " (V.11). Com a ajuda de Deus, Calebe pôde reivindicar com sucesso sua parte da terra (NÚMEROS 14:24).

Deus não nos esquece à medida que envelhecemos. Embora o nosso corpo envelheça e a nossa saúde falhe, o Espírito Santo de Deus nos renova interiormente todos os dias (2 CORÍNTIOS 4:16). Ele possibilita que a nossa vida tenha sentido em todos os estágios e em todas as idades. —JBS

*Você pode enfrentar tudo o que estiver à sua frente,
com a força e os braços de Deus o sustendo.*

ELE ME ENCONTROU

Leitura:
Lucas 19:1-10

Porque o Filho do Homem veio
buscar e salvar o perdido.
—LUCAS 19:10

O FILME *AMAZING GRACE* (Maravilhosa Graça) se passou no final dos anos 1700. Ele conta a história de William Wilberforce, um político que foi levado por sua fé em Cristo a entregar seu dinheiro e sua energia à abolição do tráfico de escravos na Inglaterra. Em uma das cenas, o mordomo de Wilberforce o encontra orando. O mordomo lhe pergunta: "O senhor encontrou Deus?" Wilberforce responde: "Acho que Ele me encontrou."

A Bíblia retrata a humanidade como ovelhas desobedientes e distraídas. Lemos: "Todos nós andávamos desgarrados como ovelhas; cada um se desviava pelo caminho…" (ISAÍAS 53:6). Na verdade, esta condição de desobediência está tão profundamente enraizada em nós que o apóstolo Paulo disse: "Não há justo, nem um sequer, não há quem entenda, não há quem busque a Deus; todos se extraviaram…" (ROMANOS 3:10-12). Foi por isso que Jesus veio. Nós nunca o buscaríamos, então Ele veio nos buscar. Jesus Cristo declarou a Sua missão com as seguintes palavras: "Porque o Filho do Homem veio buscar e salvar o perdido" (LUCAS 19:10).

Wilberforce estava perfeitamente certo. Jesus veio para nos encontrar, pois nós nunca poderíamos tê-lo encontrado por nós mesmos. É uma expressão clara do amor do Criador por Sua criação perdida o fato de que Ele nos busca e deseja que sejamos dele. —WEC

Antes perdido, agora encontrado. Eternamente grato!

COMO TER PAZ

Leitura:
Colossenses 1:15-23

... temos paz com Deus por meio de nosso
Senhor Jesus Cristo.
—ROMANOS 5:1

A CAPELA DO SILÊNCIO Kamppi em Helsinque, Finlândia, se destaca no ambiente urbano. A estrutura curva, recoberta com madeira, isola o barulho da cidade agitada. Os projetistas a criaram para ser um espaço silencioso e um "ambiente calmo para os visitantes se comporem". Ela é um refúgio do burburinho da cidade.

Muitas pessoas anseiam por paz, e alguns minutos de silêncio podem acalmar nossa mente. Mas a Bíblia ensina que a verdadeira paz — a paz com Deus — vem de Seu Filho. O apóstolo Paulo disse: "Justificados, pois, mediante a fé, temos paz com Deus por meio de nosso Senhor Jesus Cristo" (ROMANOS 5:1). Sem Cristo, somos inimigos do Senhor devido ao nosso pecado. Felizmente, aceitar o sacrifício de Jesus nos reconcilia com o Pai celestial e termina a hostilidade que existia entre nós (COLOSSENSES 1:19-21). Agora Ele nos vê como Cristo nos apresenta — "...santos, inculpáveis e irrepreensíveis" (V.22).

Ter paz com Deus não garante uma vida sem problemas, mas nos mantém firmes nos momentos difíceis. Jesus disse aos Seus seguidores: "...No mundo, passais por aflições...", mas também disse: "...tenhais paz em mim [...] tende bom ânimo; eu venci o mundo" (JOÃO 16:33). Por causa de Cristo, a verdadeira paz de Deus pode preencher o nosso coração (COLOSSENSES 3:15). —JBS

A paz inunda a alma quando Cristo governa o coração.

O BOM CORAÇÃO DE DEUS

Leitura:
Romanos 5:1-11

*Meus irmãos, tende por motivo de toda alegria
o passardes por várias provações.*
—TIAGO 1:2

ROGÉRIO PASSOU POR vários maus momentos. Ele foi submetido a chamada "cirurgia cardíaca a céu aberto" para reparar uma valva que vazava. Semanas depois, os médicos tiveram de refazê--la, devido a complicações. Pouco depois de começar a recuperação com fisioterapia, ele sofreu um acidente de bicicleta e fraturou a clavícula. Além disso, Rogério também sofreu a dor de perder a mãe neste período. Ele ficou muito desanimado. Quando um amigo lhe perguntou se havia visto Deus agir de alguma maneira, ainda que pequena, ele confessou realmente não ter sentido isso.

Eu aprecio a honestidade dele. Os sentimentos de desânimo ou dúvida fazem parte de minha vida também. Em Romanos, o apóstolo Paulo diz: "...nos gloriamos nas próprias tribulações, sabendo que a tribulação produz perseverança; e a perseverança, experiência; e a experiência, esperança" (5:3,4). Mas isso não significa que sempre sentimos alegria. Podemos precisar de que alguém se sente ao nosso lado e nos escute ao expressarmos nossos sentimentos; e de conversar com Deus. Às vezes, é necessário rever a situação antes de vermos como a nossa fé amadureceu durante as provações e dúvidas.

Saber que Deus quer usar as nossas dificuldades para fortalecer a nossa fé pode nos ajudar a confiar que Ele deseja o nosso bem. —AMC

*Deus pode nos levar a águas turbulentas
para aprofundar nossa confiança nele.*

À BEIRA...

Leitura:
Romanos 6:16-23

...todo o que comete pecado é escravo do pecado.
—JOÃO 8:34

UM RIO SUBTERRÂNEO DE LAVA ganhou certa notoriedade local. A única entrada, até onde sei, é um estreito túnel vertical que mergulha para a escuridão.

Alguns anos atrás, posicionei-me à beira desse túnel e olhei para baixo. Fui atraído a chegar mais perto e quase perdi o equilíbrio. Senti um momento de terror, com o coração batendo forte, e me afastei.

Assim é o pecado: A curiosidade pode nos atrair para as trevas. Com frequência homens e mulheres se aproximaram demais da borda, perderam o equilíbrio e caíram na escuridão. Eles destruíram suas famílias, reputações e carreiras com casos de adultério que começaram com um "mero" flerte, mas depois evoluíram para pensamentos e ações. Revendo os fatos, eles quase sempre dizem: "Nunca pensei que chegaria a este ponto."

Pensamos poder flertar com a tentação, chegar até a beirada e ir embora, mas isso é um sonho de tolo. Mesmo sabendo que um ato é errado, brincamos com ele. Então, inevitavelmente, somos atraídos para perversões mais profundas e tenebrosas. Jesus explicou de modo simples: "...todo o que comete pecado é escravo do pecado" (JOÃO 8:34).

Assim, vendo a nossa própria necessidade por ajuda divina, oramos como Davi: "Também da soberba guarda o teu servo, que ela não me domine; então, serei irrepreensível e ficarei livre de grande transgressão" (SALMO 19:13). —DHR

Uma grande queda começa com um pequeno tropeço.

SABEDORIA NA WEB

Leitura:
Provérbios 26:1-12

Como o carvão é para a brasa [...]
é o homem contencioso para acender rixas.
—PROVÉRBIOS 26:21

N O FIM DE MUITOS *SITES* de notícias você encontrará a seção "Comentários", onde os leitores podem deixar suas observações. Nem mesmo nos *sites* mais respeitáveis faltam palavras rudes, insultos descabidos e xingamentos.

O livro de Provérbios foi compilado cerca de 3 mil anos atrás, mas sua sabedoria é tão atual quanto as manchetes de hoje. Dois provérbios do capítulo 26 parecem contraditórios, mas se aplicam perfeitamente à mídia social. "Não respondas ao insensato segundo a sua estultícia, para que não te faças semelhante a ele" (v.4) — e "Ao insensato responde segundo a sua estultícia, para que não seja ele sábio aos seus próprios olhos" (v.5).

O equilíbrio está na palavra "segundo": Não responda como um insensato responderia, mas de modo que a insensatez não seja considerada sabedoria.

Meu problema é: a insensatez que encontro é, frequentemente, a minha. Por vezes, postei um comentário sarcástico ou virei as palavras de outra pessoa contra ela mesma. Deus odeia quando trato meus pares, os seres humanos, com tal desrespeito, mesmo quando eles também estão sendo insensatos.

O Deus a quem servimos nos dá uma surpreendente variedade de liberdades. Assim, somos livres para escolher o que vamos dizer, e quando e como o diremos. E somos sempre livres para pedir-lhe sabedoria. —TLG

Que o amor seja o seu objetivo mais elevado.

MESTRE DE XADREZ

Leitura:
Romanos 8:18-25

Nós [...] segundo a sua promessa, esperamos
novos céus e nova terra, nos quais habita justiça.
—2 PEDRO 3:13

NA ESCOLA, ORGULHAVA-ME de saber jogar xadrez. Entrei para o clube de xadrez e, na hora do almoço, ficava com outros *nerds* lendo livros como *Aberturas clássicas do peão do rei* (inédito em português). Estudei técnicas, venci a maioria dos jogos e deixei de jogar por 20 anos. Mas então, conheci um excelente enxadrista que vinha se aperfeiçoando desde o colégio, e aprendi o que significa jogar contra um mestre. Embora tivesse total liberdade para fazer qualquer movimento que quisesse, nenhuma de minhas estratégias importava muito. Sua habilidade superior garantia que, inevitavelmente, os meus movimentos acabassem servindo aos dele.

Talvez haja nisso um quadro espiritual para nós. Deus nos concede a liberdade de nos rebelarmos contra o Seu projeto original, mas, mesmo fazendo isso, acabamos servindo ao Seu objetivo final de restauração (ROMANOS 8:21; 2 PEDRO 3:13; APOCALIPSE 21:1). Isso transformou o modo como vejo as coisas boas e as ruins. Coisas boas — saúde, talento e dinheiro —, posso apresentar a Deus como oferta para servir aos Seus propósitos. E as ruins: deficiência, pobreza, disfunção familiar, fracasso, podem ser "resgatadas" como instrumentos que me levam a Deus.

Com o Grande Mestre, a vitória é garantida, não importa como esteja o tabuleiro da vida em alguns momentos. —PDY

Quando não conseguimos ver a mão de Deus,
ainda assim podemos confiar em Seu amor.

PRIVILÉGIO FAMILIAR

Leitura:
João 1:6-14

*Mas, a todos quantos o receberam,
deu-lhes o poder de serem feitos filhos de Deus…*
—JOÃO 1:12

D URANTE O ENSINO FUNDAMENTAL, em Gana, precisei morar com uma família amorosa e solidária, longe de meus pais. Certo dia, todos os filhos se reuniram para uma reunião especial da família. A primeira parte envolveu todos nós compartilhando experiências individuais. Mas, a seguir, quando só os "filhos de sangue" eram obrigados a estar presentes, fui educadamente excluído. Então, a dura realidade me atingiu: eu não era um "filho da casa". Apesar do amor deles por mim, a família exigiu que eu fosse dispensado, porque eu só estava vivendo com eles e não era uma parte legal daquela família.

Este incidente me lembra de João 1:11,12. O Filho de Deus veio para o Seu próprio povo e eles o rejeitaram. Àqueles que o receberam então, e os que o recebem agora, lhes é dado o direito de se tornarem filhos de Deus. Quando somos adotados em Sua família, "O próprio Espírito testifica com o nosso espírito que somos filhos de Deus" (ROMANOS 8:16).

Jesus não exclui quem foi adotado pelo Pai. Em vez disso, Ele nos acolhe como parte permanente de Sua família. "…a todos quantos o receberam, deu-lhes o poder de serem feitos filhos de Deus, a saber, aos que creem no seu nome" (JOÃO 1:12). —LD

*A garantia da salvação não se baseia no que você sabe,
mas em pertencer a família de Deus.*

CRÍTICOS ANÔNIMOS

Leitura:
Filipenses 1:1-11

*E também faço esta oração: que o vosso amor
aumente mais e mais...* —FILIPENSES 1:9

COMO MUITAS PESSOAS, quando leio um jornal ou revista, observo os *esros* de gramática e ortografia. (Você viu isso, não?) Não estou tentando encontrar erros; eles saltam aos meus olhos! Minha reação habitual é criticar a publicação e as pessoas que a produzem. "Por que eles não usam a 'verificação ortográfica' ou contratam um revisor?"

Talvez você tenha tido experiência semelhante em sua área de especialização. Parece que, frequentemente, quanto mais sabemos sobre um assunto, mais críticos dos erros nos tornamos. Isso pode infectar também os nossos relacionamentos com as pessoas.

Contudo, Paulo faz uma abordagem diferente na carta aos filipenses. Ele escreveu: "E também faço esta oração: que o vosso amor aumente mais e mais em pleno conhecimento e toda a percepção" (1:9). O plano de Deus é que, quanto mais soubermos e entendermos, mais amemos. Em vez de cultivar um espírito crítico e fingir que não percebemos ou não nos importamos, devemos nutrir a empatia. A crítica é substituída pela compaixão.

Em vez de críticos, o Senhor nos chama para sermos "...cheios do fruto de justiça, o qual é mediante Jesus Cristo, para a glória e louvor de Deus" (v.11).

Quando o Senhor nos enche o coração, podemos ignorar os erros, refrear nossa crítica e amar os outros, não importando quanto sabemos acerca deles! —DCM

Errar é humano; perdoar é divino.
—ALEXANDER POPE

IMPREVISÍVEL

Leitura:
Salmo 46

Aquietai-vos e sabei que eu sou Deus;
sou exaltado entre as nações, sou exaltado na terra.
—SALMO 46:10

N O U.S. *OPEN* Feminino de 2003, a relativamente desconhecida Hilary Lunke garantiu o maior prêmio do golfe feminino — e um lugar na história. Não só ela venceu esses *Jogos Abertos dos EUA* em uma final de 18 buracos, mas essa foi também a sua única vitória profissional. Sua surpreendente e inspiradora vitória ressalta o fato de que uma das coisas mais empolgantes dos esportes é a sua imprevisibilidade.

Todavia, a imprevisibilidade da vida nem sempre é tão emocionante. Concebemos e criamos estratégias. Fazemos planos, projeções e propostas acerca do que gostaríamos de ver acontecer na vida, mas, com frequência, eles são pouco mais do que o nosso melhor palpite. Não temos ideia do que um ano, um mês, uma semana ou até mesmo um dia poderão trazer. Então, oramos e planejamos, e depois confiamos no Deus que conhece plena e totalmente o que nunca poderemos prever. É por isso que amo a promessa de Salmo 46:10: "Aquietai-vos e sabei que eu sou Deus; sou exaltado entre as nações, sou exaltado na terra."

A vida é imprevisível! Há incontáveis coisas que nunca saberei com certeza. O que posso saber, porém, é que existe um Deus que sabe tudo e me ama profundamente. E, por conhecê-lo, posso "aquietar-me" — posso estar em paz. —WEC

O cuidado de Deus é a certeza que levamos
às incertezas da vida.

MASSA NA TIGELA

Leitura:
Rute 2:1-12

Deixa-me rebuscar [...] entre as gavelas após os segadores.
—RUTE 2:7

MINHA FILHA E EU consideramos o bolo de chocolate chamado *brownies* — uma das sete maravilhas do mundo da culinária. Certo dia, quando estávamos misturando os ingredientes do nosso deleite favorito de chocolate, minha filha perguntou se poderia deixar um pouco da massa na tigela após derramar quase tudo na assadeira. Ela queria aproveitar a sobra. Eu sorri e concordei. Então, disse-lhe: "Isso é chamado "respigar ou rebuscar", você sabe, e não começou com os *brownies*".

Enquanto apreciávamos o restante de nosso projeto de forno, expliquei-lhe que Rute havia recolhido restos de grãos para alimentar a si mesma e à sua sogra Noemi (RUTE 2:2,3). Como o marido de cada uma delas havia morrido, elas tinham retornado à terra natal de Noemi. Ali, Rute conheceu um rico fazendeiro chamado Boaz. Ela lhe pediu: "Deixa-me rebuscar [...] entre as gavelas após os segadores" (V.7). Ele consentiu voluntariamente e instruiu os seus trabalhadores a deixar propositadamente grãos caírem para ela (V.16).

Como Boaz, que proveu Rute com a generosidade de seus campos, Deus nos provê de Sua abundância. Seus recursos são infinitos e Ele permite que as bênçãos caiam para o nosso benefício. Ele nos provê voluntariamente alimento físico e espiritual. Toda boa dádiva que recebemos vem do Senhor. —JBS

Nossas maiores necessidades nunca excedem
os grandiosos recursos de Deus

VIM PARA AJUDAR

Leitura:
Tiago 1:19-27

*Tornai-vos, pois, praticantes da palavra
e não somente ouvintes, enganando-vos a vós mesmos.*
—TIAGO 1:22

AS VÍVIDAS DESCRIÇÕES da pobreza na cidade de Nova Iorque no século 19, feitas pelo repórter Jacob Riis, horrorizaram um público geralmente complacente. Seu livro *Como vive a outra metade* (Ed. Unijuí, 2002) combinou sua escrita com suas próprias fotografias para delinear um quadro tão vívido, que o público não poderia evitar de crer na desesperada existência de pobreza. Ele mesmo sendo o terceiro de quinze filhos, escreveu de modo tão eficaz porque havia vivido naquele mundo de terrível desespero.

Pouco depois do lançamento de seu livro, Riis recebeu um cartão de um jovem que apenas iniciava sua carreira política. A nota dizia simplesmente: "Li o seu livro e vim para ajudar. Theodore Roosevelt." (Mais tarde, esse político se tornou um dos presidentes dos EUA).

De acordo com Tiago (1:19-27), a verdadeira fé responde às necessidades dos outros. Que o nosso coração seja movido da inércia para a ação, de palavras soltas para fatos que as apoiem. A ação compassiva não só ajuda aqueles que estão atolados nas dificuldades da vida, mas também pode torná-los abertos à mensagem maior do nosso Salvador, que vê a necessidade deles e pode fazer muito mais por eles. —RKK

*Os outros conhecerão o significado das palavras
"Deus é amor" quando o virem agir em nossa vida.*

DÉBITOS E CRÉDITOS

Leitura:
João 16:1-11

... No mundo, passais por aflições;
mas tende bom ânimo; eu venci o mundo.
—JOÃO 16:33

QUANDO MEU MARIDO lecionava contabilidade em uma faculdade local, fiz um dos testes apenas por diversão, para ver se me sairia bem. O resultado não foi bom. Respondi errado a todas as perguntas. A razão de meu fracasso foi ter começado sem compreender um conceito bancário básico. Eu inverti débitos e créditos.

Às vezes, confundimos nossos débitos e créditos também no reino espiritual. Quando culpamos Satanás pelo que dá errado — seja o mau tempo, uma impressora emperrada ou problemas financeiros —, estamos de fato lhe dando o crédito que ele não merece. Estamos atribuindo a ele o poder de determinar a qualidade de nossa vida, o que ele não tem. Satanás é limitado no tempo e no espaço. Ele precisa pedir permissão a Deus antes de poder nos atingir (JÓ 1:12; LUCAS 22:31).

Todavia, como pai da mentira e príncipe deste mundo (JOÃO 8:44; 16:11), Satanás pode causar confusão. Jesus alertou para uma época em que as pessoas estariam tão confusas, que não distinguiriam o certo do errado (16:2). Mas Ele acrescentou essa certeza: "...o príncipe deste mundo já está julgado" (V.11).

Os problemas atrapalharão a nossa vida, mas não podem nos derrotar. Jesus já venceu o mundo. A Ele é dado todo o crédito. —JAL

Enquanto Satanás acusa e confunde,
Deus controla.

UM RETRATO DE JESUS

Leitura:
Isaías 53:4-12

… cada um se desviava pelo caminho,
mas o Senhor fez cair sobre ele a iniquidade de nós todos.
—ISAÍAS 53:6

O AUTOR DE UM estudo inédito sobre os retratos de mulheres famosas, Robert Henkes, escreve: "O retrato não é uma foto, nem uma imagem especular." Um retrato excede a aparência externa e sonda a profundidade emocional da alma humana. Nele, o verdadeiro artista tenta "…capturar a essência da pessoa".

Ao longo dos séculos foram pintados muitos retratos de Jesus. Talvez você os tenha visto em uma igreja ou num museu de arte, ou até mesmo tenha um em sua casa. Nenhum deles é um verdadeiro retrato, porque não temos uma fotografia ou imagem especular da aparência física do nosso Senhor. Temos, porém, um magnífico retrato verbal dele em Isaías 53. Essa descrição, inspirada por Deus, capta em vívido detalhe a Sua essência: "Certamente, ele tomou sobre si as nossas enfermidades e as nossas dores levou sobre si […]. Mas ele foi traspassado pelas nossas transgressões e moído pelas nossas iniquidades […] e pelas suas pisaduras fomos sarados" (vv.4,5).

Essa passagem nos permite ver amor e tristeza, angústia e dor no rosto de Jesus. Mas os Seus lábios não acusam ou condenam. Ele não tem pecados de si mesmo a lamentar; somente os nossos para suportar. E, lá no fundo, sabe que "Ele verá o fruto do penoso trabalho de sua alma e ficará satisfeito…" (v.11).

Que retrato do nosso Salvador! —DCM

O amor estava presente,
quando Deus se tornou homem.

UM PAI AMOROSO

Leitura:
Salmo 103:7-13

Como um pai se compadece de seus filhos,
assim o Senhor se compadece dos que o temem.
—SALMO 103:13

O S PAIS ESTAVAM obviamente cansados por arrastarem duas crianças pequenas em aeroportos e aviões e agora seu último voo estava atrasado. Enquanto olhava os dois meninos correrem pela área lotada de pessoas, me perguntei como esses pais os manteriam calmos durante nosso voo de meia hora. Quando finalmente embarcamos, percebi que o pai e um dos filhos estavam nos assentos atrás do meu. Então ouvi o pai exausto dizer a seu filho: "Posso ler uma história do seu livro para você?" E durante todo o voo este pai amoroso leu gentil e pacientemente para seu filho, mantendo-o calmo e concentrado.

Em um de seus salmos Davi declara: "Como um pai se compadece de seus filhos, assim o Senhor se compadece dos que o temem" (SALMO 103:13). A palavra compadece se refere a demonstrar amor e compaixão. Esta doce palavra nos dá uma ideia de quão profundamente nosso Pai celestial ama os Seus filhos e nos lembra do grande presente que é poder olhar para Deus e clamar: "...Aba, Pai" (ROMANOS 8:15).

Deus quer que você ouça novamente a história de Seu amor por você, quando você estiver agitado em sua caminhada diária. O seu Pai celestial está sempre perto, pronto para encorajá-lo com a Sua Palavra. —WEC

O grande amor de Deus por Seu filhos
é o Seu maior presente.

EINSTEIN E JESUS

Leitura:
João 9:1-7

De novo, lhes falava Jesus, dizendo:
Eu sou a luz do mundo...
—JOÃO 8:12

LEMBRAMO-NOS DE Albert Einstein não apenas por seu cabelo desgrenhado, olhos grandes e charme espirituoso. Nós o conhecemos como o gênio e físico que mudou o modo como vemos o mundo. Sua famosa fórmula E=mc2 revolucionou o pensamento científico e nos trouxe à era nuclear. Por meio de sua "Teoria Especial da Relatividade", ele argumentou que, uma vez que tudo no Universo está em movimento, todo o conhecimento é uma questão de perspectiva. Ele acreditava que a velocidade da luz é a única constante pelo qual podemos mensurar espaço, tempo ou massa física.

Muito antes de Einstein, Jesus falou acerca do papel da luz na compreensão de nosso mundo, mas por uma perspectiva diferente. Para sustentar Sua afirmação de ser a Luz do Mundo (JOÃO 8:12), Jesus curou um homem cego de nascença (9:6). Quando os fariseus acusaram Cristo de ser um pecador, aquele homem grato disse: "Se é pecador, não sei; uma coisa sei: eu era cego e agora vejo" (V.25).

Embora, mais tarde, as ideias de Einstein se revelariam difíceis de testar, as declarações de Jesus podem ser testadas. Podemos investir o nosso tempo com Jesus nos evangelhos. Podemos convidá-lo a participar de nossa rotina diária. Podemos ver por nós mesmos que Ele pode mudar a nossa perspectiva acerca de tudo. —MRD

Somente quando andamos na luz de Cristo
podemos viver em Seu amor.

A MENINA QUE ACENAVA

Leitura:
Romanos 15:1-7

... acolhei-vos uns aos outros, como também
Cristo nos acolheu para a glória de Deus.
—ROMANOS 15:7

NO FIM DO SÉCULO 19 e início do século 20, uma visão familiar saudava os navios ao entrarem no porto de Savannah, Georgia. Essa visão era Florence Martus, "A menina que acenava". Durante 44 anos, Florence saudou os grandes navios do mundo todo, acenando com um lenço de dia ou uma lanterna à noite. Hoje, uma estátua de Florence e seu fiel cão está no Morrell Park, em Savannah, saudando permanentemente os navios que ancoram.

Em uma recepção calorosa há algo que fala de aceitação. Em Romanos 15:7, Paulo instou seus leitores: "...acolhei-vos uns aos outros, como também Cristo nos acolheu...". Paulo tinha em vista o nosso tratamento mútuo como seguidores de Cristo, porque, nos versículos 5 e 6, ele nos desafiou a vivermos em harmonia uns com os outros. A chave é ter "...o mesmo sentir de uns para com os outros, segundo Cristo Jesus, para que concordemente e a uma voz glorifiqueis ao Deus e Pai de nosso Senhor Jesus Cristo".

Nossa aceitação de nossos irmãos em Cristo demonstra mais do que apenas o nosso amor uns pelos outros — ela reflete o grande amor daquele que nos acolheu permanentemente em Sua família. —WEC

Quanto mais os cristãos se aproximam de Cristo,
mais eles se aproximam entre si.

AJUDADORA SILENCIOSA

Leitura:
Isaías 25:1-9

… louvarei o teu nome, porque tens feito maravilhas …
—ISAÍAS 25:1

A DESCOBERTA DA PENICILINA revolucionou os cuidados com a saúde. Antes da década de 1940, as infecções bacterianas eram, frequentemente, fatais. Desde então, a penicilina salvou incontáveis vidas matando as bactérias nocivas. Os cientistas que reconheceram o seu potencial e a desenvolveram para uso generalizado ganharam o Prêmio Nobel em 1945.

Muito antes da descoberta da penicilina, outros assassinos silenciosos operavam salvando vidas pela destruição de bactérias: os leucócitos. Esses trabalhadores dedicados são o modo criado por Deus de nos proteger contra doenças. Ninguém sabe quantas invasões eles interromperam ou quantas vidas eles preservaram. Eles recebem pouco reconhecimento por todo o bem que fazem.

O Senhor recebe tratamento semelhante. Frequentemente, Ele é culpado quando algo dá errado, mas raramente recebe o crédito por todas as coisas que vão bem. Todos os dias, as pessoas se levantam, se vestem, dirigem até o trabalho, a escola ou o mercado, e voltam em segurança para suas famílias. Ninguém sabe quantas vezes Deus nos protegeu de diversos males. Mas quando há uma tragédia, perguntamos: "Onde estava Deus?"

Quando penso em todas as coisas maravilhosas que Deus faz em silêncio por mim a cada dia (ISAÍAS 25:1), vejo que minha lista de louvores é muito maior do que a minha lista de petições. —JAL

Deus continua nos dando motivos para louvá-lo.

ASSANDO PÃO

Leitura:
João 6:22-34

Trabalhai, não pela comida que perece,
mas pela que subsiste para a vida eterna...
—JOÃO 6:22

CERTA MANHÃ, enquanto Lílian se preparava para ir ao trabalho, sua filha Marisa, de 4 anos, começou a trabalhar também. A família havia comprado uma torradeira industrial, e o conceito de passar o pão pelo pequeno forno de bancada fascinou a garotinha. Minutos depois, Lílian descobriu um pacote e meio de pão transformado em torradas empilhados no balcão. "Eu sou uma boa padeira!", declarou a criança.

Não é milagre uma menina curiosa conseguir transformar o pão em torradas. Mas, quando Jesus transformou os cinco pães e dois peixes de um menino em uma refeição para milhares, a multidão na colina reconheceu a natureza milagrosa do acontecimento e quis fazê-lo rei (JOÃO 6:1-15).

É claro que o reino de Jesus "não é deste mundo" (JOÃO 18:36); assim, Ele se retirou. Quando a multidão o encontrou no dia seguinte, Cristo identificou uma falha na sua motivação: "...vós me procurais, não porque vistes sinais, mas porque comestes dos pães e vos fartastes" (6:26). Equivocadamente, eles pensavam que o "Rei" Jesus lhes daria estômagos cheios e liberdade nacional. Mas Jesus os aconselhou: "Trabalhai, não pela comida que perece, mas pela que subsiste para a vida eterna..." (V.27).

Uma visão terrena nos fará tratar Jesus como um meio para um fim. Ele é, de fato, o nosso Pão da Vida. —TLG

Buscai, antes de tudo, o Seu reino, e estas coisas
vos serão acrescentadas. —JESUS

SITIADOS

Leitura:
Filipenses 2:1-11

*Não tenha cada um m vista o que é propriamente seu,
senão também cada qual o que é dos outros.*
—FILIPENSES 2:4

DURANTE A GUERRA da Bósnia (1992-96), mais de 10 mil pessoas — civis e militares — foram mortos na cidade de Sarajevo, enquanto tiros e morteiros choviam das colinas circundantes. O emocionante romance *O violoncelista de Sarajevo*, de Steven Galloway (Ed. Rocco, 2008), se desenrola ali, durante o mais longo cerco de uma capital na guerra moderna. O livro apresenta três personagens fictícios que precisam decidir se vão se entregar à sua luta pela sobrevivência ou, de algum modo, superar as circunstâncias que os entorpecem para considerar os outros durante os momentos de grande adversidade.

De uma prisão em Roma, Paulo escreveu aos cristãos de Filipos, dizendo: "Não tenha cada um em vista o que é propriamente seu, senão também cada qual o que é dos outros" (FILIPENSES 2:4). Paulo citou Jesus como o grande exemplo de foco altruísta nos outros: "...Cristo Jesus, pois ele, subsistindo em forma de Deus [...] a si mesmo se esvaziou [...], se humilhou, tornando-se obediente até à morte e morte de cruz" (VV.5-8). Ao invés de buscar a simpatia dos outros, Jesus deu tudo o que Ele tinha para nos resgatar da tirania do pecado.

O nosso desafio permanente, como seguidores de Jesus, é ver através de Seus olhos e responder às necessidades dos outros em Sua força, mesmo em nossos tempos difíceis. —DCM

*Aceitar o amor de Deus por nós é a chave
para amarmos aos outros.*

REFLETINDO A GLÓRIA DE DEUS

Leitura:
Êxodo 31:1-11

Os céus proclamam a glória de Deus,
e o firmamento anuncia as obras das suas mãos.
—SALMO 19:1

O ARTISTA CHINÊS LI TANG, do século 12, pintava paisagens nas quais retratava pessoas, pássaros e os búfalos asiáticos. Devido à sua genialidade com desenhos de linhas finas sobre seda, ele é considerado um mestre da pintura paisagística chinesa. Há séculos, os artistas do mundo todo retratam o que veem na galeria de arte da criação de Deus: "Os céus proclamam a glória de Deus, e o firmamento anuncia as obras das suas mãos" (SALMO 19:1). A Bíblia nos diz que a nossa criatividade como seres humanos vem de sermos feitos à imagem do Mestre Criador (GÊNESIS 1:27).

Deus escolheu artistas que trabalhavam com madeira, ouro, prata, bronze e pedras preciosas para criar o mobiliário, os utensílios, os altares e as vestimentas a serem usados quando os israelitas adoravam no tabernáculo (ÊXODO 31:1-11). Essas representações artísticas de realidades espirituais impeliam e orientavam os sacerdotes e o povo em sua adoração ao Senhor, que os havia chamado para ser o Seu povo.

Por meio de muitos tipos de expressão artística, nós refletimos a beleza da criação e honramos o Criador e Redentor deste mundo maravilhoso. —HDF

Fomos criados para dar a glória a Deus.

QUEM É O MEU VIZINHO?

Leitura:
Lucas 10:30-37

… Vai e procede tu de igual modo.
—LUCAS 10:37

MARIA GOSTAVA DE sua célula da igreja no meio da semana, quando ela e várias amigas se reuniam para orar, adorar e discutir questões do sermão da semana anterior. Esta semana, elas falariam acerca da diferença entre "ir" para a igreja e "ser" a igreja em um mundo ferido. Ela estava ansiosa por ver suas amigas e ter uma discussão animada.

Ao pegar as chaves do carro, a campainha tocou. "Sinto muito incomodá-la", disse sua vizinha Susana, "mas você está livre hoje?" Maria estava prestes a dizer que estava saindo, quando Susana continuou: "Eu tenho de levar meu carro à oficina. Normalmente, eu vou a pé ou de bicicleta para casa, mas machuquei as costas e não posso pedalar no momento." Maria hesitou por um instante e, em seguida, sorriu. "Claro", disse ela.

Maria conhecia sua vizinha apenas de vista. Mas ao levá-la para casa, soube da batalha do marido de Susana com a demência e do extremo esgotamento que o cuidador de pessoas nessa condição, pode sofrer. Ela a ouviu, condoeu-se, prometeu orar por eles, e se ofereceu para ajudar de qualquer maneira que pudesse.

Maria não foi à igreja naquela manhã para falar sobre compartilhar a sua fé. Em vez disso, ela levou um pouco do amor de Jesus à sua vizinha que estava em uma situação difícil. —MS

A fé se materializa por meio de nossas ações.

CONTINUANDO COM CRISTO

Leitura:
1 Reis 19:19-21

... quem perder a vida por minha causa achá-la-á.
—MATEUS 16:25

QUANDO CRIANÇA, minha semana favorita do verão era a que eu passava em um acampamento de jovens cristãos. No fim da semana, eu me sentava lado a lado de minhas amigas em frente a uma enorme fogueira. Lá, compartilhávamos o que tínhamos aprendido sobre Deus e sobre a Bíblia, e cantávamos. Uma canção que ainda me lembro muito bem falava sobre "decidir seguir a Jesus". O refrão continha uma frase importante: "atrás não volto, não volto não".

Quando Eliseu decidiu seguir o profeta Elias, ele fez algo incrível que lhe tornou difícil, verdadeiramente impossível, voltar à sua ocupação anterior de agricultor. Depois de ir para casa e fazer um banquete de despedida, Eliseu "... tomou a junta de bois, e os imolou..." (1 REIS 19:21). Deixando aquele modo de vida, ele queimou o seu equipamento de arar, assou a carne recém-abatida sobre a fogueira e alimentou todos os presentes. "...Então, se dispôs, e seguiu a Elias, e o servia" (V.21).

Entregarmo-nos a Deus, que merece a nossa dedicação, frequentemente tem um preço. Às vezes, significa tomar decisões difíceis acerca de relacionamentos, finanças e moradia. Porém, nada se compara ao que ganhamos, quando continuamos a andar com Cristo. Jesus disse: "... quem quiser salvar a sua vida perdê-la-á; e quem perder a vida por minha causa achá-la-á" (MATEUS 16:25). —JBS

Jesus está à procura de seguidores em tempo integral.

É O QUE FAZEMOS

Leitura:
Salmo112

No temor do S\ENHOR\, tem o homem forte amparo,
e isso é refúgio para os seus filhos.
—PROVÉRBIOS 14:26

MEU PAI FICOU gravemente ferido ao levar um tiro na perna quando era segundo-tenente, liderando seus homens no Monte 609, no norte da África, durante a Segunda Guerra Mundial. Papai nunca mais ficou 100% fisicamente. Nasci vários anos depois disso e, quando jovem, nem sabia que ele havia sido ferido. Descobri mais tarde, quando alguém me contou. Embora sentisse dor constante na perna, meu pai nunca se queixou dela, e nunca a usou como desculpa para não sustentar a nossa família.

Meus pais amavam o Salvador e nos criaram para amar, confiar e servir a Ele. Durante os bons e maus momentos, eles simplesmente confiaram em Deus, trabalharam duro e nos amaram incondicionalmente. Provérbios 14:26 diz: "No temor do SENHOR, tem o homem forte amparo, e isso é refúgio para os seus filhos." Meu pai fazia isso por nossa família. Independentemente das dificuldades que enfrentava, ele proporcionava um lugar espiritual, emocional e fisicamente seguro para nós.

Com a ajuda de nosso Pai celestial que é perfeito, e cujo amor por Seus filhos é profundo e eterno, nós pais, podemos proporcionar um refúgio seguro para a nossa família. —JDB

O amor do Pai não conhece limites.

DESLIGUE

Leitura:
Marcos 6:30-32,45-47

*...Vinde repousar um pouco, à parte,
num lugar deserto...*
—MARCOS 6:31

QUANDO OS NOSSOS FILHOS eram pequenos, fomos visitar meus avós. O sinal de recepção da televisão não era muito bom, mas a TV nem era uma grande prioridade para eles. Após observar o nosso filho mexendo no televisor durante algum tempo, ele me perguntou, frustrado: "O que você faria se conseguisse sintonizar um só canal e não gostasse do que é exibido nele?"

"Tente desligá-lo", disse eu, com um sorriso. Aquele não era exatamente o conselho que ele desejava ouvir. É ainda mais difícil fazer isso agora, especialmente quando há tantos dispositivos que nos entretêm, informam e distraem.

Às vezes, realmente precisamos apenas desligar tudo e descansar a nossa mente durante algum tempo; precisamos simplesmente "desconectar". Com frequência, Jesus se afastava durante algum tempo — especialmente quando queria dedicar um tempo a orar (MATEUS 14:13). Ele também incentivava os discípulos a se afastarem — mesmo que por um breve tempo (MARCOS 6:31). Esse tipo de solidão e tempo para reflexão é benéfico para cada um de nós. Nesses momentos, somos capazes de nos aproximar de Deus.

Siga o exemplo e a sabedoria de Cristo. Afaste-se dos outros e "descanse um pouco". Será bom para o seu corpo, sua mente e seu espírito. —CHK

*Diminuir o ritmo da vida lhe permite
ouvir a Deus com atenção.*

FICAR AO LADO

Leitura:
2 Coríntios 1:3-11

Bendito seja o Deus e Pai de nosso Senhor [...]
que nos conforta [...] para podermos consolar os [angustiados].
—2 CORÍNTIOS 1:3,4

QUANDO MINHA IRMÃ Carol descobriu que tinha câncer de mama, nossa família se preocupou. O diagnóstico, suas cirurgias e tratamentos nos fizeram temer por seu bem-estar, levando nossa família a orar por ela. Ao longo dos meses seguintes, ela nos atualizava sobre os desafios que enfrentava, com muita franqueza. Comemoramos todos juntos quando soubemos que a cirurgia e os tratamentos haviam sido bem-sucedidos. Carol estava a caminho da recuperação!

Menos de um ano depois, minha irmã Linda enfrentou a mesma luta. Imediatamente, Carol ficou ao lado dela, ajudando-a a entender o que esperar e como se preparar para o que enfrentaria. A experiência de Carol a preparara para caminhar com Linda ao longo de sua provação.

Em 2 Coríntios 1:3,4, Paulo nos convoca a termos a mesma atitude. Lemos ali: "Bendito seja o Deus e Pai de nosso Senhor Jesus Cristo, o Pai de misericórdias e Deus de toda consolação! É ele que nos conforta em toda a nossa tribulação, para podermos consolar os que estiverem em qualquer angústia, com a consolação com que nós mesmos somos contemplados por Deus."

Felizmente, o Senhor nada desperdiça. Nossas lutas não só nos dão uma oportunidade de experimentar o Seu conforto, mas também nos abrem as portas para compartilharmos esse mesmo conforto com outras pessoas em suas lutas. —WEC

A presença de Deus nos traz conforto; e a presença
dele em nós, leva conforto aos outros.

QUANDO AS COISAS NÃO VÃO BEM

Leitura:
Romanos 8:28-30

*… todas as coisas cooperam
para o bem daqueles que amam a Deus…*
—ROMANOS 8:28

AS PRIMEIRAS PALAVRAS que muitas pessoas gostam de citar no infortúnio são: "Sabemos que todas as coisas cooperam para o bem daqueles que amam a Deus, daqueles que são chamados segundo o seu propósito" (ROMANOS 8:28). Mas é difícil crer nisso quando os momentos são difíceis. Certa vez, sentei-me ao lado de um homem que havia perdido o seu terceiro filho seguido, e o ouvi lamentar-se: "Como pode essa tragédia cooperar para o meu bem?" Não tive resposta, além de sentar em silêncio e chorar com ele. Vários meses depois, ele estava grato ao dizer: "Minha tristeza está me aproximando de Deus."

Apesar de o versículo em Romanos 8:28 ser difícil de entender, incontáveis testemunhos atestam credibilidade a essa verdade. A história da autora de hinos Fanny Crosby é um exemplo clássico. O mundo é o beneficiário de seus memoráveis hinos, mas o que cooperou para o bem, nasceu de sua tragédia pessoal, pois ela ficou cega aos 5 anos. Com apenas 8 anos, ela começou a escrever poesias e hinos. Fanny compôs mais de 8 mil canções e hinos sacros. Ela abençoou o mundo com muitas canções bem conhecidas, tais, como: "Que segurança, tenho em Jesus". Deus usou as dificuldades dela para o bem dela e nosso também, e glórias a Ele.

Quando a tragédia se abate sobre nós, é difícil entender como algo bom pode vir dela, e nem sempre o veremos nesta vida. Mas os propósitos de Deus são bons e Ele sempre permanece conosco. —LD

*Deus sempre tem bons propósitos
com as nossas provações.*

O PODER DAS PALAVRAS

Leitura:
Provérbios 18:1-8,20,21

A morte e a vida estão no poder da língua;
o que bem a utiliza come do seu fruto.
—PROVÉRBIOS 18:21

NELSON MANDELA opôs-se ao regime do *apartheid* sul-africano e ficou preso durante quase 30 anos. Ele conhecia o poder das palavras. Mandela é muito citado hoje, mas, enquanto estava na prisão, suas palavras não podiam ser citadas, por medo da repercussão. Uma década após ser liberto, ele disse: "Nunca costumo usar as palavras levianamente. Se 27 anos de prisão fizeram algo por nós, foi usar o silêncio da solidão para nos fazer entender quão preciosas as palavras são e quão real é o impacto do discurso sobre o modo como as pessoas vivem e morrem."

O rei Salomão, autor da maior parte do livro de Provérbios, do Antigo Testamento, escreveu frequentemente acerca do poder das palavras. "A morte e a vida estão no poder da língua…" (18:21). As palavras podem ter consequências positivas ou negativas (v.20). Elas têm o poder de dar vida mediante incentivo e honestidade, ou esmagar e matar mediante mentiras e fofocas. Como podemos ter a certeza de produzir boas palavras, com resultados positivos? Somente guardando diligentemente o nosso coração: "Sobre tudo o que se deve guardar, guarda o coração, porque dele procedem as fontes da vida" (4:23).

Jesus pode transformar o nosso coração, para que as nossas palavras possam ser verdadeiramente as melhores — honestas, calmas, apropriadas e adequadas à situação. —MLW

Nossas palavras têm o poder de edificar ou destruir.

PROPÓSITO NA ROTINA

Leitura:
1 Coríntios 9:19-27

Assim corro também eu, não sem meta...
—1 CORÍNTIOS 9:26

UM RELÓGIO DE ESFERAS rolantes no Museu Britânico me impactou como uma vívida ilustração dos efeitos mortais da rotina. Uma pequena esfera de aço viajava em sulcos ao longo de uma placa de aço inclinada, até uma alavanca no outro lado. Isso inclinava a placa na direção oposta, invertia o sentido da esfera e avançava os ponteiros do relógio. Todos os anos, a esfera de aço percorria cerca de 4 mil quilômetros indo e vindo, mas nunca ia realmente a qualquer lugar.

É fácil nos sentirmos presos por nossa rotina diária, quando não conseguimos ver um propósito maior. O apóstolo Paulo desejava ser eficaz em tornar conhecido o evangelho de Cristo. "Assim corro também eu, não sem meta; assim luto, não como desferindo golpes no ar" (1 CORÍNTIOS 9:26). Qualquer coisa pode se tornar monótona — viajar, pregar, ensinar e, especialmente, estar confinado na prisão. Contudo, Paulo acreditava que podia servir a Cristo, o seu Senhor, em toda situação.

A rotina se torna letal quando não conseguimos ver um propósito nela. A visão de Paulo foi além de qualquer circunstância limitadora porque ele estava na corrida da fé para continuar até cruzar a linha de chegada. Incluindo Jesus em todos os aspectos de sua vida, Paulo encontrou significado até nas rotinas do cotidiano.

E nós também podemos descobrir esse propósito maior. —DCM

*Jesus pode transformar nossa rotina
em serviço significativo para Ele*

HERÓIS DECEPCIONANTES

Leitura:
Hebreus 3:1-6

*... considerai atentamente o Apóstolo e
Sumo Sacerdote da nossa confissão, Jesus.*
—HEBREUS 3:1

UM LIVRO QUE dá um sabor de ficção a uma parte da história dos EUA retrata Wyatt Earp e Doc Holliday, pistoleiros do Velho Oeste, como vagabundos indolentes. Em entrevista o autor disse acerca do verdadeiro Earp: "Ele nada fez de notável em toda a sua vida." Com os anos, nos livros e filmes eles se tornaram heróis. Contudo, relatos históricos confiáveis revelam que não o eram.

Em contraste, a Bíblia é repleta de pessoas imperfeitas que se tornaram verdadeiros heróis. Mas não perca de vista qual foi a fonte vital dos seus atos heroicos. O objeto de sua fé era Deus, que escolhe seres humanos falhos para os Seus notáveis propósitos.

Moisés se destaca dentre os heróis bíblicos. Tendemos a esquecer que ele matou um egípcio e foi um líder relutante que, certa vez, dirigiu uma invectiva a Deus, perguntando: "Por que fizeste mal a teu servo, e por que [...] puseste sobre mim a carga de todo este povo? Concebi eu, porventura, todo este povo?" (NÚMEROS 11:11,12).

Quão humana essa fala de Moisés! Contudo, o livro de Hebreus nos relembra: "E Moisés era fiel, em toda a casa de Deus, como servo, para testemunho das coisas que haviam de ser anunciadas" (HEBREUS 3:5).

Verdadeiros heróis apontam para o Herói que nunca desaponta. "Jesus foi considerado digno de maior glória do que Moisés" (v.3). —TLG

*Você procura alguém que não o decepcionará?
Encontre-se com Jesus.*

PASSOS DE BEBÊ

Leitura:
Salmo18:31-36

Ele deu a meus pés a ligeireza das corças...
—SALMO 18:33

MINHA BEBÊ ESTÁ aprendendo a andar. Tenho de segurá-la, e ela se agarra aos meus dedos porque ainda não se mantém em pé sozinha. Ela tem medo de escorregar, mas estou lá para ampará-la e cuidar dela. Ao caminhar com minha ajuda, seus olhos brilham de gratidão, felicidade e segurança. Mas, às vezes, ela chora quando não a deixo ir por caminhos perigosos, não percebendo que a estou protegendo.

Tanto quanto a minha bebê, frequentemente precisamos de alguém para nos cuidar, orientar e amparar em nossa caminhada espiritual. E temos esse alguém — Deus, nosso Pai — que ajuda os Seus filhos a aprenderem a andar, guia os nossos passos, segura a nossa mão e nos mantém no caminho certo.

O rei Davi sabia tudo sobre a necessidade dos cuidados atentos de Deus em sua vida. No Salmo18, ele descreve como Deus nos dá força e direção quando estamos perdidos ou confusos (v.32). Ele mantém nossos pés firmes como os da corça, que pode escalar sem escorregar (v.33). E se escorregamos, a Sua mão está lá para nos suster (v.35).

Quer sejamos novos cristãos aprendendo a andar na fé ou estejamos mais adiante em nossa caminhada com Deus, todos precisamos de Sua mão, que nos orienta e nos ampara. —KO

Deus cuida de mim em todos os passos da jornada.

CERTIFIQUE-SE DA VERDADE

Leitura:
Atos 17:10-13

*[Os bereanos examinavam] as Escrituras
todos os dias para ver se as coisas eram, de fato, assim.*
—ATOS 17:11

"UMA ARANHA MORTÍFERA da selva migrou para os EUA e está matando pessoas." Essa foi a história que me enviaram e aos da lista de *emails* de meu amigo. A história soava plausível — muitos nomes científicos e situações da vida real. Mas, quando verifiquei em sites confiáveis, descobri que não era verdade — era um boato virtual. Sua veracidade só poderia ser comprovada consultando-se uma fonte confiável.

Um grupo de cristãos do primeiro século que vivia na Macedônia compreendeu a importância de confirmar o que estava ouvindo. As pessoas de Bereia "...receberam a palavra com toda a avidez, examinando as Escrituras todos os dias para ver se as coisas eram, de fato, assim" (ATOS 17:11). Eles estavam ouvindo Paulo e queriam ter a certeza de que o que ele estava dizendo estava alinhado com os ensinamentos do Antigo Testamento. Podia ser que ele lhes estivesse dizendo que, no Antigo Testamento, não havia evidências de que o Messias sofreria e morreria pelos pecados. Eles precisavam verificar aquilo na fonte.

Quando ouvimos ideias espirituais que nos perturbam, precisamos ser cautelosos. Podemos examinar as Escrituras pessoalmente, ouvir fontes confiáveis e buscar a sabedoria de Jesus, nosso Senhor. —JDB

As verdades bíblicas resistem a qualquer teste.

NÃO DEMORE

Leitura:
Lucas 9:57-62

*Porque Deus amou ao mundo de tal maneira que deu
o seu Filho unigênito, para que todo o que nele crê não pereça,
mas tenha a vida eterna.* —JOÃO 3:16

D URANTE MUITOS ANOS, falei com um primo distante acerca de nossa necessidade por um Salvador. Quando ele me visitou recentemente e eu, mais uma vez, instei para que ele recebesse Cristo, sua resposta imediata foi: "Eu gostaria de aceitar Jesus e me juntar à igreja, mas ainda não. Eu vivo entre pessoas de outras crenças. A menos que eu mude de endereço, não serei capaz de praticar bem a minha fé." Ele citou a perseguição, a zombaria e a pressão de seus pares como desculpas para adiar a sua decisão.

Seus temores eram legítimos, mas eu lhe assegurei que, acontecesse o que acontecesse, Deus não o abandonaria. Incentivei meu primo a não demorar, mas confiar no cuidado e na proteção de Deus. Ele desistiu de suas defesas, reconheceu sua necessidade do perdão de Cristo e confiou nele como seu Salvador pessoal.

Quando Jesus convidava as pessoas a segui-lo, elas também davam desculpas — todas tinham a ver com as ocupações deste mundo (LUCAS 9:59-62). A resposta do Senhor a elas (vv.60-62) nos exorta a não deixar que as desculpas nos privem das coisas mais importantes na vida: a salvação de nossa alma.

Você está ouvindo Deus chamando-o para entregar a sua vida a Ele? Não demore. "...eis, agora, o tempo sobremodo oportuno, eis, agora, o dia da salvação" (2 CORÍNTIOS 6:2). —LD

Hoje é o dia da salvação!

REPREENDER AMOROSAMENTE

Leitura:
Colossenses 3:12-17

*Revesti-vos, […] de ternos afetos de misericórdia,
de bondade, de humildade, de mansidão.*
—COLOSSENSES 3:12,13

AO FINAL DE uma conferência em Nairóbi, Quênia, nosso grupo viajou do centro de convenções para uma pousada, a fim de preparar nossa volta para casa na manhã seguinte. Quando chegamos, uma pessoa do grupo avisou que havia esquecido sua bolsa no centro de convenções. Depois que ela saiu para buscar, o líder de nosso grupo (sempre meticuloso em relação a detalhes) a criticou severamente em sua ausência.

Na manhã seguinte, quando chegamos ao aeroporto, o líder descobriu, para seu desalento, que ele também havia esquecido sua mochila. Sua bagagem e seu passaporte haviam ficado na pousada. Agora, voltar para buscá-los, iria nos custar mais ainda. Mais tarde, ele pediu desculpas e disse a todos nós: "Nunca mais criticarei tão severamente!"

Como todos temos defeitos e fraquezas, devemos suportar e perdoar uns aos outros quando as coisas dão errado (COLOSSENSES.3:13). Precisamos criticar construtivamente e nos revestirmos "…de misericórdia, de bondade, de humildade, de mansidão, de longanimidade" (V.12).

Quando a repreensão é necessária, deve ser feita com bondade e amor. Dessa forma, nos tornamos imitadores de nosso Senhor Jesus Cristo. —LD

*As chaves para os relacionamentos eficazes
são bondade e humildade.*

O PROJETO BABEL

Leitura:
Gênesis 11:1-9

*Se o SENHOR não edificar a casa,
em vão trabalham os que a edificam.*
—SALMO 127:1

PERGUNTARAM A DOIS PEDREIROS o que estavam construindo juntos. Um disse estar construindo uma garagem. O outro disse que estava edificando uma catedral. No dia seguinte, só um assentava os tijolos. Perguntado acerca do segundo homem, o primeiro respondeu: "Foi despedido. Ele insistia em construir uma catedral em vez de uma garagem."

Algo semelhante aconteceu no antigo canteiro de obras de Babel. Um grupo de pessoas decidiu construir uma cidade e uma torre que chegaria aos céus e uniria o seu mundo (GÊNESIS 11:4). Mas Deus não queria que elas trabalhassem em um grandioso plano egocêntrico baseado na ideia de que conseguiriam chegar às alturas de Deus e que resolveriam todos os seus próprios problemas. Então, O Senhor desceu, interrompeu o projeto, dispersou o povo por toda a Terra e lhes deu diferentes linguagens (vv.8,9).

Deus queria que o povo o visse como a solução para os seus problemas e revelou o Seu plano para eles por meio de Abraão (12:1-3). Pela fé de Abraão e seus descendentes, Ele mostraria ao mundo como procurar pela cidade em que "...Deus é o arquiteto e edificador" (HEBREUS 11:8-10).

Nossa fé não provém de nossos próprios sonhos e soluções. O fundamento da fé está somente em Deus e no que Ele pode fazer em nós e por meio de nós. —MRD

*Deus quer fazer o que só Ele é capaz
de fazer em nós e por nós.*

A TIRANIA DO PERFEITO

Leitura:
1 João 1:5–2:2

Se dissermos que não temos pecado,
a nós mesmos nos enganamos, e a verdade não está em nós.
—1 JOÃO 1:8

O DR. BRIAN GOLDMAN tentou ser perfeito com seus pacientes. Mas admitiu ter cometido erros. Ele revelou ter tratado uma mulher no pronto-socorro e lhe dado alta. Mais tarde, uma enfermeira o avisou: "A paciente que você mandou para casa, voltou." Foi internada e morreu. Devastado, ele empenhou-se mais na perfeição, e descobriu o óbvio: é impossível!

Os cristãos podem ter expectativas irreais de perfeição. Mesmo com a aparência de vida impecável, nossas motivações nunca são totalmente puras.

João, o discípulo, escreveu: "Se dissermos que não temos pecado [...] nos enganamos, e a verdade não está em nós" (1 JOÃO 1:8). Não esconda seus pecados ou se empenhe mais; ampare-se na luz da verdade de Deus e confesse-os. Disse João: "Se [...] andarmos na luz [...] o sangue de Jesus [...] nos purifica de todo pecado" (v.7).

O Dr. Goldman propõe o "médico redefinido", que, numa cultura que hesita em admitir seus erros, esteja livre da tirania da perfeição. Tal médico compartilharia abertamente os erros e apoiaria os colegas que fazem o mesmo, visando a redução desses erros.

E se os cristãos fossem conhecidos não por esconderem seus pecados, mas por se amarem e se apoiarem com a verdade e a graça de Deus? E se praticássemos uma honestidade arriscada, mas saudável mutuamente e com o mundo que nos vê? —TLG

A nossa honestidade com Deus acerca de nosso pecado
nos traz o perdão.

PODER DO POVO

Leitura:
Efésios 4:7-16

*... o corpo [...] cresce e edifica-se a si mesmo em amor,
na medida em que cada parte realiza a sua função.*
—EFÉSIOS 4:16

UM HOMEM ESTAVA embarcando em um trem em Perth, na Austrália, quando escorregou e sua perna ficou presa no vão entre o vagão do trem e a plataforma da estação. Dezenas de passageiros foram rapidamente em seu socorro. Eles usaram sua pura força para mover o trem da plataforma, inclinando-o, e o homem preso foi libertado! David Hynes, o porta-voz do serviço de trens, disse numa entrevista: "Todo mundo meio que ajudou. Foi o poder do povo que salvou alguém de uma lesão possivelmente gravíssima."

Em Efésios 4, lemos que o poder do povo é o plano de Deus para a construção de Sua família. Ele deu a cada um de nós um dom especial de Sua graça (V.7) para o propósito específico de que "...o corpo [...] cresce e edifica-se a si mesmo em amor, na medida em que cada parte realiza a sua função" (V.16 NVI).

Toda pessoa tem um trabalho a fazer na família de Deus; não há espectadores. Na família de Deus, choramos e rimos juntos. Carregamos os fardos uns dos outros. Oramos e encorajamos uns aos outros. Desafiamos e ajudamos uns aos outros a abandonar o pecado. Você apenas assiste ou participa? Quais os seus dons? De que maneira Deus pode usá-lo para ajudar outros a se aproximarem dele? —PFC

*Precisamos uns dos outros para ir aonde
Deus quer que vamos.*

CADEADOS DO AMOR

Leitura:
Efésios 4:29–5:2

*… andai em amor, como também
Cristo nos amou e se entregou a si mesmo por nós …*
—EFÉSIOS 4:2

OS "CADEADOS DO AMOR" são um fenômeno crescente. Milhares de pessoas apaixonadas prenderam esses cadeados do amor em pontes, portões e cercas do mundo todo, incluindo França, China, Áustria, República Checa, Sérvia, Espanha, México, Irlanda do Norte etc. Os casais gravam seus nomes em um cadeado e, depois, o prendem a um lugar público para simbolizar o seu amor eterno. As autoridades desses pontos turísticos não gostam disso, devido ao perigo que podem causar se um número excessivo for colocado. Alguns os consideram como atos de vandalismo, enquanto outros os veem como uma bela arte e uma representação de compromisso amoroso.

O Senhor nos mostrou Seu verdadeiro "amor eterno" em um lugar público. Ele demonstrou o Seu amor na cruz ao entregar a Sua vida pelo perdão dos pecados. E Ele continua a nos mostrar o Seu amor diariamente. A salvação não é apenas uma promessa de que teremos a eternidade com Deus, mas também uma experiência diária de perdão, garantia, provisão e graça em nosso relacionamento com Ele. O amor de Jesus por nós é a base do desafio de Paulo a "andarmos em amor" pelos outros (EFÉSIOS 5:2).

O amor de nosso Pai nos capacita a sermos pacientes e bondosos. Em Seu Filho, Ele nos deu o exemplo definitivo e os meios para amarmos uns aos outros — eternamente. —AMC

Jesus nos ensina a amar.

CONTINUARÁ...

Leitura:
1 Coríntios 15:50-58

... Tragada foi a morte pela vitória.
—1 CORÍNTIOS 15:54

OMO CRESCI na década de 1950, eu frequentemente ia à matinê de sábado no cinema local. Além de desenhos animados e do filme principal, havia um seriado de aventura que sempre terminava com o herói ou a heroína diante de uma situação impossível. Parecia não haver saída, mas cada episódio terminava com as palavras "Continua...".

O apóstolo Paulo conhecia bem as situações de ameaça à vida. Ele foi preso, espancado, apedrejado e naufragou enquanto tentava levar as boas-novas de Jesus Cristo às pessoas. Ele sabia que, algum dia iria morrer, mas nunca considerou esse o fim da sua história. Paulo escreveu aos seguidores de Jesus em Corinto: "E, quando este corpo corruptível se revestir de incorruptibilidade, e o que é mortal se revestir de imortalidade, então, se cumprirá a palavra que está escrita: Tragada foi a morte pela vitória" (1 CORÍNTIOS 15:54). A paixão da vida de Paulo era contar aos outros que Jesus, nosso Salvador, deu Sua vida na cruz para que, mediante a fé nele, nós possamos receber perdão por todos os nossos pecados e ter a vida eterna.

Não somos como o herói do filme, que sempre escapa da morte certa. Chegará o dia em que nossas vidas terrenas terminarão por morte ou pela volta de Cristo. Mas pela graça e misericórdia de Deus, a história de sua vida e da minha "continuará". —DCM

Na vida e na morte, Cristo é a nossa esperança.

ONDAS DE ESPERANÇA

Leitura:
1 Pedro 1:3-9

… nos regenerou para uma viva esperança,
mediante a ressurreição de Jesus Cristo…
—1 PEDRO 1:3

EM 1966, ROBERT KENNEDY, senador dos EUA, fez uma importante visita à África do Sul. Ali, ele entregou palavras de esperança aos oponentes do *apartheid* em seu famoso discurso "Onda de Esperança" na Universidade da Cidade do Cabo. Em sua fala, ele declarou: "Cada vez que um homem defende um ideal, age para melhorar a vida de outras pessoas ou se posiciona contra a injustiça, ele emite uma pequenina onda de esperança que, ao se cruzar com outras provenientes de milhões de diferentes centros de energia e coragem, forma uma corrente que consegue derrubar as mais fortes muralhas de opressão e resistência."

Às vezes, neste mundo, a esperança parece escassa. Há, contudo, uma esperança final prontamente disponível ao seguidor de Cristo. Pedro escreveu: "Bendito o Deus e Pai de nosso Senhor Jesus Cristo, que, segundo a sua muita misericórdia, nos regenerou para uma viva esperança, mediante a ressurreição de Jesus Cristo dentre os mortos" (1 PEDRO 1:3).

Por meio da certeza da ressurreição de Cristo, o filho de Deus tem uma esperança que é mais do que uma onda. Ela é uma esmagadora corrente de confiança na fidelidade daquele que conquistou a morte por nós. Em Sua vitória sobre a morte — nossa maior inimiga —, Jesus pode infundir esperança nas situações em que ela não existe. —WEC

Em Cristo, os desesperados encontram esperança.

OS PLANOS DE DEUS

Leitura:
Josué 5:13–6:2

... Que diz meu senhor ao seu servo?
—JOSUÉ 5:14

U M OFICIAL DO exército pode ter um plano geral, mas antes de cada batalha ele tem de receber e dar novas instruções. Josué, um líder dos israelitas, teve de aprender esta lição. Depois de o povo de Deus passar 40 anos no deserto, Deus escolheu Josué para levá--los à terra que Ele lhes prometera.

A cidade de Jericó foi o primeiro reduto que eles enfrentaram. Antes da batalha, Josué viu o "príncipe do exército do SENHOR" (provavelmente o próprio Senhor) de pé em frente a ele, com Sua espada desembainhada na mão. Josué se prostrou e adorou. Em outras palavras, ele reconheceu a grandeza de Deus e sua própria pequenez. E perguntou: "...Que diz meu senhor ao seu servo?" (JOSUÉ 5:14). Josué foi vitorioso em Jericó porque seguiu as instruções do Senhor.

Em outra ocasião, porém, Josué e seu povo "...não pediram conselho ao SENHOR" (9:14). Como resultado, eles foram enganados e fizeram um tratado de paz com o povo de Gibeão, inimigos na terra de Canaã. Isso desagradou ao Senhor (VV.3-26).

Nós também somos dependentes do Senhor para enfrentarmos as lutas da vida. Ele anseia que, hoje, nos acheguemos a Ele em humildade. E Ele nos ajudará novamente amanhã. —KO

*Os que se humilham e buscam a vontade de Deus
recebem a vitória espiritual.*

UMA FRAGRÂNCIA E UMA CARTA

Leitura:
2 Coríntios 2:14–3:3

… nós somos para com Deus o bom perfume de Cristo…
—2 CORÍNTIOS 2:15

TODA VEZ QUE me aproximo de uma roseira ou de um ramalhete de flores, não consigo resistir à tentação de aproximar uma flor de meu nariz para sentir a sua fragrância. O doce aroma eleva meu coração e dispara bons sentimentos em meu interior.

Séculos atrás, escrevendo aos cristãos de Corinto, o apóstolo Paulo diz que, pelo fato de pertencermos a Cristo, Deus "…por meio de nós, manifesta em todo lugar a fragrância do seu conhecimento" (2 CORÍNTIOS 2:14). Por meio da Sua força podemos ter uma vida vitoriosa, trocando o nosso egoísmo por Seu amor e bondade, e proclamando a bondade de Sua salvação. Quando fazemos isso, somos realmente uma doce fragrância para Deus.

Paulo, então, passa a uma segunda imagem, descrevendo os cristãos como uma "…carta de Cristo…" (3:3). A carta de nossa vida não é escrita com tinta comum, mas pelo Espírito de Deus. O Senhor nos transforma escrevendo a Sua Palavra em nosso coração para outros lerem.

As duas figuras de linguagem nos incentivam a permitir que a beleza de Cristo seja vista em nós, para que possamos direcionar as pessoas a Ele. Ele é quem Paulo descreveu em Efésios 5:2, "…nos amou e se entregou a si mesmo por nós, como oferta e sacrifício a Deus, em aroma suave". Que o Seu esplendor preencha a nossa vida, para que levemos outros à Sua presença." —LD

Nossos atos falam mais alto do que as nossas palavras.

SEGURANDO-ME

Leitura:
Salmo 34:1-7

*Porque eu, o SENHOR, teu Deus, te tomo pela tua
mão direita e te digo: Não temas, que eu te ajudo.*
—ISAÍAS 41:13

DEPOIS QUE PAREI de viajar com meus pais, tornou-se raro
visitar meus avós que viviam a centenas de quilômetros de
distância de nós. Então, certo ano, decidi visitá-los num fim
de semana prolongado. Enquanto íamos até o aeroporto para o meu voo
de regresso, vovó, que nunca havia viajado de avião, começou a expres-
sar-me os seus medos: "Esse avião em que você voou era tão pequeno…
Não há nada realmente segurando você lá em cima, não é? …Eu ficaria
com muito medo de ir tão alto."

No momento em que entrei no pequeno avião, eu estava tão amedrontada quanto na primeira vez em que tinha viajado. *Afinal, exatamente o que está segurando esse avião?*

Medos irracionais, ou até mesmo legítimos, não precisam nos aterro-
rizar. Davi viveu como fugitivo, com medo do rei Saul que o perseguia,
implacavelmente, por ciúmes da popularidade do salmista junto ao
povo. Davi só encontrava o verdadeiro consolo e conforto em seu relacionamento com Deus. Em Salmo 34, ele escreveu: "Busquei o SENHOR,
e ele me acolheu; livrou-me de todos os meus temores" (v.4).

Nosso Pai no céu é totalmente sábio e amoroso. Quando o medo
começa a nos subjugar, precisamos parar e nos lembrar de que Ele é o
nosso Deus e sempre vai nos amparar. —CHK

*Quando cremos que Deus é bom, podemos aprender
a eliminar os nossos medos.*

NO JARDIM

Leitura:
Mateus 26:36-42

Meu pai, […] faça-se a tua vontade.
—MATEUS 26:42

MEUS ANTEPASSADOS foram pioneiros em nosso estado. Eles limparam a terra, plantaram culturas e cultivaram jardins para obter alimentos para suas famílias. Essa cultura agrária tem sido passada de geração em geração. Meu pai cresceu numa fazenda e amava jardinagem, o que pode explicar por que eu amo jardinagem e o cheiro de solo fértil. Cultivar plantas que dão lindas flores e cuidar de rosas que enfeitam nosso quintal com perfume e beleza são passatempos agradáveis para mim. Se não fossem as ervas daninhas, seria maravilhoso!

Quando tenho de lutar com elas, lembro-me do jardim do Éden; ele era um jardim perfeito até Adão e Eva desobedecerem a Deus, e espinhos e abrolhos se tornarem uma realidade para eles e para cada jardineiro desde então (GÊNESIS 3:17,18).

A Bíblia também menciona outro jardim — o do Getsêmani, onde Cristo, em profunda angústia, implorou a Seu Pai para encontrar outra maneira de reverter as consequências do pecado que nasceram no Éden. No Getsêmani, Jesus se entregou ao Seu Pai proferindo palavras de total obediência diante de tamanha dor: "…faça-se a tua vontade" (MATEUS 26:42).

Por Jesus ter se entregado naquele jardim, agora colhemos os benefícios de Sua maravilhosa graça. Que isso nos leve a nos rendermos a Ele, à medida que o Senhor for arrancando o pecado de nossa vida. —JMS

Quando cultivamos a fé,
crescemos espiritualmente.

OS DOIS URSOS

Leitura:
Provérbios 13:10-20

Da soberba só resulta a contenda,
mas com os que se aconselham se acha a sabedoria.
—PROVÉRBIOS 13:10

A
LGUNS ANOS ATRÁS, minha mulher Carolyn e eu passamos alguns dias acampando nas encostas de uma montanha. Certa noite, ao voltarmos ao acampamento, vimos, num prado, dois ursos machos batendo nas orelhas um do outro. Paramos para assistir.

Perguntei o motivo do conflito a um caminhante próximo. "Uma fêmea jovem", disse ele.

"Onde ela está?", perguntei.

"Foi embora há 20 minutos", riu ele. E deduzi que, naquele momento, o conflito não era pela ursa, mas por ver qual era o urso mais durão.

A maioria das lutas não é sobre regras e princípios, ou certo e errado; quase sempre, elas ocorrem por orgulho. O sábio de Provérbios ataca a raiz do problema ao escrever: "Da soberba só resulta a contenda..." (13:10). As lutas são abastecidas por orgulho, pela necessidade de estarmos certos, por querermos as coisas do nosso jeito, para defendermos o nosso território ou nossos egos.

Por outro lado, a sabedoria está nos sensatos — os que ouvem e aprendem, que se permitem ser instruídos. Há sabedoria em quem se humilha — quem põe de lado a sua própria ambição egoísta; quem reconhece os limites de seu próprio entendimento; que ouve o ponto de vista da outra pessoa; e que permite que suas próprias ideias sejam corrigidas. Essa é a sabedoria de Deus que dissemina a paz onde quer que vá. —DHR

A humildade traz sabedoria.

DEUS TANTO AMOU...

Leitura:
João 3:13-19

... Jesus dizia: Pai, perdoa-lhes, porque
não sabem o que fazem.
—LUCAS 23:34

O DIA 28 DE JULHO DE 2014 marcou o centenário do início da Primeira Guerra Mundial. Na mídia britânica, muitas discussões e documentários rememoraram o início daquele conflito de 4 anos de duração. Um programa de TV, baseado em uma loja de departamentos que existe em Londres, incluiu um episódio ambientado em 1914, que mostrava os rapazes, que eram os funcionários na época, fazendo fila para se voluntariarem para o exército. Enquanto observava essas demonstrações de abnegação, senti um nó na garganta. Os soldados mostrados eram muito jovens e ávidos, e tinham pouca probabilidade de retornar do horror das trincheiras.

Embora Jesus não tenha ido à guerra para derrotar um inimigo terreno, Ele foi para a cruz para derrotar o inimigo definitivo — pecado e morte. Jesus veio ao mundo para demonstrar o amor de Deus em ação e para morrer de modo horrendo para que pudéssemos ser perdoados de nossos pecados. E Ele estava até preparado para perdoar os homens que o açoitaram e crucificaram (LUCAS 23:34). Ele venceu a morte por Sua ressurreição e, agora, podemos fazer parte da família eterna de Deus (JOÃO 3:13-16).

Aniversários e memoriais nos lembram de eventos históricos importantes e feitos heroicos. A cruz nos lembra da dor da morte de Jesus e a beleza de Seu sacrifício pela nossa salvação. —MS

A cruz de Jesus é a suprema prova do amor de Deus.
—OSWALD CHAMBERS

PALAVRAS E AÇÕES

Leitura:
Mateus 21:28-32

... não amemos de palavra, nem de língua,
mas de fato e de verdade. —1 JOÃO 3:18

O EMAIL DO ALUNO de minha matéria de redação na faculdade expressava urgência. Era o fim do semestre e ele percebeu que precisava de uma nota melhor para participar dos esportes. O que ele poderia fazer? Ele havia perdido alguns trabalhos escritos, então dei-lhe dois dias para concluí-los e melhorar sua nota. Sua resposta: "Obrigado. Farei isso."

Dois dias — e o prazo final — se passaram e nenhum trabalho apareceu. Ele não cumpriu as suas palavras com as ações que estas lhe exigiam.

Jesus contou de um jovem que fez algo semelhante. O pai do menino lhe pediu para trabalhar na vinha. O filho disse: "Sim, senhor" (MATEUS 21:29). Mas ele apenas falou e não agiu.

Sobre esta parábola, o comentarista Matthew Henry concluiu: "Brotos e flores não são frutos." Os brotos e flores de nossas palavras, que prenunciam o que poderíamos fazer, são vazios sem o fruto da nossa ação. O principal apelo de Jesus era para os líderes religiosos que falavam de obediência, mas se recusavam a praticá-la com o arrependimento. Mas as palavras se aplicam a nós também. É seguindo Deus "...de fato e de verdade" (1 JOÃO 3:18) — não fazendo promessas vazias — que honramos nosso Senhor e Salvador.

Nossos ações em obediência a Deus lhe demonstram mais amor, honra e louvor do que qualquer palavra vazia que poderíamos dizer para tentar parecer bons. —JDB

As palavras são as flores, as ações são os frutos.

A BÚSSOLA DE DEUS

Leitura:
Salmo 119:105-112

Lâmpada para os meus pés
é a tua palavra e, luz para os meus caminhos.
—SALMO 119:105

URANTE A Segunda Guerra Mundial, as bússolas salvaram a vida de 27 marinheiros que estavam aproximadamente a 480 quilômetros da costa. Waldemar Semenov, marinheiro mercante aposentado, servia como engenheiro mecânico a bordo do *SS Alcoa Guide* quando um submarino alemão subiu à tona e abriu fogo contra o navio. Ao ser atingido, o navio incendiou e começou a afundar. Semenov e sua equipe baixaram ao mar os botes salva-vidas equipados com bússolas e usaram-nas para guiá-los em direção às rotas de navegação mais próximas à costa. Após três dias, os homens foram resgatados.

O salmista lembrou o povo de Deus de que a Sua Palavra era uma "bússola" confiável. Ele a comparou a uma lâmpada. Naquele tempo, a luz bruxuleante lançada por uma lâmpada de azeite era suficientemente brilhante apenas para mostrar a um viajante seu próximo passo. Para o salmista, a Palavra de Deus era uma dessas lâmpadas, fornecendo luz suficiente para iluminar o caminho daqueles que buscam a Deus (SALMO 119:105). Vagando no escuro em um caminho caótico da vida, ele creu que, por meio da orientação de Sua Palavra, Deus proporcionaria a direção.

Quando perdemos os nossos rumos na vida, podemos confiar em nosso Deus, que dá a Sua palavra confiável como nossa bússola, usando-a para nos conduzir a uma comunhão mais profunda com Ele. —MLW

Deus nos deu a Sua Palavra para nos ajudar
a conhecê-lo e segui-lo.

SENTINDO-SE ABANDONADO

Leitura:
Salmo 22:1-21

... Deus meu, Deus meu, por que me desamparaste?
—MATEUS 27:46

E M *CARTAS DE UM DIABO A SEU APRENDIZ* (Ed. WMF, 2009), C. S. Lewis narra uma conversa imaginária entre um diabo sênior e um diabo júnior: como tentar adequadamente um cristão, cuja fé em Deus os dois desejavam destruir. "Não se engane", diz o sênior ao júnior. "Nossa causa corre mais perigo quando um ser humano... procura em um universo no qual todos os traços de [Deus] parecem ter desaparecido e pergunta por que foi abandonado, e ainda assim obedece."

A Bíblia nos dá muitos exemplos de pessoas que agiram com fé, apesar de se sentirem abandonadas. Abrão sentiu que a promessa de um herdeiro não seria atendida (GÊNESIS 15:2,3). O salmista se sentiu ignorado em seu problema (SALMO 10:1). Os problemas de Jó eram tão grandes que ele achava que Deus poderia matá-lo (JÓ 13:15). E, da cruz, Jesus gritou: "...Deus meu, Deus meu, por que me desamparaste?" (MATEUS 27:46.). Mas em cada situação, Deus se mostrou fiel (GÊNESIS 21:1-7; SALMO 10:16-18; JÓ 38:1-42:17; MATEUS 28:9-20).

Embora Satanás possa tentar fazê-lo pensar que você esteja abandonado, Deus está sempre perto. Ele nunca abandona os Seus. "... [Deus] tem dito: De maneira alguma te deixarei, nunca jamais te abandonarei. Assim, afirmemos confiantemente: O Senhor é o meu auxílio, não temerei; que me poderá fazer o homem?" (HEBREUS 13:5,6). —HDF

Deus está sempre perto, apesar de nossos medos.

DEUS NÃO SE IMPORTA?

Leitura:
Habacuque 1:1-11

*Porque os meus pensamentos não são os vossos pensamentos,
nem os vossos caminhos, os meus caminhos, diz o SENHOR.*
—ISAÍAS 55:8

POR QUE O MOTORISTA EMBRIAGADO escapou ileso de um acidente enquanto sua vítima sóbria está gravemente ferida? Por que os maus prosperam, enquanto os bons sofrem? Com que frequência você ficou tão confuso com as coisas que acontecem em sua vida, a ponto de gritar: "Deus não se importa?"

Habacuque lutou com essa pergunta ao ver a situação angustiante de Judá, quando a maldade e injustiça corriam soltas (HABACUQUE 1:1-4). Sua confusão o levou a perguntar a Deus quando Ele agiria para corrigir a situação. A resposta de Deus foi simplesmente desconcertante.

Deus disse que usaria os caldeus para correção de Judá. Os caldeus eram notórios por sua crueldade (V.7). Eram inclinados à violência (V.9), e adoravam somente suas proezas militares e seus falsos deuses (VV.10,11).

Quando não entendemos os caminhos de Deus, precisamos confiar em Seu caráter imutável. Foi exatamente isso o que Habacuque fez. Ele cria que o Senhor é o Deus de justiça, misericórdia e verdade (SALMO 89:14). No processo, ele aprendeu a olhar para as suas circunstâncias a partir do caráter de Deus, em vez de olhar para o caráter de Deus a partir do contexto de suas próprias circunstâncias. Ele concluiu: "O SENHOR Deus é a minha fortaleza, e faz os meus pés como os da corça, e me faz andar altaneiramente" (HABACUQUE 3:19). —PFC

*Pela perspectiva de Deus, a nossa situação
pode parecer muito diferente.*

AMIGOS DAS MADRUGADAS

Leitura:
Colossenses 4:2-15

*... se esforça [...] por vós nas orações, para que
vos conserveis perfeitos e plenamente convictos em toda
a vontade de Deus.* —COLOSSENSES 4:12

U M AMIGO ME contou acerca de um grupo de pessoas que compartilham um forte vínculo de fé em Cristo. Uma delas, uma mulher de 93 anos, disse: "Sinto que posso ligar para qualquer um de vocês às 2 da manhã, sem precisar me desculpar, se sentir necessidade de qualquer tipo de ajuda." Quer haja necessidade de oração, ajuda prática ou alguém para estar presente, num momento de necessidade, esses amigos têm um compromisso incondicional entre si.

O mesmo compromisso resplandece na carta de Paulo aos cristãos de Colossos. Escrevendo da prisão em Roma, Paulo diz que está enviando Tíquico e Onésimo para encorajá-los (COLOSSENSES 4:7-9). Aristarco, Marcos e Justo enviam saudações (VV.10,11). E Epafras "...se esforça sobremaneira, continuamente, por vós nas orações, para que vos conserveis perfeitos e plenamente convictos em toda a vontade de Deus" (V.12). Estas são ousadas garantias de ajuda prática e profundo amor.

Você faz parte de um "grupo de amigos da madrugada"? Se sim, dê graças pela fidelidade desses amigos. Se não, peça ao Senhor para conectá-lo a outra pessoa com quem você possa compartilhar o compromisso de orar e cuidar. Suspeito que, logo, o grupo crescerá e incluirá outras pessoas. Compartilhem o amor de Cristo entre si.

Qualquer coisa. A qualquer momento. Em qualquer lugar. Tudo em nome de Jesus! —DCM

*Ninguém tem maior amor do que [...] dar [...]
a própria vida em favor dos seus amigos.* —JESUS

LIÇÕES SOBRE O SOFRIMENTO

Leitura:
2 Coríntios 11:21-30

*Se tenho de gloriar-me, gloriar-me-ei
no que diz respeito à minha fraqueza.*
—2 CORÍNTIOS 11:30

A IMAGEM NA tela gigante era enorme e nítida, e podíamos ver os profundos cortes no corpo do homem. Um soldado lhe batia e a multidão enfurecida ria do homem de rosto ensanguentado. Parecia tão real que, no silêncio do cinema ao ar livre, encolhi-me como se sentisse a dor, nessa reconstituição do sofrimento de Jesus por nós.

Lembrando esse sofrimento, Pedro escreveu: "Porquanto para isto mesmo fostes chamados, pois que também Cristo sofreu em vosso lugar, deixando-vos exemplo para seguirdes os seus passos" (1 PEDRO 2:21). Embora o sofrimento venha de diferentes formas e intensidades, ele é esperado. O nosso pode não ser tão intenso quanto o de Paulo, que por amor a Cristo foi açoitado com varas, foi apedrejado, naufragou, foi atacado por bandidos, e passou fome e sede (2 CORÍNTIOS 11:24-27). Também podemos não sofrer como aqueles que sofrem forte perseguição em culturas onde o cristianismo não é bem-vindo.

Seja como for, o sofrimento virá quando negarmos a nós mesmos, sofrermos assédio ou insultos, ou nos recusarmos a participar de atividades que não honram o Senhor. Até mesmo ao ter paciência, evitar a vingança e perdoar aos outros para promover bons relacionamentos são maneiras de seguir os Seus passos.

Sempre que sofrermos, que possamos nos lembrar do que Jesus sofreu por nós. —LD

*O sofrimento nos ensina o que não aprenderíamos
em qualquer sala de aula.*

CAIXAS DE LENÇOS DE PAPEL

Leitura:
Salmo 31:9-18

… confio em ti, Senhor. Eu disse:
tu és o meu Deus. Nas tuas mãos, estão os meus dias…
—SALMO 31:14,15

NA SALA DE ESPERA, pensei. Eu estivera ali recentemente, para saber que meu único irmão, bem mais jovem, tivera "morte cerebral".

Agora, aguardando notícias de minha mulher, submetida a uma cirurgia séria, escrevi-lhe um longo bilhete. Depois, cercado por tagarelas e crianças, busquei ouvir a voz calma de Deus.

Então, veio a notícia! O médico queria ver-me. Fui a uma sala isolada, com duas caixas de lenços de papel sobre a mesa, claramente disponíveis para as frases frias e duras, como ouvi acerca de meu irmão: "morte cerebral" e "nada a fazer".

Nos momentos de tristeza ou incerteza, a honestidade dos salmos faz deles um lugar natural para nos voltarmos. Salmo 31 era o grito do coração de Davi; sofrendo, ele escreveu: "Gasta-se a minha vida na tristeza…" (v.10). Somava-se a isso a dor do abandono por seus amigos e vizinhos (v.11).

Seu alicerce era a fé no único Deus verdadeiro. "…confio em ti, Senhor. Eu disse: tu és o meu Deus. Nas tuas mãos, estão os meus dias…" (vv.14,15). O lamento termina com incentivo e esperança. "Sede fortes, e revigore-se o vosso coração, vós todos que esperais no Senhor" (v.24).

Desta vez, uma boa notícia: Minha mulher teria uma recuperação plena. Estamos aliviados e gratos! Mas mesmo que ela não estivesse bem, nosso tempo permanece nas hábeis mãos de Deus. —TLG

Quando entregamos os nossos problemas a Deus,
Ele nos enche com a Sua paz.

O LEMBRETE DE UMA MOSCA

Leitura:
Eclesiastes 9:4-12

Para aquele que está entre os vivos há esperança…
—ECLESIASTES 9:4

QUANDO COMECEI a trabalhar no pequeno escritório que agora alugo, os únicos habitantes eram algumas moscas apáticas. Várias delas tinham seguido o caminho de toda carne, e seus corpos se espalhavam pelo chão e janelas. Eliminei todas, menos uma, que deixei bem à vista.

Essa carcaça de mosca me lembra de viver bem cada dia. A morte é uma excelente lembrança da vida, e a vida é um presente. Salomão disse: "Para aquele que está entre os vivos há esperança…" (ECLESIASTES 9:4). A vida nos dá a chance de influenciar e apreciar o mundo que nos rodeia. Podemos comer e beber alegremente e apreciar os nossos relacionamentos (VV.7,9).

Também podemos apreciar o nosso trabalho. Salomão aconselhou: "Tudo quanto te vier à mão para fazer, faze-o conforme as tuas forças…" (V.10). Seja qual for nossa vocação, trabalho ou papel na vida, ainda podemos fazer coisas que importam, e fazê-las bem. Podemos encorajar pessoas, orar e expressar amor com sinceridade a cada dia.

O autor de Eclesiastes diz: "… tudo depende do tempo e do acaso. Pois o homem não sabe a sua hora…" (VV.11,12). É impossível saber quando nossa vida aqui acabará, mas a alegria e o propósito podem ser encontrados neste dia confiando na força de Deus e dependendo da promessa de vida eterna feita por Jesus (JOÃO 6:47). —JBS

Este é o dia que o Senhor fez.
Alegre-se e regozije-se.

UMA LIÇÃO DE PESCA

Leitura:
1 Pedro 5:1-9

Resisti [ao diabo], firmes na fé...
—1 PEDRO 5:9

EU ESTAVA PESCANDO em silêncio naquelas águas claras e calmas do lago, e lançava minhas iscas ao lado de um exuberante leito de ervas daninhas. Vi uma grande tilápia sair da vegetação espessa para investigar. O peixe se aproximou da tentadora isca no fim da minha linha, olhou para ela e voltou para as ervas. Isso aconteceu várias vezes, até que a tilápia avistou o anzol. Então, bateu a cauda e desapareceu não voltando mais.

Satanás balança a tentação como um anzol, bem à nossa frente. Ela parece saborosa, a isca promete gratificação. Mas o poder de Satanás termina aí. Ele não pode nos obrigar a morder o anzol. Seu poder para no limite da nossa vontade — no nosso ponto de decisão. Quando somos alertados pelo Espírito Santo, e decidimos dizer não, Satanás nada mais pode fazer. Tiago diz que ele foge (4:7).

Como cristãos, podemos receber grande consolo dessas palavras do apóstolo Pedro, que também experimentou grande tentação (MATEUS 26:33-35). Mais tarde, ele escreveu: "Sede sóbrios e vigilantes. O diabo, vosso adversário, anda em derredor, como leão que ruge [...] resisti-lhe firmes na fé" (1 PEDRO 5:8,9).

Assim como aquela tilápia grande e experiente ignorou o meu anzol, podemos, na força de Deus, resistir com êxito às mais sedutoras táticas de Satanás! —DCE

Reaja às mentiras de Satanás com a verdade da Palavra de Deus.

NÃO É DE ADMIRAR!

Leitura:
Cântico dos Cânticos 1:1-4

Nós amamos porque ele nos amou primeiro.
—1 JOÃO 4:19

"ELE É PERFEITO PARA VOCÊ", me disse minha amiga. Ela estava falando de um sujeito que ela havia acabado de conhecer. E descreveu seus olhos, seu sorriso, e seu bondoso coração. Quando eu o conheci, tive de concordar. Hoje ele é meu marido, e não é de admirar que eu o amo!

Em Cântico dos Cânticos, a noiva descreve o homem que ama. O amor dele é melhor do que o vinho e mais perfumado do que unguentos. O nome dele é mais doce do que qualquer coisa deste mundo. Então, ela conclui que não é de admirar que ele seja amado.

Mas há Alguém muito maior do que qualquer ser humano querido, Alguém cujo amor também é melhor do que o vinho. Seu amor satisfaz todas as nossas necessidades. Sua "fragrância" é melhor do que qualquer perfume porque, quando Ele deu a si mesmo por nós, o Seu sacrifício se tornou um doce aroma de Deus (EFÉSIOS 5:2). Finalmente, Seu nome está acima de todo o nome (FILIPENSES 2:9). Não admira que o amemos!

É um privilégio amar Jesus. É a melhor experiência da vida! Nós dedicamos tempo a dizer-lhe isso? Expressamos com palavras a beleza de nosso Salvador? Se demonstrarmos a Sua beleza com nossa vida, os outros dirão: "Não é de admirar que vocês o amem!" —KO

A Palavra de Deus nos fala de Seu amor;
as nossas falam a Ele de nosso amor.

O LADO POSITIVO
DOS REVESES

Leitura:
Salmo 27

Espera pelo SENHOR, tem bom ânimo,
e fortifique-se o teu coração… —SALMO 27:14

DARA TORRES TEVE uma carreira notável, participando de cinco Olimpíadas entre 1984 e 2008. No fim da carreira, ela bateu o recorde norte-americano nos 50 metros nado livre — 25 anos após ela mesma tê-lo estabelecido. Mas nem tudo foi medalhas e recordes. Ela também encontrou obstáculos em sua carreira atlética: lesões, cirurgia e quase o dobro da idade da maioria dos competidores. Ela disse: "Desde criança, eu sempre quis vencer em tudo… Também estou ciente de que os reveses têm um lado positivo; eles alimentam novos sonhos."

"Os reveses têm um lado positivo" é uma grande lição de vida. As lutas dela a motivaram a buscar novas alturas. Eles têm também um benefício espiritual. Tiago disse: "… tende por motivo de toda alegria o passardes por várias provações, sabendo que a provação da vossa fé […] produz perseverança" (TIAGO 1:2,3).

Ter essa perspectiva das dificuldades da vida não é fácil, mas é valioso. As provações nos dão oportunidades de aprofundarmos o nosso relacionamento com Deus, e também a abertura para aprendermos lições que o sucesso não pode ensinar, desenvolvendo em nós a paciência que espera em Deus e depende de Sua força para suportarmos.

O salmista nos relembra: "Espera pelo SENHOR, tem bom ânimo, e fortifique-se o teu coração; espera, pois, pelo SENHOR" (SALMO 27:14). —WEC

Os reveses da vida podem nos ensinar a esperar
no Senhor por ajuda e força.

PRIMEIROS PASSOS

Leitura:
Romanos 8:14-17

O próprio Espírito testifica
com o nosso espírito que somos filhos de Deus.
—ROMANOS 8:16

DIAS ATRÁS, uma amiga me parou com uma notícia emocionante e, daí, passou 10 minutos descrevendo os primeiros passos de seu sobrinho de 1 ano. Ele conseguiu andar! Mais tarde, percebi quão bizarro aquilo poderia ter soado a um bisbilhoteiro. A maioria das pessoas consegue andar. Grande coisa!

Ocorreu-me que a infância proporciona uma condição de excepcionalidade que quase desaparece pelo resto da vida. Ao meditar sobre como tratamos as crianças senti uma maior valorização pelo fato de Deus escolher a palavra "filhos" para descrever o nosso relacionamento com Ele. O Novo Testamento anuncia que somos filhos de Deus, com todos os direitos e privilégios de herdeiros dignos (ROMANOS 8:16,17). Jesus (o Filho "unigênito" de Deus) veio para possibilitar a nossa adoção como filhos e filhas na família de Deus.

Imagino que Deus vê cada passo hesitante à frente em minha "caminhada" espiritual com o entusiasmo de um pai, quando vê uma criança dar o seu primeiro passo.

Talvez quando os segredos do Universo forem finalmente revelados, saberemos qual o propósito subjacente em vermos os filhos crescerem. Talvez Deus nos tenha concedido esses momentos de excepcionalidade para nos despertar para o Seu amor infinito. Nossas experiências aqui na Terra são meros vislumbres da plenitude desse amor. —PDY

Você é amado!

UMA NOVA CRIATURA

Leitura:
Atos 9:10-22

… se alguém está em Cristo, é nova criatura…
—2 CORÍNTIOS 5:17

NO INÍCIO DE minha vida profissional, tive um colega de trabalho que parecia ter prazer em usar o nome de Deus como profanidade. Ele zombava impiedosamente de cristãos novos na fé ou que tentavam falar com ele acerca de Jesus. No dia em que deixei o emprego para mudar-me para outro bairro e um novo local de trabalho, lembro-me de pensar que aquele homem nunca se tornaria um seguidor de Jesus.

Dois anos depois, visitei meu antigo local de trabalho. Ele ainda estava lá, mas eu nunca tinha testemunhado tamanha mudança numa pessoa! Este homem tão antagônico à fé era, agora, um exemplo vivo do significado de ser uma "nova criatura" em Cristo (2 CORÍNTIOS 5:17). E hoje, mais de 30 anos depois, ele ainda está testemunhado aos outros como Jesus "o encontrou onde estava — em pecado e tudo".

Ocorre-me que os primeiros cristãos devem ter visto algo semelhante em Paulo, seu feroz perseguidor — um exemplo fascinante do que significa tornar-se uma nova criatura (ATOS 9:1-22). Que grande esperança essas duas vidas são para aqueles que pensam estar acima da redenção!

Jesus buscou o apóstolo Paulo, meu ex-colega de trabalho — e eu. E, hoje, Ele continua a alcançar os "inalcançáveis" e nos mostra exatamente como também podemos alcançar outras pessoas. —RKK

Ninguém está fora do alcance de Deus.

CONSIDERE OS POBRES

Leitura:
Mateus 25:31-40

Informa-se o justo da causa dos pobres...
—PROVÉRBIOS 29:7

EM 1780, Robert Raikes se condoeu pelas crianças pobres e analfabetas de seu bairro em Londres, Inglaterra. Ele notou que nada era feito para ajuda-las; então, pôs-se a fazer diferença.

Contratou algumas mulheres para criarem escolas para elas no domingo. Usando a Bíblia como livro didático, as professoras ensinaram as crianças mais pobres de Londres a ler e as expuseram à sabedoria bíblica. Em pouco tempo, umas 100 crianças frequentavam as aulas e almoçavam em um ambiente limpo e seguro. Essas "escolas dominicais", como foram chamadas, acabaram tocando a vida de milhares de meninos e meninas. Em 1831, as escolas dominicais da Grã-Bretanha alcançavam mais de um milhão de crianças — tudo porque um homem compreendeu essa verdade: "Informa-se o justo da causa dos pobres..." (PROVÉRBIOS 29:7).

Não é segredo que Jesus se importa muito com os que têm dificuldades. Em Mateus 25, Ele sugere que os Seus seguidores demonstrem prontidão para a volta do Senhor, ajudando os famintos a obterem alimentos, os sedentos a beberem, os desabrigados a encontrarem um lar, os nus a conseguirem roupas, e os doentes ou presos a receberem conforto (VV.35,36).

Ao darmos testemunho de que Cristo está em nosso coração, honramos o nosso compassivo Salvador considerando aqueles que estão no coração de Deus. —JDB

Para aprender a ser compassivo, abra seu coração a Deus,
e a sua mão para ajudar.

DOE LIBERALMENTE

Leitura:
Filipenses 2:19-30

Julguei, todavia, necessário mandar até vós Epafrodito
[...] vosso mensageiro e vosso auxiliar nas minhas necessidades.
—FILIPENSES 2:25

MUITAS INSTITUIÇÕES de caridade que ajudam pessoas com necessidades dependem de doações de roupas e itens domésticos daqueles que têm mais do que o suficiente. E é bom dar as coisas não utilizadas, para que elas possam beneficiar os outros. Mas é comum sermos mais relutantes em nos separar de coisas de valor que usamos todos os dias.

Quando Paulo esteve preso em Roma, ele precisava de incentivo contínuo e da companhia de amigos confiáveis. Mesmo assim, ele enviou dois de seus companheiros mais próximos para ajudar os cristãos em Filipos (FILIPENSES 2:19-30). "Espero, porém, no Senhor Jesus, mandar-vos Timóteo, o mais breve possível [...]. Porque a ninguém [...] que, sinceramente, cuide dos vossos interesses" (VV.19,20). E "Julguei, todavia, necessário mandar até vós Epafrodito, por um lado, meu irmão, cooperador e companheiro de lutas; e, por outro, vosso mensageiro e vosso auxiliar nas minhas necessidades" (V.25). Paulo concedeu liberalmente aos outros aquilo que ele mesmo mais precisava.

Tudo que sentimos ser "mais valorizado" em nossa vida hoje poderia ser de grande utilidade a alguém que conhecemos. Pode ser o nosso tempo, amizade, incentivo, um ouvido atento ou uma mão amiga. Quando damos aos outros o que o Senhor nos concedeu, Ele é honrado, outros são ajudados, e nós somos abençoados. —DCM

Doar liberalmente honra o Senhor,
ajuda os outros e nos abençoa.

ROMPENDO AS TREVAS

Leitura:
Isaías 60:19-22

... o Senhor será a tua luz perpétua,
e o teu Deus, a tua glória.
—ISAÍAS 60:19

TIVE MEU PRIMEIRO vislumbre delas quando estava na faculdade. Numa gélida noite de outono, longe das luzes da cidade, eu estava numa carroça de feno cheia de amigas barulhentas quando o céu se iluminou e as cores atravessaram o horizonte. Fiquei hipnotizada. Desde aquela noite sou fascinada pelo fenômeno da aurora boreal, também conhecida como luzes do norte. Elas são vistas muito ao norte de onde moro, mas, ocasionalmente, aparecem em latitudes mais baixas. Depois de tê-las visto uma vez, anseio por vê-las novamente. Sempre que as condições são favoráveis, digo às minhas amigas também fascinadas: "Talvez esta noite...".

Em toda a Escritura, luz e glória são usadas para descrever a vinda do Senhor. Está chegando um tempo em que o sol e lua serão desnecessários (ISAÍAS 60:19). E, ao descrever Deus em Seu trono, o apóstolo João, escreveu: "E esse que se acha assentado é semelhante, no aspecto, a pedra de jaspe e de sardônio, e, ao redor do trono, há um arco-íris semelhante, no aspecto, a esmeralda" (APOCALIPSE 4:3).

Um arco esmeralda é uma boa descrição das luzes do norte. Assim, sempre que vejo exibições gloriosas de luz nos céus acima de nós — em pessoa, por imagem ou vídeo —, penso nelas como uma amostra do que está por vir e louvo a Deus por, mesmo agora, Sua glória romper as trevas. —JAL

Jesus veio trazer luz para um mundo de trevas.

O VALE DA VISÃO

Leitura:
Jonas 2:1-10

… eu me lembrei do Senhor;
e subiu a ti a minha oração…
—JONAS 2:7

A ORAÇÃO PURITANA "O vale da visão" fala da distância entre um homem pecador e seu Deus santo. O homem diz a Deus: "Tu me trouxeste ao vale da visão… cercado por montanhas de pecado, contemplo Tua glória." Ciente de seus erros, o homem ainda tem esperança. Ele continua: "As estrelas podem ser vistas dos poços mais profundos, e quanto mais profundos os poços, mais as Tuas estrelas brilham." O poema termina com um pedido: "Deixa-me encontrar Tua luz em minha escuridão… Tua glória em meu vale."

Jonas encontrou a glória de Deus durante seu tempo nas profundezas do oceano. Ele se rebelou contra Deus e acabou no estômago de um peixe, vencido por seu pecado. Ali, Jonas clamou a Deus: "Pois me lançaste no profundo […]. As águas me cercaram até à alma…" (JONAS 2:3,5). Apesar de sua situação, Jonas disse: "… eu me lembrei do Senhor; e subiu a ti a minha oração…" (v.7). Deus ouviu sua oração e fez o peixe libertá-lo.

Embora o pecado crie distância entre Deus e nós, podemos olhar para cima a partir dos pontos mais baixos de nossa vida e vê-lo — em Sua santidade, bondade e graça. Se nos convertermos de nosso pecado e o confessarmos a Deus, Ele nos perdoará. Deus responde às orações feitas no vale. —JBS

As trevas do pecado apenas tornam
a luz da graça de Deus mais reluzente.

PARA SABERMOS

Leitura:
1 João 5:10-15

*Estas coisas vos escrevi,
a fim de saberdes que tendes a vida eterna...*
—1 JOÃO 5:13

SENTADO EM UM TREM, a caminho de um compromisso importante, comecei a me perguntar se estava indo na direção certa. Eu nunca havia feito aquele caminho antes e não tinha conseguido pedir ajuda. Por fim, dominado pela incerteza e dúvida, saí na estação seguinte — apenas para ser informado de que eu estava, de fato, no trem certo!

Esse incidente me fez lembrar de como a dúvida pode nos roubar a paz e a confiança. Certa vez, lutei com a certeza de minha salvação, mas Deus me ajudou a lidar com a minha dúvida. Mais tarde, após compartilhar a história de minha conversão e minha certeza de ir para o céu, alguém perguntou: "Como você pode ter certeza de estar salvo e de ir para o céu?" Com confiança, mas humildade, mostrei-lhe o versículo que Deus havia usado para me ajudar: "Estas coisas vos escrevi, a fim de saberdes que tendes a vida eterna, a vós outros que credes em o nome do Filho de Deus" (1 JOÃO 5:13).

Deus promete que, pela fé em Seu Filho Jesus, *já* temos a vida eterna: "...Deus nos deu a vida eterna; e esta vida está no seu Filho" (V.11). Esta certeza aprimora a nossa fé, nos eleva quando estamos desanimados, e nos dá coragem nos momentos de dúvida. —LD

*Lembrar-se das promessas de Deus
destrói a dúvida.*

TEMOS FRUTAS!

Leitura:
Josué 24:2,8-14

*Dei-vos a terra em que não trabalhastes
e cidades que não edificastes...*
—JOSUÉ 24:13

A MÃE SUSPIROU ENQUANTO fazia o almoço de sua filha de 3 anos. Vendo a cesta de frutas vazia sobre a mesa da sua pequena cozinha, ela suspirou e disse: "Se apenas tivéssemos uma cesta de frutas, eu me sentiria rica!" Sua menininha a ouviu.

Semanas se passaram. Deus os sustentou, mas a mãe ainda se preocupava. Certo dia, a garota foi à cozinha e exclamou: "Olhe, mamãe, estamos ricos!", disse, apontando para a fruteira cheia sobre a mesa. Nada havia mudado; a família apenas havia comprado um saco de maçãs.

Prestes a morrer, Josué, o líder dos israelitas, transmitiu uma mensagem do Senhor que recordava tudo que Ele havia feito para eles: "...habitastes no deserto por muito tempo" (JOSUÉ 24:7). E disse: "Dei-vos a terra em que não trabalhastes e cidades que não edificastes, e habitais nelas; comeis das vinhas e dos olivais que não plantastes" (V.13). Josué erigiu uma grande pedra para lembrar Israel da provisão de Deus (V.26).

Como os israelitas, após um tempo de dificuldade e escassez, aquela família agora vive em outro lugar e tem árvores frutíferas plantadas em seu pomar pelo proprietário anterior. Se você os visitar, encontrará a fruteira na cozinha deles sempre cheia. Ela lhes lembra da bondade de Deus e de como uma criança de 3 anos infundiu fé, alegria e perspectiva em sua própria família. —TLG

*Lembrar-se da provisão de Deus para ontem
traz esperança e força para hoje.*

MELHOR DO QUE ACORDAR

Leitura:
Lucas 23:33-43

… hoje estarás comigo no paraíso.
—LUCAS 23:43

ALGUMA VEZ VOCÊ sentiu que sua vida foi arruinada por ter feito algo constrangedor, vergonhoso ou até criminoso — apenas para acordar e perceber que era apenas um sonho ruim? Mas e se isso não fosse apenas um pesadelo? E se a situação fosse absolutamente verdadeira — para você ou para alguém que você ama?

Esse é o conflito apresentado no romance do século 19, *The Curate's Awakening* (O despertar do pároco, inédito), de George MacDonald. É a história de um ministro paroquiano que descobre estar falando por um Deus em quem ele nem mesmo tem certeza de crer. Mais tarde, ele é chamado à cabeceira de um jovem que está enlouquecendo e morrendo, assombrado por um assassinato que cometera.

Na desoladora luta que se segue, o ministro descobre tudo o que precisamos ver. O alívio de acordar de um sonho ruim é nada se for comparado a acordar para a realidade do perdão de Deus, que antes pensávamos ser bom demais para ser verdade.

Onde encontraremos a misericórdia de que necessitamos? Nós a encontramos em Jesus, que, de Sua própria cruz, disse a um criminoso moribundo que buscou por ajuda nele: "…hoje estarás comigo no paraíso" (LUCAS 23:43). —MRD

Somos salvos pela misericórdia de Deus,
não por nosso mérito.

CHUVA DE MILAGRES

Leitura:
1 Reis 18:1,41-45

… eu sou Deus, e não há outro …
—ISAÍAS 46:9

A VIDA É DIFÍCIL para os moradores da província chinesa de Yunnan. Sua principal fonte de alimento é milho e arroz. Mas em maio de 2012, uma forte seca atingiu a região e as plantações secaram. Todos ficaram preocupados, e muitos se utilizaram de práticas supersticiosas para tentar acabar com a seca. Quando nada funcionou, eles começaram a culpar os cinco cristãos da aldeia por ofenderem os espíritos dos antepassados.

Estes fiéis se reuniram para orar. E logo, o céu escureceu e ouviram-se trovões. Uma forte chuva durou toda a tarde e noite. As safras foram salvas! A maioria dos moradores não acreditou que Deus enviara a chuva, mas alguns creram e desejaram saber mais acerca dele e de Jesus.

Lemos em Reis 17–18 o relato de uma forte seca em Israel. Mas nesse caso, sabemos que foi consequência do julgamento de Deus sobre o Seu povo (17:1). Eles haviam começado a adorar Baal, o deus dos cananeus, acreditando que essa divindade enviaria a chuva para as suas plantações. Então, por meio do profeta Elias, o Senhor mostrou ser o único e verdadeiro Deus que determina quando a chuva cai.

Nosso Deus todo-poderoso deseja ouvir nossas orações e responder às nossas súplicas. E, embora nem sempre entendamos o Seu tempo ou os Seus propósitos, Ele sempre responde com o Seu melhor para a nossa vida. —PFC

Pela oração, recebemos o poder do Deus infinito.

OS SEGUNDOS CONTAM

Leitura:
Salmo 39:4-13

Dá-me a conhecer, SENHOR, o meu fim…
—SALMO 39:4

AOS 59 ANOS, meu amigo Bob Boardman escreveu: "Se os 70 anos de uma vida normal fossem espremidos em um único dia de 24 horas, seriam agora 8h30 da noite em minha vida… O tempo está passando muito rapidamente."

A dificuldade em admitir que o nosso tempo neste mundo é limitado inspirou a criação do "Tikker" — um relógio de pulso que mostra a hora, calcula o seu tempo previsto de vida e exibe a contagem do seu tempo restante. Ele é anunciado como o relógio "que faz a contagem regressiva da sua vida, para você ser capaz de fazer cada segundo valer."

No Salmo 39, Davi enfrentou a brevidade de sua vida, dizendo: "Dá-me a conhecer, SENHOR, o meu fim e qual a soma dos meus dias, para que eu reconheça a minha fragilidade" (v.4). Ele descreveu sua vida como não mais do que a largura de seu palmo, apenas um momento para Deus, e simplesmente um sopro (v.5). Davi concluiu: "E eu, Senhor, que espero? Tu és a minha esperança" (v.7).

O relógio está batendo. Estou desperdiçando o meu tempo? De que maneira estou fazendo os meus dias valerem a pena? Em que áreas de minha vida preciso mudar? Agora é a hora de procurar o poder de Deus para nos ajudar a nos tornarmos as pessoas que Ele quer que sejamos. Encontrar a esperança em nosso Deus eterno dá significado a nossa vida hoje. —DCM

O tempo de viver para Jesus é agora.

BRINCANDO COM FOGO

Leitura:
João 15:10-20

Aquele que tem os meus mandamentos e os guarda,
esse é o que me ama [...] e eu também o amarei
e me manifestarei a ele.—JOÃO 14:21

QUANDO EU ERA MENINO, minha mãe me avisou que eu nunca deveria brincar com fogo. Certo dia, porém, decidi ver o que aconteceria se o fizesse. Pegando uma caixa de fósforos e um pouco de papel, fui para o quintal para experimentar. Com o coração batendo rápido, ajoelhei-me no chão, risquei o fósforo e queimei o papel.

De repente, vi minha mãe se aproximando. Não querendo ser pego, pus minhas pernas sobre as chamas para esconder o que eu estava fazendo. Mas minha mãe gritou: "Filho, mova as pernas! Há fogo debaixo delas!" Felizmente, movi minhas pernas com rapidez suficiente e não me queimei. Percebi, então, que a ordem de minha mãe para não brincar com fogo não era para estragar a minha diversão, mas porque ela se preocupava com a minha segurança.

Às vezes, não entendemos as razões por trás dos mandamentos de Deus. Podemos até pensar que Ele é um desmancha-prazeres cósmico, definindo as regras e os regulamentos para nos impedir de nos divertirmos. Mas Deus nos pede que o obedeçamos, porque Ele deseja o melhor para cada um de nós. Quando o obedecemos, permanecemos no Seu amor e a nossa alegria é completa (JOÃO 15:10,11).

Então, quando Deus nos adverte a não pecar, Ele faz isso para o nosso próprio bem. O Senhor realmente quer nos proteger de "brincar com fogo" e nos queimarmos. —HDF

Em Sua Palavra, Deus nos dá alertas amorosos
para nos proteger.

VISÃO OBSCURA

Leitura:
Jó 19:1-21

Eu te conhecia só de ouvir, mas agora
os meus olhos te veem.
—JÓ 42:5

MINHA AMIGA Mariza é uma amazona talentosa e ela me ensinou algumas coisas interessantes sobre os cavalos. Por exemplo, apesar de terem os maiores olhos de todos os mamíferos terrestres, os cavalos têm uma visão ruim e veem menos cores do que os seres humanos. Por causa disso, eles nem sempre conseguem identificar os objetos no chão. Quando veem uma trave, eles não sabem se é uma trave sobre a qual conseguem facilmente saltar ou uma enorme serpente que poderá feri-los. Por isto, até serem devidamente adestrados, os cavalos se assustam facilmente e são rápidos em fugir.

Nós também podemos querer fugir das circunstâncias alarmantes. Podemos nos sentir como Jó, que não compreendeu os seus problemas e desejou nunca ter nascido. Como não podia ver que era Satanás quem estava tentando derrubá-lo, ele temia que o Senhor, em quem ele havia confiado, estivesse tentando destruí-lo. Oprimido, Jó gritou: "…Deus é que me oprimiu e com a sua rede me cercou" (JÓ 19:6).

Como a visão de Jó, a nossa também é limitada. Queremos fugir das situações difíceis que nos assustam. Pela perspectiva de Deus, não estamos sozinhos. Ele entende o que nos confunde e amedronta. E sabe que estamos seguros com Ele ao nosso lado. Esta é a nossa oportunidade de confiar em Seu entendimento em vez do nosso. —AMC

Confiar na fidelidade de Deus dissipa o nosso medo.

PALAVRAS DESCUIDADAS

Leitura:
1 Pedro 2:13-25

... ele, quando ultrajado, não revidava...
—1 PEDRO 2:23

EU ESTAVA DIRIGINDO havia quase meia hora quando, de repente, minha filha chorou no banco de trás. Quando perguntei "O que aconteceu?", ela disse que o seu irmão havia agarrado o braço dela. Ele alegou ter feito isso porque ela o havia beliscado. Ela disse que o beliscou porque ele tinha dito algo agressivo.

Infelizmente, esse padrão, comum entre crianças, pode aparecer também em relacionamentos adultos. Uma pessoa ofende outra e a pessoa ferida responde com verborragia. O agressor inicial revida com outro insulto. Em pouco tempo, a raiva e as palavras cruéis já danificaram o relacionamento.

A Bíblia diz que a: "...tagarelice é como pontas de espada..." e que "...a palavra dura suscita a ira", mas "...a resposta branda desvia o furor..." (PROVÉRBIOS 12:18; 15:1). E, às vezes, não responder é a melhor maneira de lidar com palavras ou comentários agressivos ou cruéis.

Antes da crucificação de Jesus, as autoridades religiosas tentaram provocá-lo com suas palavras (MATEUS 27:41-43). Contudo, "...ele, quando ultrajado, não revidava com ultraje [...] mas entregava-se àquele que julga retamente" (1 PEDRO 2:23).

O exemplo de Jesus e a ajuda do Espírito nos oferecem uma maneira de responder às pessoas que nos ofendem. Confiando no Senhor, não precisamos usar as palavras como armas. —JBS

Frequentemente, uma resposta branda
tem sido o meio de quebrantar um coração endurecido.

A CANÇÃO DE NOSSA VIDA

Leitura:
Jó 29:1-6; 30:1-9

O Senhor Deus é a minha força e o meu cântico.
—ISAÍAS 12:2

CADA PESSOA TOCADA por uma música, ouve-a de modo diferente. O compositor a ouve na imaginação. O público, com seus sentidos e emoções. Os membros da orquestra ouvem melhor o som dos instrumentos mais próximos deles.

Somos os membros da orquestra de Deus. Com frequência, ouvimos apenas a música mais próxima de nós. Por não ouvirmos a obra em sua harmonia, somos como Jó, que chorou ao sofrer: "Mas agora sou a sua canção de motejo e lhes sirvo de provérbio" (JÓ 30:9).

Jó recordou-se sobre como os príncipes e autoridades o respeitavam antes. Sua vida era: "...eu lavava os pés em leite, e da rocha me corriam ribeiros de azeite" (29:6). Mas, agora, ele se tornara alvo de escarnecedores. "...minha harpa se me tornou em prantos de luto...", lamentou-se (30:31). Havia, porém, muito mais na sinfonia. Jó apenas não conseguia ouvir toda a harmonia da música.

Talvez hoje você só consiga ouvir as notas tristes de seu próprio violino. Não se desanime. Todo detalhe de sua vida faz parte da composição de Deus. Ou talvez você esteja ouvindo uma flauta alegre. Louve a Deus por isso e compartilhe a sua alegria com outra pessoa.

A obra-prima da redenção divina é a sinfonia que estamos tocando e, no fim, tudo cooperará para os Seus bons propósitos. Deus é o compositor de nossa vida. Sua música é perfeita e podemos confiar nele. —KO

A fé na bondade de Deus
coloca uma canção no coração.

O AMOR EM PRIMEIRO LUGAR

Leitura:
1 João 4:7-19

Nós amamos [a Deus] porque ele
nos amou primeiro.
—1 JOÃO 4:19

ERTA NOITE, minha amiga me mostrou uma das três placas decorativas que fariam parte de um arranjo de parede em sua sala de estar. "Veja, eu já tenho Amor", disse ela, segurando a placa com a palavra escrita nela. "*Fé* e *Esperança* vêm em seguida."

Então o amor vem em primeiro lugar, pensei. *A fé e esperança vêm logo em seguida!*

O amor veio mesmo primeiro. Na verdade, ele se originou com Deus. A primeira carta de João 4:19 nos lembra de que: "Nós amamos [a Deus] porque ele nos amou primeiro". O amor de Deus, descrito em 1 Coríntios 13 (conhecido como o "capítulo do amor"), explica uma característica do amor verdadeiro ao dizer: "O amor jamais acaba…" (V.8).

A fé e a esperança são essenciais ao cristão. Somente por sermos justificados pela *fé* "…temos paz com Deus por meio de nosso Senhor Jesus Cristo" (ROMANOS 5:1). E a *esperança* é descrita em Hebreus 6 como a "…âncora da alma, segura e firme" (V.19).

Algum dia, não teremos necessidade de fé e esperança. A fé se tornará visível e a nossa esperança se concretizará, quando virmos o nosso Salvador face a face. Mas o amor é eterno, porque o amor vem de Deus e Deus é amor (1 JOÃO 4:7,8). "Agora, pois, permanecem a fé, a esperança e o amor, estes três; porém o maior destes é o amor" — é o primeiro e o último (1 CORÍNTIOS 13:13). —CHK

O amor vem de Deus e Deus é amor.

CHECKUP ESPIRITUAL

Leitura:
Colossenses 3:1-14

Amarás, pois, o Senhor, teu Deus, de todo o teu coração,
de toda a tua alma, de todo o teu entendimento
e de toda a tua força. —MARCOS 12:30

PARA DETECTAR PROBLEMAS de saúde antes que se tornem graves, os médicos recomendam exames de rotina. Podemos fazer o mesmo por nossa saúde espiritual com algumas perguntas baseadas no grande mandamento a que Jesus se referiu (MARCOS 12:30).

Amo a Deus com todo o meu coração porque Ele me amou primeiro? Qual é o mais forte: meu desejo de ganhos terrenos ou os tesouros que são meus em Cristo? (COLOSSENSES 3:1). Ele deseja que a Sua paz reine em nosso coração.

Amo a Deus com toda a minha alma? Escuto Deus dizer-me quem sou? Afasto-me de desejos egocêntricos? (V.5). Procuro ser mais compassivo, bondoso, humilde, gentil e paciente? (V.12).

Amo a Deus com todo o meu entendimento? Dedico-me em meu relacionamento com o Seu Filho ou deixo minha mente vagar por onde quiser? (V.2). Meus pensamentos levam a problemas ou soluções? A unidade ou divisão? A perdão ou vingança? (V.13).

Amo a Deus com toda a minha força? Estou disposto a ser visto como fraco para que Deus possa mostrar a Sua força em meu favor? (V.17). Estou dependendo da Sua graça para ser forte em Seu Espírito?

Quando deixarmos "[habitar], ricamente, em [nós] a palavra de Cristo [...] em toda a sabedoria" (V.16), Ele nos equipará para edificarmos uns aos outros à medida que nos tornarmos espiritualmente aptos e úteis a Ele. —JAL

Para ser espiritualmente apto,
alimente-se da Palavra de Deus e exercite a sua fé.

NÃO É MINHA PREOCUPAÇÃO

Leitura:
Isaías 40:25-31

Confia os teus cuidados ao SENHOR,
e ele te susterá... —SALMO 55:22

UM HOMEM SE PREOCUPAVA com tudo, constantemente. Certo dia, seus amigos o viram assobiando feliz e com uma aparência perceptivelmente relaxada. "O que aconteceu?", perguntaram-
-lhe, atônitos.

Ele disse: —Estou pagando a um homem para preocupar-se em meu lugar.

—Quanto você lhe paga?, perguntaram.

—O equivalente a uns sete salários mínimos por semana, respondeu ele.

—Uau! Como você consegue pagar isso?

—Não consigo, mas a preocupação é dele.

Embora essa maneira bem-humorada de lidar com o estresse não funcione na vida real, como filhos de Deus, podemos lançar nossas preocupações em Alguém que tem tudo sob perfeito controle, e — especialmente — quando para nós não está.

O profeta Isaías nos relembra de que Deus cria as estrelas e chama a todas pelo nome (40:25,26). Por Ele ser "grande em força e forte em poder", nenhuma delas falta (v.26). E, assim como conhece as estrelas pelo nome, Deus nos conhece pessoal e individualmente. Estamos sob os Seus vigilantes cuidados (v.27).

Se somos propensos às preocupações, podemos lançá-las sobre o Senhor. Ele nunca está demasiadamente fatigado ou excessivamente cansado para prestar atenção em nós. Ele tem toda a sabedoria e todo o poder, e ama usá-los para o nosso bem. O Santo Deus que dirige as estrelas tem os Seus braços amorosos em torno de nós. —PFC

As preocupações terminam onde começa a fé.

PERGUNTAS ARDENTES

Leitura:
Êxodo 3:1-6,10-14

"... EU SOU O QUE SOU..."
—ÊXODO 3:14

UMA ANTIGA HISTÓRIA de índios dos EUA fala de um garoto enviado sozinho à mata numa noite de outono, para provar sua coragem. Logo, o céu escureceu e os sons da noite encheram o ar. Árvores rangiam e gemiam, uma coruja piava, um coiote uivava. Mesmo assustado, o menino ficou na mata a noite toda, como o teste exigia. Finalmente, amanheceu e ele viu uma figura solitária por perto. Era seu avô, que cuidara dele a noite toda.

Deserto adentro, Moisés viu uma sarça ardente que não se consumia. Em seguida, Deus começou a falar-lhe do arbusto, comissionando o profeta a voltar ao Egito para retirar os israelitas da cruel escravidão à liberdade. Moisés, relutante, começou a questionar: "Quem sou eu para ir?"

Deus apenas respondeu: "Eu serei contigo."

"Quando eu lhes disser: O Deus de vossos pais me enviou a vós outros; e eles me perguntarem: Qual é o seu nome?" Que lhes direi?"

Deus respondeu: "...EU SOU O QUE SOU. [Diga-lhes:] EU SOU me enviou a vós outros" (ÊXODO 3:11-14). A frase "EU SOU O QUE SOU" pode ser interpretada como "Eu serei quem eu serei" e revela o eterno e todo-suficiente caráter de Deus.

Deus prometeu estar sempre com aqueles que creem em Jesus. Não importa quão escura seja a noite, o Deus invisível, e imutável, está pronto a responder adequadamente à nossa necessidade. —DCE

Deus está sempre presente e operante.

TODOS SEGUROS! TODOS BEM!

Leitura:
Hebreus 11:8-16

Ora, a fé é a certeza de coisas que se esperam,
a convicção de fatos que se não veem.
—HEBREUS 11:1

E M JANEIRO DE 1915, o navio *Endurance* ficou esmagado no gelo na costa da Antártida. Os exploradores polares liderados por Ernest Shackleton sobreviveram e conseguiram chegar a ilha *Elephant Island* em três botes salva-vidas. Presos nessa ilha inabitada, longe de rotas marítimas normais, eles tinham uma esperança. Em 24 de abril de 1916, 22 homens observaram Shackleton e cinco companheiros saírem num dos botes para a Geórgia do Sul, uma ilha a 1.290 quilômetros de distância. Parecia impossível; e se falhassem, certamente todos morreriam. Que alegria quando, após mais de *quatro meses*, um barco apareceu no horizonte com Shackleton na proa, gritando "Vocês estão bem?" E a resposta foi: "Todos seguros! Todos bem!"

O que manteve aqueles homens juntos e vivos tantos meses? A fé e a esperança colocadas num homem. Eles acreditavam que Shackleton encontraria um modo de salvá-los.

Este exemplo humano de fé e esperança imita a fé dos heróis elencados em Hebreus 11. Sua fé na "...certeza de coisas que se esperam, a convicção de fatos que se não veem" os sustentou em meio às grandes dificuldades e provações (HEBREUS 11:1).

Ao olharmos para os nossos próprios problemas, não desesperemos. Que possamos ter esperança pela certeza da nossa fé no Único — Jesus, nosso Deus e Salvador. —RKK

A esperança em Jesus resplandece
até em nosso dia mais tenebroso.

DIREÇÃO DE DEUS

Leitura:
Provérbios 3:1–8

*Reconhece-o em todos os teus caminhos,
e ele endireitará as tuas veredas.*
—PROVÉRBIOS 3:6

UM SÉCULO ATRÁS, Oswald Chambers, de 41 anos, chegou ao Egito para servir como capelão junto às tropas da Comunidade Britânica na Primeira Guerra Mundial. Ele foi destacado para um acampamento em Zeitoun, 9,5 quilômetros ao norte do Cairo. Em sua primeira noite lá, 27 de outubro de 1915, ele escreveu em seu diário: "Esta área é absolutamente deserta no meio das tropas e uma oportunidade gloriosa para os homens. E é imensamente diferente de tudo que me é familiar, e estou observando com interesse as coisas novas que Deus fará e edificará."

Chambers cria nas palavras de Provérbios 3:5,6 e as praticava: "Confia no SENHOR de todo o teu coração e não te estribes no teu próprio entendimento. Reconhece-o em todos os teus caminhos, e ele endireitará as tuas veredas" (PROVÉRBIOS 3:5,6).

Isso é um conforto e um desafio. Há segurança em saber que o Senhor irá à nossa frente a cada dia, mas não podemos nos ligar demais aos nossos planos e resistir ao redirecionamento de Deus ou ao Seu tempo.

"Não temos direito de julgar onde deveríamos ser colocados, nem ter preconceitos quanto ao que Deus quer para nós," disse Chambers. "Deus edifica tudo. Onde Ele nos colocar, nosso único e grande objetivo é dedicarmo-nos a Ele nessa obra específica." Que possamos servi-lo onde Ele nos colocar. —DCM

*Quando confiamos em Deus,
Ele dirige os nossos passos.*

TESOUROS NO CÉU

Leitura:
Mateus 6:19-24

*… ajuntai para vós outros tesouros no céu,
onde traça nem ferrugem corrói, e onde ladrões não escavam,
nem roubam. —*MATEUS 6:20

UMA FIAÇÃO ELÉTRICA mal instalada provocou um incêndio que destruiu nossa casa recém-construída. As chamas destruíram a casa em uma hora, deixando apenas escombros. Outra vez, num domingo, voltamos da igreja para casa e descobrimos que ela havia sido assaltada e alguns de nossos pertences, roubados.

Em nosso mundo imperfeito, a perda de riqueza material é muito comum — veículos são roubados ou colidem, os navios afundam, os prédios desmoronam, as casas são inundadas e os pertences pessoais são roubados. Daí provém a admoestação de Jesus para não colocarmos nossa confiança nas riquezas terrenas (MATEUS 6:19).

Jesus contou a história de um homem que acumulou tesouros abundantes e decidiu guardar tudo para si mesmo (LUCAS 12:16-21). "Descansa", disse o homem a si mesmo; "come, bebe e regala-te" (V.19). Mas naquela noite, ele perdeu tudo, incluindo sua vida. Na conclusão, Jesus disse: "Assim é o que entesoura para si mesmo e não é rico para com Deus" (V.21).

A riqueza material é temporária. Nada dura para sempre — exceto o que o nosso Deus nos capacita a fazer pelos outros. Dar de nosso tempo e recursos para espalhar as boas-novas, visitar os que estão sós e ajudar os necessitados são apenas algumas das muitas maneiras de armazenar tesouros no céu (MATEUS 6:20). —LD

*Nossa verdadeira riqueza
é o que investimos para a eternidade.*

A ESTRADA ACIDENTADA

Leitura:
Salmo 25:4-11

… perguntai […] qual é o bom caminho;
andai por ele e achareis descanso para a vossa alma …
—JEREMIAS 6:16

MEU COLEGA DE PESCA me falou sobre um lago e disse que trutas enormes nos esperavam lá. Em seguida, ele pegou um lápis, um guardanapo e desenhou um mapa para mim. Semanas depois, abasteci minha picape e comecei a seguir as suas instruções.

Seu mapa me colocou em uma das piores estradas em que já dirigi! Era uma picada aberta por trator na floresta, que nunca fora melhorado. Desmoronamentos, madeira caída, sulcos profundos e grandes rochas agrediram minha coluna e entortaram a suspensão da picape. Demorei meia manhã até meu destino e, quando finalmente cheguei, perguntei-me: "Por que um *amigo* me enviaria a uma estrada como essa?"

Mas o lago era magnífico e os peixes, realmente grandes e persistentes! Meu amigo me colocara na estrada certa, que eu mesmo a teria escolhido e suportado com paciência se soubesse o que descobriria no fim.

Essa palavra é fiel: "Todas as veredas do SENHOR são misericórdia e verdade para os que guardam a sua aliança e os seus testemunhos" (SALMO 25:10). Alguns dos caminhos de Deus para nós são árduos e acidentados; outros, tediosos e enfadonhos; mas todos são plenos de Seu amor e fidelidade. Quando chegarmos ao fim de nossa jornada e olharmos para trás, diremos: "O caminho de Deus era o melhor para mim." —DHR

Nosso caminho pode ter obstáculos,
mas Deus nos guiará.

A CRUZ E A COROA

Leitura:
João 19:21-30

… Eu sou a ressurreição e a vida.
Quem crê em mim, ainda que morra, viverá.
—JOÃO 11:25

A ABADIA DE WESTMINSTER, em Londres, tem um rico passado histórico. No século 10, os monges beneditinos iniciaram ali uma tradição de adoração diária que continua até hoje. A Abadia é também o local de enterro de muitas pessoas famosas e, desde o ano 1066, todos os monarcas ingleses foram coroados lá. De fato, 17 desses monarcas também estão enterrados lá — o governo deles termina onde começou.

Independentemente da grandiosidade de seu sepultamento, governantes mundiais ascendem e caem; vivem e morrem. Mas outro rei que morreu, Jesus, não está mais enterrado. Em Sua primeira vinda, Jesus foi coroado com espinhos e crucificado como o "rei dos judeus" (JOÃO 19:3,19). Por Ele ter ressurgido vitoriosamente, nós, cristãos, temos a esperança no além-túmulo e a garantia de que viveremos com Ele para sempre. Jesus disse: "Eu sou a ressurreição e a vida. Quem crê em mim, ainda que morra, viverá; e todo o que vive e crê em mim não morrerá, eternamente" (11:25,26).

Servimos a um Rei ressurreto! Que nos alegremos em ceder ao Seu governo em nossa vida agora, enquanto aguardamos o dia em que o "…o Senhor, nosso Deus, o Todo-Poderoso…" reinará por toda a eternidade (APOCALIPSE 19:6). —WEC

A morte de Jesus decretou a morte da morte.

AGUARDANDO UMA RESPOSTA

Leitura:
Salmo 9:1-10

Em ti [...] confiam os que conhecem o teu nome,
porque tu, Senhor, não desamparas os que te buscam.
—SALMO 9:10

NOSSA FILHA FUGIU aos 15 anos e ficou mais de 3 semanas fora — as mais longas de nossa vida. Procuramos por ela em todos os lugares e pedimos ajuda à polícia e aos amigos. Nesses dias de desespero, aprendemos a importância de esperar em Deus em oração. Havíamos chegado ao fim de nossa força e recursos. Tínhamos de confiar em Deus.

Era o Dia dos Pais quando a encontramos. Estávamos no estacionamento de um restaurante, indo jantar, quando o telefone tocou. Uma garçonete de outro restaurante a havia visto. Nossa filha estava a apenas três quarteirões de distância. Logo a levamos para casa, sã e salva.

Temos de esperar em Deus, quando oramos. Podemos não saber como ou quando Ele responderá, mas podemos colocar nosso coração constantemente diante dele em oração. Às vezes, as respostas às nossas orações não vêm quando desejamos. As coisas podem até ir de mal a pior. Mas temos de perseverar, continuar crendo e seguir pedindo.

Esperar nunca é fácil, mas o resultado final, seja qual for, valerá a pena. Davi declarou: "Em ti, pois, confiam os que conhecem o teu nome, porque tu, Senhor, não desamparas os que te buscam" (SALMO 9:10).

Continue buscando. Continue confiando. Continue pedindo. Continue orando. —JB.

O tempo investido em oração
é sempre bem utilizado.

VISTA INTERNA

Leitura:
1 Samuel 16:1-7

... o SENHOR [vê] o coração.
—SAMUEL 16:7

O FÍSICO APOSENTADO Arie van't Riet cria obras de arte de maneira incomum. Ele dispõe as plantas e animais mortos em várias composições e, depois os radiografa, digitaliza essas radiografias num computador e, depois, adiciona cor a certas partes de seus quadros. Suas obras de arte revelam a complexidade interior de flores, peixes, aves, répteis e macacos.

Frequentemente, a visão interior de algo é mais fascinante e mais importante do que uma visão exterior. À primeira vista, Samuel pensou que Eliabe poderia ser o próximo rei de Israel (1 SAMUEL 16:6). Mas Deus advertiu o profeta a não olhar para os traços físicos de Eliabe. O Senhor disse a Samuel: "...O homem vê o exterior, porém o SENHOR, [vê] o coração" (V.7). Deus escolheu Davi, em vez de Eliabe, para ser o próximo rei de Israel.

Quando Deus olha para nós, Ele está mais interessado em nosso coração do que em nossa altura; no estado de nossa alma do que no formato do nosso rosto. Ele não nos vê como velhos demais, jovens demais, pequeno demais ou grande demais. Ele se concentra no que importa — nossa resposta ao Seu amor por nós e nossa preocupação com as outras pessoas (MATEUS 22:37-39). Lemos em 2 Crônicas 6:30 que só Deus conhece o coração humano. Quando Deus, que fez tanto por nós, olha para o nosso coração, o que Ele vê? —JBS

*A verdadeira medida de uma pessoa
é o que está em seu coração.*

SOBERBA NO ÂMAGO

Leitura:
Esdras 9:1-9

[Esdras] era escriba versado na Lei de Moisés...
—ESDRAS 7:6

"ELE SE ACHA GRANDE COISA!", disse meu amigo sobre um cristão que conhecemos. Pensamos ter visto nele um espírito de soberba. Foi triste saber que logo foi pego por delitos graves. Ao envaidecer-se, só encontrou problemas. Percebemos que isso poderia acontecer também a nós.

Pode ser fácil minimizar o terrível pecado da soberba em nosso coração. Quanto mais aprendemos e mais sucesso alcançamos, mais chances temos de pensar que somos "grande coisa". A soberba está no âmago de nossa natureza.

Esdras é descrito como "...escriba versado na Lei de Moisés..." (7:6). O rei Artaxerxes o nomeou para levar os exilados hebreus de volta a Jerusalém. Esdras seria um ótimo candidato a sucumbir à soberba, mas não o fez. Ele não só conhecia a lei de Deus: vivia-a.

Chegando a Jerusalém, Esdras descobriu que os judeus haviam se casado com mulheres que serviam a outros deuses, desafiando ordens expressas de Deus (9:1,2). Ele rasgou as vestes em luto e orou com arrependimento sincero (vv.5-15). Seu posicionamento tinha propósitos maiores: seu amor por Deus e por Seu povo. Ele orou: "...estamos diante de ti na nossa culpa, porque ninguém há que possa estar na tua presença por causa disto" (v.15).

Esdras compreendia o alcance dos pecados deles. Mas, com humildade, arrependeu-se e confiou na bondade do nosso Deus perdoador. —TLG

A soberba leva a todos os outros vícios;
é a total disposição contra Deus. —C. S. LEWIS

A ALEGRIA DE SUA PRESENÇA

Leitura:
Salmo 145:1-18

*... grande é o S*ENHOR *e mui digno de ser louvado,*
temível mais que todos os deuses.
—SALMO 96:4

"A PRINCIPAL FINALIDADE DO homem é glorificar a Deus e regozijar-se nele para sempre", diz o Catecismo de Westminster. Grande parte da Escritura requer a alegre gratidão e adoração ao Deus vivo. Quando honramos a Deus, nós o celebramos como a Fonte de onde flui toda a bondade.

Quando louvamos a Deus de coração, descobrimo-nos nesse estado de alegria para o qual fomos criados. Assim como um belo pôr do sol ou uma calma cena campestre ressalta a majestade do Criador, a adoração nos leva a uma união espiritual íntima com Ele. O salmista declara: "Grande é o SENHOR e mui digno de ser louvado [...]. Perto está o SENHOR de todos os que o invocam..." (SALMO 145:3,18).

Deus não precisa do nosso louvor, mas nós precisamos louvar a Deus. Alegrando-nos em Sua presença, bebemos na alegria de Seu infinito amor e nos regozijamos naquele que veio para nos redimir e restaurar. O salmista afirma: "...na tua presença há plenitude de alegria, na tua destra, delícias perpetuamente" (SALMO 16:11). —HDF

A adoração é um coração transbordante
de louvor a Deus.

PARA ISTO TENHO JESUS

Leitura:
Isaías 49:13-20

*... o SENHOR consolou o seu povo e
dos seus aflitos se compadeceu.*
—ISAÍAS 49:13

RARAMENTE HÁ um período sem problemas em nossa vida, mas, às vezes, o ataque é aterrorizante.

Rose viu toda a sua família, exceto suas duas filhas pequenas, ser morta no genocídio de Ruanda, em 1994. Agora, ela é uma de muitas viúvas com pouco dinheiro. Mas ela se recusa a ser derrotada, adotou dois órfãos e simplesmente confia em Deus para prover os custos de alimentação e escola para sua família de cinco pessoas. Ela traduz literatura cristã para o idioma local e organiza uma conferência anual para outras viúvas. Rose chorou ao me contar sua história. Mas para todo problema em sua vida ela tem um remédio simples. "Para isto", diz ela, "eu tenho Jesus".

Deus sabe exatamente o que você está enfrentando hoje. Isaías nos lembra de que Deus nos conhece tão bem, que é como se os nossos nomes estivessem escritos nas palmas de Suas mãos (ISAÍAS 49:16). Às vezes, podemos negligenciar as necessidades dos outros, mesmo dos mais próximos a nós, mas Deus está ciente de cada detalhe de nossa vida. E Ele nos concedeu o Seu Espírito para nos guiar, confortar e fortalecer.

Pense, e liste os desafios que você enfrenta neste momento e, em seguida, escreva estas palavras "Para isto, eu tenho Jesus" ao lado de cada um deles, como lembrete de Sua fidelidade e cuidado. —MS

A vida adquire propósito à luz de Cristo.

TORNANDO-SE INVISÍVEL

Leitura:
Êxodo 2:11-22

Tudo tem o seu tempo determinado,
e há tempo para todo propósito debaixo do céu.
—ECLESIASTES 3:1

NO PAÍS ONDE MORO, esta é a época do ano em que as plantas desafiam a morte permanecendo sob o solo até que seja seguro sair de novo. Antes de o inverno chegar e o solo congelar, elas eliminam suas belas flores e se retiram para um lugar onde podem descansar e poupar energia para a próxima estação de crescimento. Ao contrário do que parece, elas não estão mortas: estão dormentes. Quando a primavera vem e o solo degela, elas voltam a levantar-se para o céu, saudando o seu Criador com cores brilhantes e doces fragrâncias.

As estações da vida exigem que, por vezes, entremos em um período de dormência. Não estamos mortos, mas podemos sentir que nos tornamos invisíveis. Nesses tempos, podemos nos sentir inúteis e nos perguntar se Deus nunca voltará a nos usar. Mas períodos como este são para nossa proteção e preparação. Quando for o momento certo e as condições forem seguras, Deus nos chamará mais uma vez ao serviço e à adoração.

Moisés passou por um período de tempo como este. Após matar um egípcio que feriu um hebreu, ele teve de lutar por sua vida fugindo para a distante terra dos midianitas (ÊXODO 2:11-22). Ali, Deus o protegeu e o preparou para a maior atribuição de sua vida (3:10).

Então, sinta-se encorajado. Nunca somos invisíveis para Deus. —JAL

Ninguém é invisível para Deus.

NOS BASTIDORES

Leitura:
João 3:22-31

Convém que ele cresça e que eu diminua.
—JOÃO 3:30

AS ATIVIDADES DE EVANGELIZAÇÃO de nossa igreja culminaram com um culto para toda a cidade. Quando a equipe que havia organizado e conduzido os eventos — composta por nosso grupo de jovens músicos, conselheiros e líderes da igreja — entrou no palco, todos nós aplaudimos com animação e lhes demos o nosso apreço por seu árduo trabalho.

Um homem, porém, era quase imperceptível, mas era o líder da equipe. Quando o vi alguns dias depois, agradeci-lhe e felicitei-o por seu trabalho, e disse: "Quase nem vimos você durante o programa."

"Eu gosto de trabalhar nos bastidores", disse. Ele não estava preocupado em obter o reconhecimento para si mesmo. Era a hora de aqueles que fizeram o trabalho receberem o reconhecimento.

Seu comportamento tranquilo foi um completo sermão para mim. Foi um lembrete de que, ao servir ao Senhor, não preciso procurar ser reconhecido. Posso dar honra a Deus quer esteja ou não sendo abertamente reconhecido pelos outros. A atitude "Cristo primeiro" pode subjugar qualquer pequeno ciúme ou concorrência desleal.

Jesus, que está "...acima de todos..." (JOÃO 3:31), deve crescer; "...que eu diminua" (v.30). Quando tivermos essa atitude, buscaremos o crescimento da obra de Deus. É Cristo, não nós, quem deve ser o foco de tudo o que fazemos. —LD

O centro das atenções é o lugar para Cristo.

OCULTO EM MEU CORAÇÃO

Leitura:
Salmo 119:9-16

Guardo no coração as tuas palavras...
—SALMO 119:11

ESTOU ME ACOSTUMANDO a ler revistas digitais, e sinto-me bem por estar salvando árvores. Além disso, não tenho de esperar as revistas chegarem pelo correio. Entretanto, sinto falta das edições impressas, porque gosto de correr meus dedos pelas páginas brilhantes e recortar minhas receitas favoritas.

Tenho também uma edição digital da Bíblia em meu dispositivo de leitura. Mas ainda tenho minha Bíblia impressa favorita — a que sublinhei e li muitas vezes. Não conhecemos o futuro da página impressa, mas de uma coisa sabemos: O melhor lugar para a Palavra de Deus não é em nossos telefones celulares, dispositivos de leitura eletrônica ou mesas de cabeceira.

No Salmo 119, lemos acerca de guardar as Escrituras em nosso coração: "Guardo no coração as tuas palavras..." (v.11). Nada se compara a ponderar a Palavra de Deus, aprender mais sobre o Senhor e colocá-la em prática em nossa vida diária. O melhor lugar para a Sua Palavra se encontra na profundidade de nossa alma.

Podemos ter muitas desculpas para não ler, meditar ou memorizar, mas precisamos da Palavra de Deus. Oro para que Deus nos ajude a guardar a Sua Palavra no melhor lugar possível — nosso coração. —KO

O melhor lugar para a Palavra de Deus
é o nosso coração.

VOCÊ PERDEU A CHANCE

Leitura:
1 Coríntios 13

... ainda que eu tenha tamanha fé,
[...] se não tiver amor, nada serei.
—1 CORÍNTIOS 13:2

OUVI AS PALAVRAS mais tristes hoje. Dois cristãos estavam discutindo um assunto acerca do qual tinham opiniões divergentes. O mais velho dos dois parecia presunçoso ao empunhar a Escritura como uma arma, desferindo golpes naquilo que via como errado na vida do outro. O mais jovem apenas parecia cansado do sermão, cansado da outra pessoa e desanimado.

Quando o diálogo se aproximava do fim, o mais velho comentou sobre o aparente desinteresse do outro. "Você costumava ser interessado", começou ele e, então, parou abruptamente. "Não sei o que você quer."

"Você perdeu a chance de me amar", disse o jovem. "Em todo o tempo que você me conhece, o que pareceu mais importar para você foi apontar o que você pensa estar errado em mim. O que eu quero? Eu quero ver Jesus — em você e por seu intermédio."

Se isso tivesse sido dito a mim, pensei, *eu teria ficado arrasado.* Naquele momento, descobri que o Espírito Santo estava me dizendo ter havido pessoas a quem eu perdera a chance de amar. E eu sabia que havia pessoas que também não conseguiram ver Jesus em mim.

O apóstolo Paulo nos diz que o amor precisa ser a motivação para tudo que fazemos; *e em tudo* que fazemos (1 CORÍNTIOS 13:1-4). Não percamos a próxima oportunidade de demonstrar amor. —RKK

O amor é sempre superior aos sermões.

ONDE ESTÁ O MEU CORAÇÃO?

Leitura:
Hebreus 10:32-39

... aceitastes com alegria o espólio dos vossos bens,
tendo ciência de possuirdes vós mesmos
patrimônio superior e durável.
—HEBREUS 10:34

NO INÍCIO DE SETEMBRO DE 2011, um incêndio destruiu 600 casas no centro do Texas, e no seu entorno. Poucas semanas depois, um artigo de jornal tinha o seguinte título: "As pessoas que mais perderam se concentram naquilo que não foi perdido." O artigo descrevia o derramamento de generosidade pela comunidade e a percepção, pelos que receberam ajuda, de que os vizinhos, os amigos e a comunidade valiam muito mais do que qualquer coisa que eles tivessem perdido.

O escritor de Hebreus lembrou os cristãos do primeiro século de recordarem como haviam bravamente suportado a perseguição no início de sua caminhada de fé. Eles se mantiveram firmes diante de insultos e opressão, lado a lado com outros cristãos (HEBREUS 10:32,33). E "...não somente vos compadecestes dos encarcerados, como também aceitastes com alegria o espólio dos vossos bens, tendo ciência de possuirdes vós mesmos patrimônio superior e durável" (V.34). Seu coração não estava naquilo que eles haviam perdido, mas em coisas eternas que não lhes poderiam ser tomadas.

Jesus disse aos Seus seguidores: "...onde está o teu tesouro, aí estará também o teu coração" (MATEUS 6:21). Ao nos dedicarmos ao Senhor e a tudo que temos nele, podemos dar pouca importância até aos nossos bens mais preciosos. —DCM

Onde está o seu coração hoje?

NÃO TOQUE NA CERCA!

Leitura:
Jeremias 18:1-12

O Senhor [...] falou-lhes
[...] porque se compadecera do seu povo...
—2 CRÔNICAS 36:15

QUANDO ERA MENININHA, fui com meus pais visitar minha bisavó, que vivia perto de uma fazenda. O quintal dela era cercado por uma cerca eletrificada, que impedia as vacas de pastarem em sua grama. Quando perguntei aos meus pais se eu poderia brincar lá fora, eles consentiram, mas explicaram que tocar a cerca resultaria em um choque elétrico.

Infelizmente, ignorei a advertência deles, pus um dedo no arame farpado e fui eletrocutada por uma corrente elétrica suficientemente forte para dar uma lição a uma vaca. Eu sabia que meus pais haviam me avisado porque me amavam e não queriam que eu me ferisse.

Quando o Senhor viu os israelitas em Jerusalém esculpindo e adorando ídolos, Deus lhes falou: "...porque se compadecera do seu povo..." (2 CRÔNICAS 36:15). Deus falou por intermédio do profeta Jeremias, mas o povo disse: "...andaremos consoante os nossos projetos..." (JEREMIAS 18:12). Por causa disso, Deus permitiu que Nabucodonosor destruísse Jerusalém e capturasse a maioria de seus habitantes.

Talvez, hoje, Deus o alerta sobre algum pecado em sua vida. Se assim for, sinta-se encorajado. Essa é a prova da Sua compaixão por nós (HEBREUS 12:5,6). Ele vê o que está adiante e quer que evitemos os problemas que virão. —JBS

As advertências de Deus são para nos proteger,
não para nos punir.

AS TEMPESTADES DA VIDA

Leitura:
Marcos 4:35–5:1

*Nisso exultais, […] uma vez confirmado o valor da vossa fé,
muito mais preciosa do que o ouro perecível, redunde em louvor…*
—1 PEDRO 1:6,7

N O EVANGELHO de Marcos, lemos sobre uma terrível tempestade. Os discípulos estavam com Jesus em um barco, cruzando o mar da Galileia. Quando "…levantou-se grande temporal de vento…", os discípulos — dentre eles alguns pescadores experientes — temeram por suas vidas (4:37,38). Deus não se importava? Eles não eram escolhidos a dedo por Jesus e os mais próximos dele? Não estavam obedecendo a Jesus, que lhes dissera para irem "…para a outra margem"? (v.35). Por que, então, eles estavam passando por um momento tão turbulento?

Ninguém está livre das tempestades da vida. Mas assim como os discípulos que inicialmente temeram a tempestade, e algum tempo depois reverenciaram mais a Cristo, as tempestades que enfrentamos podem nos levar a um conhecimento mais profundo de Deus. "…Quem é este que até o vento e o mar lhe obedecem?", ponderaram os discípulos (v.41). Por meio de nossas provações, podemos aprender que nenhuma tempestade é suficientemente grande para impedir Deus de realizar a Sua vontade (5:1).

Embora possamos não entender por que Deus permite que as provações nos atinjam, nós lhe agradecemos porque, por meio delas, podemos vir a conhecer quem Ele é. Vivemos para servi-lo porque o Senhor nos tem preservado a vida. —AL

*As tempestades da vida provam
a resistência do nosso Âncora.*

CONSERTAR OU SUBSTITUIR?

Leitura:
2 Coríntios 5:14-21

… se alguém está em Cristo, é nova criatura…
—2 CORÍNTIOS 5:17

E RA NECESSÁRIO CONSERTAR a guarnição envelhecida das janelas de nossa casa, e eu raspei, lixei e apliquei massa de madeira para aprontá-la. Depois dos meus esforços — que incluíram uma camada de base e um pouco de tinta cara demais —, a guarnição parece bem-acabada. Mas não parece nova. A única maneira de parecer nova seria substituir a madeira antiga.

Não há problema em ter a guarnição danificada pelo tempo parecer "bem-acabada" aos nossos olhos. Mas quando se trata do nosso coração danificado pelo pecado, é insuficiente tentar consertá-lo. Do ponto de vista de Deus, precisamos que todas as coisas se tornem novas (2 CORÍNTIOS 5:17).

Essa é a beleza da salvação por meio da fé em Jesus, que morreu na cruz como sacrifício pelo nosso pecado e ressuscitou dos mortos para demonstrar o Seu poder sobre o pecado e a morte. Aos olhos de Deus, a fé na obra de Cristo nos torna uma "nova criatura" (2 CORÍNTIOS 5:17) e substitui a vida antiga por uma nova (ATOS 5:20). Olhando através de Jesus e Sua obra na cruz por nós, nosso Pai celestial vê todos os que colocam a sua fé nele como novos e sem máculas.

O pecado causou grandes estragos. Não conseguimos consertá-los por nós mesmos. Precisamos depender de Jesus como Salvador e permitir que Ele nos conceda uma nova vida. —JDB

Somente Jesus pode dar-lhe uma nova vida.

A ÁGUA E A VIDA

Leitura:
João 4:1-15

*… Quem beber […] da água que eu lhe der
nunca mais terá sede; pelo contrário…*
—JOÃO 4:13,14

QUANDO DAVI MUELLER estendeu a mão e girou a maçaneta, a água correu da torneira para um balde azul. As pessoas ao redor o aplaudiram. Elas comemoraram ao ver a água limpa e fresca fluir pela primeira vez, em sua comunidade. Ter uma fonte de água limpa estava prestes a mudar a vida deste grupo de quenianos.

Davi e sua esposa, Joyce, trabalham com afinco para atender às necessidades das pessoas, levando-lhes água. Mas eles não param na água potável. Enquanto ajudam a levar água limpa às pessoas, eles também lhes apresentam o Senhor Jesus Cristo.

Dois mil anos atrás, um homem chamado Jesus parou junto a um poço em Samaria e conversou com uma mulher que estava ali para obter água potável para a sua saúde física. Mas Jesus lhe disse que o que ela mais precisava era a água viva para a sua saúde espiritual.

A despeito do decorrer da história e da maior sofisticação da humanidade, a vida ainda se resume a duas verdades: Sem água limpa, morreremos. Mais importante, sem Jesus Cristo, a fonte de água viva, já estamos mortos em nossos pecados.

A água é essencial para a nossa existência — tanto a física, com água potável, quanto a espiritual, com Jesus. Você já provou da água da vida que Jesus, o Salvador, fornece? Agradeça-lhe por Sua prontidão em morrer na cruz e ressuscitar para prover-nos desta água. —JDB

*Somente Jesus tem a água viva
que aplaca a nossa sede espiritual.*

SEGURO EM SEUS BRAÇOS

Leitura:
Isaías 66:5-13

*Como alguém a quem sua mãe consola,
assim eu vos consolarei…*
—ISAÍAS 66:13

SENTEI-ME AO LADO da cama de minha filha em uma sala de recuperação, após ela ter passado por uma cirurgia. Quando seus olhos se entreabriram, ela sentiu-se desconfortável e começou a chorar. Tentei tranquilizá-la acariciando o seu braço, mas ela só ficou mais incomodada. Com a ajuda de uma enfermeira, tirei-a da cama e a segurei em meu colo. Enxuguei as lágrimas em seu rosto, lembrando-a de que logo iria sentir-se melhor.

Por meio do profeta Isaías, Deus disse aos israelitas: "Como alguém a quem sua mãe consola, assim eu vos consolarei…" (ISAÍAS 66:13). Deus prometeu dar a paz a Seus filhos e levá-los como uma mãe leva o filho ao seu lado. Essa terna mensagem foi para as pessoas que tinham reverência por Deus, e que temiam a Sua palavra (V.5).

A capacidade e a vontade de Deus de consolar o Seu povo aparecem novamente na carta de Paulo aos cristãos de Corinto. Paulo disse que o Senhor é aquele "…que nos conforta em toda a nossa tribulação…" (2 CORÍNTIOS 1:3,4). Deus é bondoso e solidário conosco quando estamos em apuros.

Um dia, todo o sofrimento terá fim. Nossas lágrimas secarão permanentemente e estaremos seguros nos braços de Deus para sempre (APOCALIPSE 21:4). Até então, podemos depender do amor do Senhor para nos suster quando sofremos. —JBS

Deus conforta o Seu povo.

O ENFADO DIÁRIO

Leitura:
Efésios 6:5-9

*Tudo quanto fizerdes, fazei-o de todo o coração,
como para o Senhor e não para homens.*
—COLOSSENSES 3:23

ESCOLA ONDE ESTUDEI exigia 4 anos de aulas de latim. Dou valor a essa matéria agora, mas na época, era um enfado.

Nossa professora acreditava em exercício e repetição. "*Repetitio est mater studiorum*" [A repetição é a mãe da aprendizagem], dizia ela várias vezes ao dia. "*Repetitio est absurdum*", murmurávamos: "A repetição é absurda."

Percebo agora que a maior parte da vida é simplesmente repetição — um ciclo de coisas maçantes, não inspirativas e confusas que precisamos repetir de novo e de novo. "A repetição é tão comum e tão necessária quanto o pão", disse o filósofo dinamarquês Søren Kierkegaard. Mas ele prosseguiu: "Ela é o pão que satisfaz com bênção."

Devemos assumir cada tarefa, seja ela mundana, humilde ou trivial, e pedir a Deus para abençoá-la e colocá-la nos Seus propósitos pretendidos. Desse modo, transformamos as labutas da vida em trabalho santo, repleto de consequências eternas invisíveis.

O poeta Gerard Manley Hopkins disse: "Levantar as mãos em oração dá glória a Deus, mas um homem com um [forcado] na mão, ou uma mulher com um balde de lixo também lhe dão glória. Deus é tão grande que tudo lhe dá glória, se você assim quiser."

Se tudo que fizermos for feito para Ele, ficaremos surpresos com a alegria e o significado que encontraremos até em tarefas mais comuns. —DHR

*A disposição de servir transforma o enfado
do dever em trabalho de amor.*

NOSSO DEUS ZELOSO

Leitura:
2 Coríntios 11:1-4

... o nome do SENHOR é Zeloso; sim, Deus zeloso é ele.
—ÊXODO 34:14

EM 2014, uma professora universitária usou um cachorro de pelúcia para mostrar que os animais sentem ciúme. Ela pediu aos donos de cães para demonstrarem afeição por um bicho de pelúcia na presença de seu animal de estimação, e descobriu que três quartos dos cães respondiam com aparente inveja. Alguns tentaram chamar a atenção com um toque ou um pequeno empurrão. Outros tentaram ficar entre seu dono e o brinquedo. Alguns chegaram a morder o rival de pelúcia.

Em um cão, o ciúme parece uma expressão de carinho. Nas pessoas, pode levar a resultados menos admiráveis. Contudo, como Moisés e Paulo nos lembram, há também outro sentimento — que reflete belamente o coração de Deus.

Ao escrever à igreja de Corinto, Paulo disse: "...zelo por vós com zelo de Deus..." (2 CORÍNTIOS 11:2). Ele não queria que eles fossem desviados de sua "...sinceridade e pureza devidas a Cristo" (v.3). Tal zelo reflete o coração de Deus, que disse a Moisés nos Dez Mandamentos: "...sou o SENHOR, teu Deus, Deus zeloso..." (ÊXODO 20:5).

O ciúme de Deus não é como o nosso amor egocêntrico. Seu coração expressa o Seu zelo protetor pelos que são Seus por criação e salvação. Ele nos fez e nos salvou para conhecê-lo e regozijarmo-nos nele para sempre. Como pedir mais do que um Deus tão zeloso — e ciumento — por nossa felicidade? —MRD

Deus ama a cada um como se fosse o único ser
que há para ser amado. —AGOSTINHO

FRASES RAIVOSAS

Leitura:
Salmo 86:1-13

O insensato expande toda a sua ira,
mas o sábio [a] reprime. —PROVÉRBIOS 29:11

O S VIZINHOS NÃO souberam o que pensar ao me verem em pé na calçada, com uma pá, batendo frenética e raivosamente em um maço de folhas que entupiam um canto da calha. A cada golpe, minhas frases variavam sobre um tema: "Não consigo fazer isso", "Não se pode esperar que eu faça isso", "Não tenho força para fazer isso". Sendo cuidadora, com uma longa lista de responsabilidades para dar conta, eu agora tinha essas folhas no meu caminho e já não aguentava mais!

Minha raiva se entrelaçava com mentiras: "Eu mereço algo melhor do que isso", "Deus não é suficiente", "Afinal, ninguém se importa". Mas, quando escolhemos nos agarrar à nossa raiva, nos atolamos na armadilha da amargura e nunca avançamos. E a única cura para a raiva é a verdade.

A verdade é que Deus não nos dá o que merecemos: Ele nos dá misericórdia. "Pois tu, Senhor, és bom e compassivo [...] para com todos os que te invocam" (SALMO 86:5). Deus é mais do que suficiente, apesar do que vemos. Sua força é suficiente (2 CORÍNTIOS 12:9). Mas antes de encontrarmos essa certeza, pode ser preciso dar um passo atrás, largar a pá de nossos esforços e segurar na mão de Jesus, estendida a nós com misericórdia e graça.

Deus é suficientemente grande para ouvir a nossa raiva e amoroso o suficiente para nos mostrar, em Seu tempo, o caminho à frente. —SB

Graça: receber o que não merecemos
— Misericórdia: não receber o que merecemos.

ELE ADESTRA AS MINHAS MÃOS

Leitura:
Êxodo 4:10-17

*Bendito seja o SENHOR [...] que me adestra as mãos
para a batalha e os dedos, para a guerra.*
—SALMO 144:1

QUANDO DAVID WOOD, ex-jogador de basquete pela liga americana, ainda jogava na Espanha, estive com ele numa final da Copa Espanhola. Pouco antes de um jogo, ele leu o Salmo 144:1: "Bendito seja o SENHOR […] que me adestra as mãos para a batalha e os dedos, para a guerra" e disse: "Viu? É como se Deus tivesse escrito isso para mim! Ele capacita as minhas mãos para pegar os rebotes e os meus dedos, para lançar!" Wood se sentiu chamado para jogar basquete e aprendeu que Deus nos aceita como somos e nos capacita para fazermos o que Ele nos chama a fazer.

Podemos facilmente pensar que temos pouca utilidade para Deus por sentirmos que nada temos para oferecer. Quando Deus apareceu a Moisés e o designou para dizer aos israelitas que Ele os livraria dos egípcios (ÊXODO 3:16,17), Moisés se sentiu inadequado e disse ao Senhor: "…nunca fui eloquente […] sou pesado de boca e língua" (4:10). Talvez ele tivesse algum problema de fala, ou só estivesse com medo, mas Deus venceu a sua inadequação com a Sua suficiência, dizendo: "Vai, pois, agora, e eu serei com a tua boca e te ensinarei o que hás de falar" (V.12).

Deus só quer que sigamos os Seus planos. Ele resolverá o restante. Em Suas poderosas mãos, você pode ser uma bênção para outros. —JFG

*O chamado de Deus para uma tarefa inclui
a Sua força para concluí-la.*

MENCIONE O NOME

Leitura:
Atos 4:5-20

... eu estou no Pai e [...] o Pai está em mim ...
—JOÃO 14:10

UM PALESTRANTE FOI convidado para falar em uma reunião de igreja. "Fale de Deus", disse-lhe o líder do grupo, "mas deixe Jesus de fora".

"Por quê?", ele perguntou, surpreso.

O líder explicou: "Alguns de nossos membros proeminentes se sentem desconfortáveis com Jesus. Fale somente sobre Deus e tudo estará bem."

Aceitar tais instruções foi um problema para o palestrante, que depois disse: "Sem Jesus, não tenho mensagem."

Algo semelhante foi pedido aos cristãos nos dias da igreja primitiva. Os líderes religiosos locais se reuniram para advertir os discípulos a não falarem sobre Jesus (ATOS 4:17). Mas os discípulos sabiam o que era certo: "...não podemos deixar de falar das coisas que vimos e ouvimos", disseram eles (V.20).

Afirmar crer em Deus e não em Seu Filho Jesus Cristo é uma contradição. Em João 10:30, Jesus descreve claramente o relacionamento singular entre Ele e Deus: "Eu e o Pai somos um" — estabelecendo assim a Sua divindade. Foi por isso que Ele pôde dizer: "...credes em Deus, crede também em mim" (14:1). Paulo sabia que Jesus é a própria natureza de Deus e igual a Deus (FILIPENSES 2:6).

Não precisamos nos envergonhar do nome de *Jesus,* porque "...não há salvação em nenhum outro; porque abaixo do céu não existe nenhum outro nome [...] pelo qual importa que sejamos salvos" (ATOS 4:12). —LD

O nome de Jesus está no centro de nossa fé
e de nossa esperança

LEVANDO NOSSOS AMIGOS A JESUS

Leitura:
Marcos 2:1-12

Vendo-lhes a fé, Jesus disse [...]: Filho,
os teus pecados estão perdoados.
—MARCOS 2:5

D URANTE A MINHA infância, uma das doenças mais temidas era a poliomielite, ou "paralisia infantil" porque a maioria dos infectados eram crianças. Antes da vacina ser desenvolvida em meados de 1950, a cada ano, somente nos EUA, cerca de 20 mil pessoas ficavam paralíticas e mil delas morriam.

Na antiguidade, a paralisia era vista como uma condição permanente, sem esperança. Mas um grupo de homens creu que Jesus poderia ajudar seu amigo paralítico. Enquanto Jesus ensinava na aldeia de Cafarnaum, quatro homens levaram o amigo deles até o Senhor. Quando não conseguiram aproximar-se de Jesus, por causa da multidão, "...removeram parte da cobertura do lugar onde Jesus estava e, pela abertura no teto, baixaram a maca em que estava deitado o paralítico" (MARCOS 2:1-4 NVI).

"Vendo-lhes a fé, Jesus disse ao paralítico: Filho, os teus pecados estão perdoados" (V.5), seguido por "...Levanta-te, toma o teu leito e vai para tua casa" (V.11). É notável que, em resposta à fé dos que levaram o amigo, Jesus perdoou os pecados desse homem e curou sua doença incurável!

Quando alguém que conhecemos enfrenta sérias dificuldades físicas ou uma crise espiritual, é nosso o privilégio de nos unirmos em oração, levando nossos amigos a Jesus — o Único que pode satisfazer as mais profundas necessidades deles. —DCM

Orar pelos outros é um privilégio
— e uma responsabilidade.

ILHA DA CARIDADE

Leitura:
Salmo 107:23–32

O Senhor é bom, é fortaleza no dia da angústia
e conhece os que nele se refugiam.
—NAUM 1:7

ERTO DE ONDE moro, há uma ilha que se chama "Ilha da Caridade". Durante muitos anos, a ilha proporcionou um farol para auxílio à navegação e um porto seguro para aqueles que navegam naquelas águas. A ilha recebeu este nome porque os marinheiros acreditavam que ela estava lá "devido à caridade de Deus".

Na vida, às vezes, temos de navegar por mares de circunstâncias preocupantes. Como aqueles marinheiros também precisamos de orientação e de um porto seguro; podemos até desejar ter a nossa própria Ilha da Caridade. O salmista compreendeu que Deus é o único que pode trazer tranquilidade às águas turbulentas e nos guiar até portos seguros. Ele escreveu: "Fez cessar a tormenta, e as ondas se acalmaram. Então, se alegraram com a bonança; e, assim, os levou ao desejado porto" (SALMO 107:29,30).

Embora ninguém peça por tempestades na vida, as provações podem multiplicar o nosso apreço pela orientação e refúgio que Deus nos concede. O Senhor nos oferece a luz do Seu Espírito e a Sua Palavra para nos guiar. Ansiamos pelo porto seguro do Seu amor. Somente Ele pode ser a nossa definitiva "Ilha da Caridade". —HDF

O Deus vivo será sempre o nosso abrigo.

LUZES SUAVES

Leitura:
1 Pedro 3:13-17

... brilhe [...] a vossa luz diante dos homens, para que vejam as vossas boas obras e glorifiquem a vosso Pai que está nos céus.
—MATEUS 5:16

A SENHORA WANG XIAOYING vive na China. Doente, o marido dela não conseguia encontrar trabalho, causando dificuldades para a família. A sogra dela atribuía essas dificuldades à fé de Wang em Deus. Por esse motivo, ela maltratava a sua nora e exigia que ela voltasse a praticar a religião de seus antepassados.

Ao ver a vida de Wang transformada, seu marido disse: "Mãe, não basta só ela crer em Deus; nós também devemos ter fé nele!" Devido à mudança perceptível na vida de sua esposa, ele agora considera as boas-novas de Jesus.

As pessoas observarão as nossas ações antes de ouvirem as nossas palavras. O melhor testemunho combina as ações com as palavras, refletindo a diferença que Cristo faz em nossa vida.

O apóstolo Pedro instruiu os cristãos do primeiro século, e a nós, sobre como podemos apresentar Jesus a um mundo hostil. Ele desafiou os seus leitores a serem "...zelosos do que é bom" (1 PEDRO 3:13), obedientes a Cristo, terem boa consciência e estarem preparados para explicar aos outros o porquê de nossa esperança (V.15). Se fizermos isto, não temos razão para temer ou nos envergonharmos quando nos maltratam ou difamam por nossa crença.

Em qualquer situação, resplandeçamos por Jesus onde estivermos. Ele pode proporcionar a graça necessária para alcançarmos até mesmo os que não concordam conosco. —PFC

*Quanto mais vivermos como Jesus,
mais os outros se achegarão a Ele.*

MIGALHAS DE TEMPO

Leitura:
Daniel 6:10-23

*… três vezes por dia, se punha de joelhos, e orava,
e dava graças, diante do seu Deus, como costumava fazer.*
—DANIEL 6:10

UM AMIGO MUITO ocupado e com sua agenda muito apertada estava vindo à nossa cidade. Após um dia difícil em reuniões importantes, veio nos visitar por meia hora e jantamos juntos rapidamente. Apreciamos a visita dele, mas ao final, lembro-me de olhar para o meu prato e pensar: "Ele nos deu apenas as migalhas do seu tempo."

Lembrei-me, em seguida, de quantas vezes Deus recebe as migalhas do meu tempo — às vezes, só os últimos minutos antes de eu adormecer.

Daniel era ocupado, e tinha uma posição elevada no governo do antigo reino da Babilônia; com certeza sua agenda era cheia. Todavia, ele havia desenvolvido o hábito de passar tempo com Deus — orando três vezes ao dia, louvando a Deus e lhe agradecendo. Esta rotina o ajudou a desenvolver uma fé sólida, que não se abalou quando foi perseguido (DANIEL 6).

Deus deseja relacionar-se conosco. Pela manhã, podemos convidá-lo para o nosso dia, podemos louvá-lo e pedir-lhe por Sua ajuda ao longo da jornada. Em outros momentos, podemos investir nesse tempo a sós com Ele refletindo sobre a Sua fidelidade. Ao investirmos tempo na presença de Deus e em Sua Palavra, crescemos em nosso relacionamento com Ele e aprendemos a ser cada vez mais semelhantes ao Senhor. Quando o tempo com Deus se torna uma prioridade, apreciamos cada vez mais estar em Sua presença. —KO

*… os que esperam no SENHOR
renovam as suas forças…* —ISAÍAS 40:31

GANSOS E PESSOAS DIFÍCEIS

Leitura:
Romanos 12:14-21

... se possível, quanto depender de vós,
tende paz com todos os homens.
—ROMANOS 12:18

QUANDO NOS MUDAMOS para nossa casa atual, gostei da beleza dos gansos que se aninham nas proximidades. Admirei o modo como eles cuidavam uns dos outros, e como se moviam em linhas retas na água e em majestosas formações em V no ar. Era também uma alegria vê-los criar seus filhotes.

Quando o verão chegou, descobri algumas verdades menos belas sobre os meus amigos emplumados. Os gansos gostam de comer grama e realmente não se importam se isso estraga a aparência do gramado. Pior, o que eles deixam para trás faz de um passeio pelo quintal uma aventura suja.

Penso nesses gansos ao lidar com pessoas difíceis. Às vezes, gostaria de poder simplesmente espantá-las de minha vida. É nesse momento que Deus costuma me lembrar de que há beleza até na pessoa mais difícil, se conseguirmos chegar perto o suficiente para descobrir, e a dor que elas provocam pode ser o reflexo da dor que estão sentindo. O apóstolo Paulo diz em Romanos: "Se possível, quanto depender de vós, tende paz com todos..." (12:18). Por isso, peço a Deus que me ajude a ser paciente com a "dificuldade" dos outros. Isto nem sempre traz um fim feliz, mas é admirável a frequência com que Deus resgata esses relacionamentos.

Ao encontrarmos pessoas difíceis, pela graça de Deus, podemos ver e amá-las por intermédio dos olhos do Senhor. —RKK

Se reagimos com brandura,
facilitamos o caminho da paz.

CONHECEDORES DO BEM E DO MAL

Leitura:
Gênesis 3:6-13,22-24

... Deus sabe que no dia em que dele comerdes se vos abrirão os olhos e, como Deus, sereis conhecedores do bem e do mal. —GÊNESIS 3:5

E M DEZEMBRO DE 2010, muitas pessoas se reuniram no Jardim Botânico de Inhotim, em Brumadinho, Minas Gerais, para testemunhar o florescimento da planta tropical conhecida como flor-cadáver. É nativa da Indonésia e floresce apenas uma vez a cada 10 ou 12 anos; sua floração é um espetáculo. Uma vez aberta, a enorme, espinhosa e bonita flor vermelha cheira feito carne em decomposição. Devido à sua fragrância pútrida, a flor atrai moscas e besouros à procura de carne podre. Mas não há néctar.

Como a flor-cadáver, o pecado faz promessas, mas não oferece recompensas. Adão e Eva descobriram isso da maneira mais difícil. O Éden era bonito até o arruinarem fazendo a única coisa que Deus lhes recomendara não fazer. Ao serem tentados a duvidar da bondade de Deus, ignoraram o aviso amoroso de seu Criador e na sequência perderam sua inocência. A beleza da árvore do conhecimento do bem e do mal, dada por Deus, se tornou como uma flor-cadáver para eles. A recompensa por sua desobediência foi a alienação, a dor, o vazio, o trabalho árduo e a morte.

O pecado parece convidativo e pode trazer sensações agradáveis, mas não se compara à maravilha, beleza e fragrância de confiar e obedecer ao Deus que nos fez para compartilhar Sua vida e alegria. Que o Senhor nos ajude a confiar nele. —MLW

Os mandamentos de Deus podem subjugar as insinuações de Satanás.

OS PODEROSOS FINLANDESES

Leitura:
Isaías 37:30-38

*Senhor, nosso Deus, livra-nos das suas mãos,
para que todos […] saibam que só tu és o Senhor.*
—ISAÍAS 37:20

UM SINISTRO ZUNIDO distante virou um ruído de tremer a terra. Centenas de tanques e milhares de soldados inimigos encheram a visão dos poucos soldados da Finlândia. Avaliando a onda assassina, um finlandês pensou corajosamente em voz alta acerca do inimigo: "Onde acharemos espaço para enterrar todos eles?"

Cerca de 2.600 anos antes dessa tal coragem da Finlândia naquela batalha da Segunda Guerra Mundial, os ansiosos cidadãos da Judeia reagiram bem diferente numa situação que lhes era opressiva. Os exércitos assírios prenderam o povo de Jerusalém dentro das muralhas, o que podia criar um clima de desespero da perspectiva da fome. Ezequias quase entrou em pânico, mas orou: "Ó SENHOR dos Exércitos, Deus de Israel [...] tu somente és o Deus de todos os reinos da terra…" (ISAÍAS 37:16).

Por meio do profeta Isaías, o Senhor respondeu ao rei assírio Senaqueribe: "…contra quem alçaste a voz e arrogantemente ergueste os olhos? Contra o Santo de Israel" (V.23). E confortou Jerusalém: "…defenderei esta cidade, para a livrar, por amor de mim e por amor do meu servo Davi" (V.35). O Senhor derrotou Senaqueribe e destruiu o exército assírio (VV.36-38).

Não importam os perigos em seu horizonte hoje: o Deus de Ezequias e Isaías ainda reina. Ele anseia por ouvir nossas petições e demonstrar Sua força. —TLG

Deus é maior do que o maior dos nossos problemas.

QUEM SOMOS

Leitura:
Salmo 100

… sois […] povo de propriedade exclusiva de Deus,
a fim de proclamardes as virtudes daquele que vos chamou
das trevas para a sua maravilhosa luz.
—1 PEDRO 2:9

N A BIOGRAFIA DE Corrie ten Boom, a autora descreve os horríveis tempos em que ela e sua irmã Betsie estiveram num campo de concentração nazista, no início dos anos 1940. Em certa ocasião, elas foram obrigadas a tirar a roupa durante uma inspeção. Corrie ficou na fila sentindo-se maculada e abandonada. De repente, lembrou-se de que Jesus fora pendurado nu sobre a cruz. Tomada por admiração e adoração, Corrie sussurrou à irmã: "Betsie, tiraram as roupas de Jesus também." Betsie engasgou e disse: "Oh, Corrie… e eu nunca agradeci ao Senhor."

É fácil sermos ingratos num mundo cheio de problemas, lutas e aflições. Seja o dia que for, podemos encontrar muitos motivos para reclamar. Todavia, o Salmo 100 exorta o povo de Deus a ser feliz, alegre e grato porque "…foi ele quem nos fez, e dele somos; somos o seu povo e rebanho do seu pastoreio" (v.3). Ao nos lembrarmos de quem somos, podemos reagir com gratidão, porque, mesmo no pior dos tempos, podemos nos lembrar do amor e do sacrifício de Cristo por nós.

Não permita que a brutalidade do mundo torne o seu coração ingrato. Lembre-se de que você é filho de Deus, e Ele lhe demonstrou a Sua bondade e misericórdia por meio de Sua obra na cruz. Agradeça o Senhor por Seu amor, Sua misericórdia e Seu sacrifício. —AL

O louvor surge naturalmente
quando você conta as suas bênçãos.

LUTAS COMPARTILHADAS

Leitura:
Gálatas 6:1-10

Levai as cargas uns dos outros e,
assim, cumprireis a lei de Cristo.
—GÁLATAS 6:2

O DIA 25 DE ABRIL DE 2015 marcou a 100.ª comemoração do Dia Anzac. Ele é comemorado todos os anos por Austrália e Nova Zelândia, para homenagear os membros do exército desses dois países (sigla: ANZAC) que lutaram juntos durante a Primeira Guerra Mundial. Relembra uma época em que nenhum dos dois países teve de enfrentar sozinho os perigos da guerra, pois os soldados dessas nações se engajaram na luta juntos.

É importante que os seguidores de Jesus compartilhem as suas lutas da caminhada cristã. O apóstolo Paulo nos desafiou: "Levai as cargas uns dos outros e, assim, cumprireis a lei de Cristo" (GÁLATAS 6:2). Podemos ajudar a fortalecer e apoiar uns aos outros quando os tempos são difíceis, se enfrentarmos juntos os desafios da vida. Ao expressarmos mutuamente o cuidado e as afeições de Cristo, as dificuldades da vida devem aproximar-nos de Jesus e uns dos outros — e não nos isolar em nosso sofrimento.

Somos modelos do amor de Cristo, quando compartilhamos as lutas dos outros. Lemos na Palavra de Deus que: "Certamente, ele tomou sobre si as nossas enfermidades e as nossas dores levou sobre si…" (ISAÍAS 53:4). Independentemente do tamanho da luta que enfrentamos, nunca a enfrentamos sozinhos. Agradeçamos a Deus por não precisarmos caminhar a sós, pois Ele está perto. —WEC

Poderemos ir muito mais longe,
se nos unirmos.

PALAVRAS DOS SÁBIOS

Leitura:
Eclesiastes 9:13-18

As palavras dos sábios, ouvidas em silêncio,
valem mais do que os gritos de quem governa entre tolos.
—ECLESIASTES 9:17

O MARIDO DE MINHA SOBRINHA escreveu recentemente essas palavras em um *site* de mídia social: "Eu diria muito mais *on-line*, se não fosse por essa pequena voz que me leva a não fazê-lo. Sendo cristão, talvez você pense que essa voz seja do Espírito Santo. Não é. É da minha esposa, Heidi."

Com o sorriso vem um pensamento preocupante. As advertências de um amigo que tem discernimento podem refletir a sabedoria de Deus. "As palavras dos sábios, ouvidas em silêncio, valem mais do que os gritos de quem governa entre tolos" (ECLESIASTES 9:17).

As Escrituras nos advertem para não sermos sábios ou soberbos aos nossos próprios olhos (PROVÉRBIOS 3:7; ISAÍAS 5:21; ROMANOS 12:16). Em outras palavras, não presumamos ter todas as respostas! Provérbios 19:20 diz: "Ouve o conselho e recebe a instrução, para que sejas sábio nos teus dias por vir." Seja um amigo, cônjuge, pastor ou colega de trabalho, Deus pode usar os outros para nos ensinar mais de Sua sabedoria.

"No coração do prudente, repousa a sabedoria...", declara o livro de Provérbios (14:33). Parte de reconhecer a sabedoria do Espírito é descobrir como devemos ouvir e aprender uns com os outros. Agradeçamos a Deus que a Sua Palavra nos ensina a amá-lo e a amar os outros. —CHK

A verdadeira sabedoria começa e termina com Deus.

REFLETINDO O FILHO

Leitura:
Mateus 5:14-16

*A luz resplandece nas trevas, e as trevas
não prevaleceram contra ela.*
—JOÃO 1:5

RJUKAN É UMA CIDADE entre as montanhas escarpadas ao norte da Noruega, sem luz solar natural de outubro a março. Para iluminá-la foram instalados, na encosta da montanha, grandes espelhos que refletem o sol e enviam luz à praça da cidade. O brilho é contínuo porque os espelhos giram com o sol nascente e poente.

A vida cristã tem cenário semelhante. Jesus disse que os Seus seguidores são "...a luz do mundo..." (MATEUS 5:14). O discípulo João escreveu que Cristo, a verdadeira luz, "... resplandece nas trevas..." (JOÃO 1:5). Da mesma maneira, Jesus nos convida a refletirmos a nossa luz na escuridão à nossa volta: "...brilhe também a vossa luz diante dos homens, para que vejam as vossas boas obras e glorifiquem a vosso Pai que está nos céus" (MATEUS 5:16). Esse é um chamado para mostrarmos amor diante de ódio, paciência em resposta a problemas, paz em momentos de conflito. Como nos lembra o apóstolo Paulo: "Pois, outrora, éreis trevas, porém, agora, sois luz no Senhor; andai como filhos da luz" (EFÉSIOS 5:8).

Jesus disse também: "...Eu sou a luz do mundo; quem me segue não andará nas trevas; pelo contrário, terá a luz da vida" (JOÃO 8:12). Nossa luz é um reflexo de Jesus, o Filho. Assim como sem o sol os enormes espelhos de Rjukan não teriam luz para refletir, nada podemos fazer sem Jesus. —LD

*Demonstre a presença do Filho em sua vida
e brilhe para Ele.*

COMO ESTÁ ESCRITO

Leitura:
Esdras 3:1-6

*[Eles] edificaram o altar [...] para sobre ele
oferecerem holocaustos, como está escrito...*
—ESDRAS 3:2

QUANDO SE TRATA de montar coisas — eletrônicos, móveis etc. —, meu filho e eu temos abordagens diferentes. Mais inclinado à mecânica, Estêvão tende a começar sem ler as instruções. Quando estou lendo o aviso "Leia antes de começar" ele já está na metade da montagem.

Às vezes, podemos passar sem as instruções. Mas quando se trata de uma vida que reflete a bondade e sabedoria de Deus, não podemos nos dar ao luxo de ignorar as instruções que Ele nos deu na Bíblia.

Os israelitas que haviam retornado à sua terra após o cativeiro na Babilônia são um bom exemplo disto. Ao começarem a restabelecer o culto em sua terra natal, eles se prepararam para fazê-lo "...como está escrito na Lei de Moisés..." (ESDRAS 3:2). Construindo um altar apropriado e celebrando a Festa dos Tabernáculos conforme prescrito por Deus em Levítico 23:33-43, eles fizeram exatamente o que as instruções de Deus lhes disseram para fazer.

Cristo também deu aos Seus seguidores algumas instruções. Ele disse: "...Amarás o Senhor, teu Deus, de todo o teu coração, de toda a tua alma e de todo o teu entendimento". E "...Amarás o teu próximo como a ti mesmo" (MATEUS 22:37,39). Quando cremos em Deus e o buscamos, Ele nos mostra como devemos viver. Aquele que nos criou sabe muito melhor do que nós como a vida deve funcionar. —JDB

*Se queremos que Deus nos conduza,
devemos nos dispor a segui-lo.*

NOSSO PRINCIPAL INTERESSE

Leitura:
Gálatas 1:6-10

*… Se agradasse ainda a homens,
não seria servo de Cristo.*
—GÁLATAS 1:10

A PRESSÃO DE NOSSOS pares é parte da vida cotidiana. Às vezes, baseamos nossas decisões no que alguém pensará ou dirá, não em nossas convicções e no que agradará a Deus. Não queremos ser julgados ou ridicularizados.

Paulo também sofreu a pressão dos que o cercavam. Alguns cristãos judeus criam que os gentios deviam ser circuncidados para ser salvos (GÁLATAS 1:7; 6:12-15). Mas Paulo se manteve firme, continuando a pregar que a salvação é pela graça mediante a fé; nenhuma obra é necessária. Por isso, foi acusado por se autonomear apóstolo. Eles ainda afirmaram que a versão dele do evangelho nunca fora aprovada pelos apóstolos (2:1-10).

Apesar da pressão, Paulo sabia claramente a quem servia — Cristo. A aprovação de Deus importava mais do que a do homem. Seu objetivo não era ganhar a aprovação de pessoas, mas a de Deus (1:10).

Semelhantemente, somos servos de Cristo. Servimos a Deus quer as pessoas nos honrem ou desprezem, quer nos difamem ou louvem. Algum dia, "…cada um de nós dará conta de si mesmo a Deus" (ROMANOS 14:12). Isso não significa que não devemos considerar o que as pessoas pensam ou dizem, mas que o nosso principal interesse é agradar a Deus. Queremos ouvir o nosso Salvador dizer: "…Muito bem, servo bom e fiel…" (MATEUS 25:23). —JFG

Continue seguindo a Jesus.

CONQUISTANDO O GRANDE PRÊMIO

Leitura:
Filipenses 3:7-14

... prossigo para o alvo, para o prêmio
da soberana vocação de Deus em Cristo Jesus.
—FILIPENSES 3:14

EM TODOS OS campos de atuação, há uma recompensa considerada o auge do reconhecimento e do sucesso. Uma medalha de ouro olímpica, um Grammy, um Oscar e um Prêmio Nobel estão dentre "os grandes". Mas há um prêmio maior, que qualquer um pode obter.

O apóstolo Paulo estava familiarizado com os jogos atléticos do primeiro século, nos quais os competidores se esforçavam ao máximo para ganhar o prêmio. Com isso em mente, ele escreveu a um grupo de seguidores de Cristo em Filipos: "Mas o que, para mim, era lucro, isto considerei perda por causa de Cristo" (FILIPENSES 3:7). Por quê? Porque seu coração havia abraçado uma nova meta: "...conhecer [a Cristo], e o poder da sua ressurreição, e a comunhão dos seus sofrimentos..." (V.10). E assim, disse Paulo, "...prossigo para conquistar aquilo para o que também fui conquistado por Cristo Jesus" (V.12). Seu troféu por completar a corrida seria a "...coroa da justiça..." (2 TIMÓTEO 4:8).

Cada um de nós pode almejar o mesmo prêmio, sabendo que honramos o Senhor ao perseguir a vitória. Todos os dias, em nossas tarefas comuns, estamos nos movendo em direção ao "grande" — "...o prêmio da soberana vocação de Deus em Cristo Jesus" (FILIPENSES 3:14). Peçamos ao Senhor que nos ensine e que nos ajude. —DCM

O que é feito para Cristo nesta vida
será recompensado na vida futura.

O PRINCIPAL ACONTECIMENTO

Leitura:
Lucas 10:38-42

… pouco é necessário ou mesmo uma só coisa;
Maria, pois, escolheu a boa parte…
—LUCAS 10:42

ENQUANTO ASSISTIA a uma exibição de fogos de artifício durante uma festa em minha cidade, distraí-me. À direita e à esquerda do evento principal, fogos de artifício menores apareciam ocasionalmente no céu. Eles eram bonitos, mas observá-los me fez perder partes da exibição mais espetacular diretamente acima de mim.

Às vezes, as coisas boas nos afastam de algo ainda melhor. Isso aconteceu na vida de Marta, cuja história está registrada em Lucas 10:38-42. Quando Jesus e os discípulos chegaram à aldeia de Betânia, Marta os recebeu em sua casa. Ser uma boa anfitriã significava que alguém tinha de preparar a refeição para os convidados, por isso não queremos ser muito duros com ela.

Quando Marta reclamou que sua irmã Maria não estava ajudando, Jesus defendeu a escolha de Maria — de sentar-se aos Seus pés. Mas o Senhor não estava dizendo que Maria era mais espiritual do que a sua irmã. Houve ocasiões em que Marta pareceu demonstrar mais confiança em Jesus do que a sua irmã Maria (JOÃO 11:19,20). Jesus não estava criticando o desejo de Marta de cuidar das necessidades físicas deles. Ao contrário, o que o Senhor desejava que Marta ouvisse e soubesse, era o fato de que em nossas lidas diárias, ouvir a Sua voz, dever ser o principal acontecimento, pois a comunhão com Ele é insubstituível. —AMC

Jesus anseia por nossa comunhão com Ele.

OS SONS DO SILÊNCIO

Leitura:
Provérbios 10:19-21

Os lábios do justo apascentam a muitos…
—PROVÉRBIOS 10:21

UM COLEGA DE pesca disse: "Os riachos rasos são os mais barulhentos", parafraseando o ditado "As águas paradas correm profundamente." Ele quis dizer que, quem faz mais barulho tende a ter pouco conteúdo.

O outro lado desse problema é que também não ouvimos bem. Lembro-me do verso da canção *Sounds of Silence* [Sons do silêncio], acerca de gente que ouve sem escutar. Ouvem as palavras, mas não conseguem silenciar seus próprios pensamentos e realmente escutar. Seria bom se todos nós aprendêssemos a ficar silenciosos e imóveis.

Há "…tempo de estar calado e tempo de falar" (ECLESIASTES 3:7). O bom silêncio é o silêncio da escuta, um silêncio humilde. Ele leva a ouvir, a entender e a falar corretamente. Provérbios 20:5 diz: "Como águas profundas, são os propósitos do coração do homem, mas o homem de inteligência sabe descobri-los." É preciso escutar muito para chegar até o fundo.

Enquanto escutamos os outros, devemos também escutar a Deus e ouvir o que Ele tem a dizer. Penso em Jesus, rabiscando com o dedo na poeira, enquanto os fariseus blasfemavam contra a mulher apanhada em adultério (JOÃO 8:1-11). O que Jesus estava fazendo? Posso sugerir que Ele estaria apenas escutando a voz de Seu Pai e perguntando: "O que diremos a essa multidão e a essa querida mulher?" A resposta de Jesus ainda está sendo ouvida ao redor do mundo. —HDR

*O silêncio no momento certo
pode ser mais eloquente do que as palavras.*

VENDO ALÉM DA DECEPÇÃO

Leitura:
Gênesis 29:14-30

Espera no SENHOR, segue o seu caminho,
e ele te exaltará para possuíres a terra...
—SALMO 37:34

VOCÊ VIU o vídeo do menino que vai ganhar outra irmã, que chorando, lamenta: "Sempre menina!"

A história é um divertido vislumbre das expectativas humanas. A decepção não tem graça e satura o nosso mundo. Uma história bíblica é muito cheia de decepções: Jacó trabalhou sete anos pelo direito de desposar Raquel, filha de seu patrão. Mas, cumprido o contrato, foi surpreendido na noite de núpcias. De manhã, descobre que Lia, a irmã de Raquel, é quem está ao seu lado!

Pensamos sempre na decepção de Jacó, mas imagine como Lia deve ter se sentido! Quais esperanças e sonhos começaram a morrer naquele dia, ao ser forçada a casar-se com quem não a amava nem a desejava?

Em Salmo 37:4 lemos: "Agrada-te do SENHOR, e ele satisfará os desejos do teu coração". Devemos crer que quem teme a Deus nunca se decepciona? Não; o salmo mostra claramente que o autor vê injustiça à sua volta. Mas ele adota a visão de longo prazo: "Descansa no SENHOR e espera nele..." (V.7). Sua conclusão: "...os mansos herdarão a terra..." (V.11).

Jacó honrou Lia e a enterrou na sepultura da família com Abraão e Sara, Isaque e Rebeca (GÊNESIS 49:31). E pela linhagem de Lia, que pensou não ser amada, Deus abençoou o mundo com o nosso Salvador. Jesus traz justiça, restaura a esperança e nos dá uma herança além dos nossos maiores sonhos. —TLG

Jesus é o único amigo que nunca nos decepciona.

CONOSCO E EM NÓS

Leitura:
João 14:15-21

E eu rogarei ao Pai, e ele vos dará outro Consolador,
a fim de que esteja para sempre convosco.
—JOÃO 14:16

EU FILHO HAVIA apenas começado na escola maternal. No primeiro dia, ele chorou e declarou: "Não gosto de escola." Meu marido e eu conversamos com ele sobre isso. "Podemos não estar fisicamente lá, mas estamos orando por você. Além disso, Jesus está sempre com você."

"Mas eu não posso vê-lo!", argumentou ele. Meu marido o abraçou e disse: "Ele mora em você, e não vai deixá-lo sozinho." Meu filho tocou seu coração e disse: "Sim, Jesus mora em mim."

As crianças não são as únicas que ficam ansiosas com a separação. Em todas as fases da vida, enfrentamos momentos de separação daqueles que amamos — às vezes, por distância geográfica e, outras, por morte. Todavia, precisamos nos lembrar de que, mesmo que nos sintamos abandonados pelos outros, Deus não nos abandonou. Ele prometeu estar sempre conosco, e nos enviou o Espírito da verdade — nosso Advogado e Ajudador — para habitar conosco e em nós para sempre (JOÃO 14:15-18). Somos os Seus filhos amados.

Meu filho está aprendendo a confiar, mas eu também. Como meu filho, não posso ver o Espírito, mas sinto o Seu poder, pois a cada dia Ele me encoraja e me guia quando leio a Palavra de Deus. Agradeçamos a Deus por Sua maravilhosa provisão, e pelo Espírito de Cristo que está conosco e em nós. Certamente, não estamos sozinhos! —KO

Nunca estamos sozinhos,
quando o Senhor habita em nós.

ERVILHAS, NÃO!

Leitura:
Salmo 118:1-14

... sejam conhecidas, diante de Deus, as vossas petições,
pela oração e pela súplica, com ações de graças.
—FILIPENSES 4:6

QUANDO OS NOSSOS FILHOS eram pequenos, um deles disse "Não" secamente, quando lhe servimos algumas ervilhas no jantar. Ao que respondemos: "Não o quê?" Esperávamos que ele dissesse: "Não, obrigado." Em vez disso, ele disse: "Ervilhas, não!" Isso levou a uma discussão acerca da importância das boas maneiras. Na verdade, tivemos discussões semelhantes em numerosas ocasiões.

Além das boas maneiras — que são externas —, o nosso Senhor nos lembra de que devemos ter um coração grato. Encontramos nas Escrituras dezenas de lembretes que dizem que expressar gratidão tem importância primordial em nosso relacionamento com Deus. O Salmo 118 começa e termina com a exortação: "Rendei graças ao SENHOR" (VV.1,29). Devemos agradecer quando entramos em Sua presença (100:4). As nossas petições ao Senhor devem estar envoltas em um espírito de gratidão (FILIPENSES 4:6). Tal atitude de gratidão nos ajudará a lembrar de nossas abundantes bênçãos. Mesmo em meio a angústia e desespero, a presença e o amor de Deus são nossos companheiros constantes.

Não admira, então, o salmista nos lembrar: "Rendei graças ao SENHOR, porque ele é bom, porque a sua misericórdia dura para sempre" (SALMO 118:1). —JMS

É somente com a gratidão
que a vida se enriquece. —DIETRICH BONHOEFFER

AJUDA EXTERNA

Leitura:
Jeremias 17:7-13

*... Deus é maior do que o nosso coração
e conhece todas as coisas.* —1 JOÃO 3:20

EM UMA VIAGEM de negócios, meu marido havia acabado de se acomodar em seu quarto de hotel quando ouviu um barulho incomum. Ele saiu para o corredor para investigar e ouviu alguém gritando de um quarto próximo. Com a ajuda de um funcionário do hotel, ele descobriu que um homem ficara preso no banheiro. A fechadura da porta do banheiro quebrou e o homem preso no interior dele começou a entrar em pânico. Ele se sentia como se não conseguisse respirar e começou a gritar por socorro.

Na vida, às vezes nos sentimos presos. Estamos batendo na porta, acionando a maçaneta, mas não conseguimos nos livrar. Precisamos de ajuda externa, como o homem do hotel.

Para obter essa ajuda externa, temos de admitir que somos incapazes por nós mesmos. Às vezes, buscamos dentro de nós as respostas para os nossos problemas, mas a Bíblia diz que "enganoso é o coração..." (JEREMIAS 17:9). Na verdade, frequentemente, somos a fonte de nossos problemas na vida.

Felizmente, "...Deus é maior do que o nosso coração e conhece todas as coisas" (1 JOÃO 3:20). Assim, Ele sabe exatamente como nos ajudar. A transformação duradoura em nosso interior e a verdadeira solução dos nossos problemas originam-se somente em Deus: Confiar no Senhor e viver para agradá-lo, significa que podemos amadurecer e sermos verdadeiramente livres. —JBS

Deus ajuda aqueles que admitem que são fracos.

VENDO A NÓS MESMOS

Leitura:
1 Coríntios 11:23,34

Examine-se, pois, o homem a si mesmo...
—1 CORÍNTIOS 11:28

NTES DA INVENÇÃO dos espelhos, as pessoas não se viam a si mesmas. As poças de água, riachos e rios eram algumas das poucas maneiras que podiam ver seu próprio reflexo. Mas os espelhos mudaram isso. A invenção das câmeras levou o fascínio pela aparência a um nível totalmente novo. Agora temos imagens duradouras de nós mesmos, de qualquer dado momento de nossa vida. Isso é bom para fazer álbuns e preservar histórias de família, mas pode ser prejudicial ao nosso bem-estar espiritual. A diversão de nos vermos na câmera pode manter-nos focados na aparência externa e pouco interessados em examinar nosso interior.

O autoexame é crucial para a vida espiritual saudável. Deus quer que nos vejamos, para que possamos ser poupados das consequências de escolhas pecaminosas. Isto é tão importante que as Escrituras dizem que não devemos participar da Ceia do Senhor sem antes nos examinarmos a nós mesmos (1 CORÍNTIOS 11:28). O objetivo desse autoexame não é apenas acertar-se com Deus, mas também certificar-se de estarmos acertados entre nós. A Ceia do Senhor é uma lembrança do corpo de Cristo, e não podemos celebrá-la adequadamente se não estivermos vivendo em harmonia com outros cristãos.

Reconhecer e confessar o nosso pecado promove a unidade com os outros e um relacionamento saudável com Deus. —JAL

*Quando olhamos no espelho da Palavra de Deus
nos enxergamos com maior clareza.*

O PONTO OBSCURO

Leitura:
Salmo 40

... tu és o meu amparo e o meu libertador...
—SALMO 40:17

O AUTOR C. S. LEWIS e seu irmão mais velho, Warren (Warnie), estudaram durante vários anos em Wynyard, um internato inglês para meninos. O diretor era um homem cruel, que tornava a vida insuportável para todos ali. Décadas depois, Warnie escreveu, com sua discreta sagacidade: "Tenho agora pouco mais de sessenta e quatro anos, mas nunca me vi em uma situação em que não tivesse o consolo de refletir que, de qualquer modo, eu estava melhor do que em Wynyard." A maioria de nós se lembra de um período sombrio e difícil semelhante em nossa vida e de ser grato por estarmos melhor agora do que então.

O Salmo 40:1-5 registra um ponto obscuro da vida de Davi, quando ele clamou ao Senhor que o resgatou. Deus o tirou "...de um poço de perdição, de um tremedal de lama..." e colocou os seus pés sobre a rocha (v.2). "E me pôs nos lábios um novo cântico, um hino de louvor ao nosso Deus...", diz Davi (v.3).

Mas a libertação da depressão e desespero raramente são eventos únicos. O Salmo 40 continua com o renovado apelo de Davi por misericórdia, graça e verdade de Deus para livrá-lo de seu próprio pecado e das ameaças de seus inimigos (vv.11-14).

Como Davi, podemos dizer quando estivermos em um momento obscuro: "...sou pobre e necessitado, porém o SENHOR cuida de mim; tu és o meu amparo e o meu libertador..." (v.17). —DCM

Aquele que sustenta o Universo jamais o desamparará.

O MANIFESTO CELESTIAL

Leitura:
Lucas 10:17-24

[Alegrai-vos] porque o vosso nome está arrolado nos céus.
—LUCAS 10:20

QUANDO APRESENTEI meu passaporte para verificação, no balcão de atendimentos de uma empresa aérea, o agente procurou meu nome na lista de passageiros e não o encontrou. O problema? Voo lotado e não confirmação. Minha esperança de estar em casa naquele dia se foi.

O episódio me lembrou de outro documento — o Livro da Vida. Em Lucas 10, Jesus enviou os Seus discípulos numa missão evangelística. Ao voltarem, relataram o seu sucesso com alegria. Mas Jesus lhes disse: "...alegrai-vos, não porque os espíritos se vos submetem, e sim porque o vosso nome está arrolado nos céus" (V.20). O motivo de nossa alegria não é sermos bem-sucedidos, mas nossos nomes estarem inscritos no Livro da Vida.

Mas, como podemos ter certeza disso? A Palavra de Deus nos diz: "Se, com a tua boca, confessares Jesus como Senhor e, em teu coração, creres que Deus o ressuscitou dentre os mortos, serás salvo" (ROMANOS 10:9).

Em Apocalipse 21, João faz uma descrição de tirar o fôlego da Cidade Santa que aguarda os que confiam em Cristo. Em seguida, ele escreve: "Nela, jamais entrará algo impuro, nem ninguém que pratique o que é vergonhoso ou enganoso, mas unicamente aqueles cujos nomes estão escritos no livro da vida do Cordeiro" (V.27 NVI).

O Livro da Vida é o manifesto celestial de Deus. O seu nome está escrito nele? —LD

Deus abre as portas do céu
para quem abre o coração para Ele.

O SIGNIFICADO DE UM NOME

Leitura:
Mateus 1:18-25

... lhe porás o nome de Jesus ...
—MATEUS 1:21

SEGUNDO UM ARTIGO jornalístico, em muitos países africanos é comum as crianças receberem o nome de um visitante famoso, evento especial ou circunstância significativa para os pais. Quando os médicos disseram aos pais de uma criança que não poderiam curar a doença do bebê e só Deus sabia se ele viveria, os pais chamaram o filho de "Deus sabe". Outro foi chamado "Suficiente", porque sua mãe tivera 13 filhos e ele fora o último! Há uma razão para cada nome, e em alguns casos, transmite um significado especial.

Antes de Jesus nascer, um anjo do Senhor disse a José: "[Maria] dará à luz um filho e lhe porás o nome de Jesus, porque ele salvará o seu povo dos pecados deles" (MATEUS 1:21). Jesus é a forma grega de Josué, que significa "o Senhor salva". Naquele tempo e cultura, muitas crianças teriam recebido o nome de Jesus, mas só uma veio a este mundo para morrer para que todos os que o receberem possam viver eternamente, perdoados e libertos do poder do pecado.

Charles Wesley escreveu essas palavras que cantamos quando o Natal se aproxima: "Vem, ó Jesus há muito esperado, nascido para libertar o Teu povo; de nossos medos e pecados liberta-nos; permite-nos encontrar nosso descanso em ti".

Ele veio transformar nossas trevas em luz, nosso desespero em esperança e nos salvar dos nossos pecados. —DCM

O nome e a missão de Jesus são os mesmos
— Ele veio para nos salvar.

PRAIA DE VIDRO

Leitura:
1 Tessalonicenses 5:23,24

Eles serão para mim particular tesouro, naquele dia que prepararei,
diz o SENHOR dos Exércitos; poupá-los-ei ...
—MALAQUIAS 3:17

N O INÍCIO DO século 20, os moradores de certa localidade no sul dos Estados Unidos jogavam o seu lixo sobre uma colina que se debruçava sobre uma praia próxima. Latas, garrafas, louças e lixo doméstico se acumulavam em enormes montes nojentos. Mesmo quando os moradores pararam de despejar o lixo na praia, ela continuou sendo uma vergonha — um lixão aparentemente impossível de recuperação.

Ao longo dos anos, porém, a ação das ondas quebrou o vidro e as louças, e levou o lixo mar adentro. A arrebentação das ondas levou os fragmentos de vidro na areia do oceano, tirando o brilho e alisando a superfície, e criando "vidro do mar" semelhante a pedras preciosas — e depois os devolveu à praia. A maré criou uma beleza caleidoscópica que encanta os visitantes de *Glass Beach* [Praia de Vidro, em inglês].

Talvez você se sinta como se a sua vida tivesse se tornado um lixão — sem esperança de recuperação. Se assim for, saiba que existe alguém que o ama e espera por redimir e recuperá-lo. Entregue o seu coração a Jesus e peça-lhe para lhe tornar puro e limpo. Ele poderá fazê-lo rolar um pouco; também poderá demorar para desbastar as arestas ásperas. Entretanto, o Senhor pode usar qualquer situação para a Sua glória e nosso bem. Ele nunca desistirá de você. Ele o transformará em uma das Suas joias! —DHR

Deus nos ama demais para
nos deixar permanecer como somos.

QUANDO NÃO ALEGRAR-SE

Leitura:
Ezequiel 25:1-7; Mateus 5:43-48

Quando cair o teu inimigo, não te alegres...
—PROVÉRBIOS 24:17

O POVO AKAN, DE GANA, tem este provérbio: "O lagarto se ira menos com os meninos que o apedrejaram do que com os que apenas o olharam e se alegraram por seu destino!" Regozijar-se com a queda de alguém é o mesmo que participar da causa dessa queda ou até desejar mais mal ainda para a pessoa.

Os amonitas, maliciosamente, se alegraram quando o templo de Jerusalém "...foi profanado; acerca da terra de Israel, quando foi assolada; e da casa de Judá, quando foi para o exílio" (EZEQUIEL 25:3). Por comemorarem rancorosamente os infortúnios de Israel, os amonitas desagradaram a Deus, com graves consequências (VV.4-7).

Como reagimos quando um desastre acontece ao nosso vizinho ou quando ele fica em apuros? Se for uma vizinha agradável e amiga, claro que nos condoemos e a auxiliamos. Mas e se for um vizinho hostil e criador de problemas? Nossa tendência natural pode ser de ignorá-lo ou até mesmo, secretamente, nos alegrarmos com a sua queda.

Lemos em Provérbios a seguinte advertência: "Quando cair o teu inimigo, não te alegres, e não se regozije o teu coração quando ele tropeçar" (24:17). Em vez disso, Jesus diz que devemos demonstrar o Seu amor na prática, quando amamos os nossos inimigos e oramos pelos que nos perseguem (MATEUS 5:44). Só assim imitamos o amor perfeito do nosso Senhor (5:48). —LD

Ame ao seu próximo como a si mesmo.

DESPREOCUPADO

Leitura:
Salmo 37:1-9

Não te indignes por causa dos malfeitores.
—SALMO 37:1

TENTAR FICAR a par dos acontecimentos tem seu lado negativo, porque notícia ruim vende melhor do que boa. É fácil tornar-se excessivamente preocupado com os atos criminosos de indivíduos, multidões ou governos sobre os quais não temos controle.

O Salmo 37 traz um propósito às notícias cotidianas. Davi adverte: "Não te indignes por causa dos malfeitores" (v.1). Em seguida, ele delineia algumas alternativas para evitarmos ser demasiadamente ansiosos. Em resumo, Davi sugere um modo melhor de absorver as notícias negativas do nosso mundo.

O que aconteceria se, em vez de nos preocuparmos com acontecimentos fora do nosso controle, optássemos por confiar "no SENHOR"? (v.3). Não teríamos melhor condição de nos agradarmos "do SENHOR" (v.4), ao invés de nos preocuparmos sem limites? Imagine a despreocupação que poderíamos ter se entregássemos o nosso caminho "ao SENHOR" (v.5). E como poderíamos ser calmos aprendendo a descansar "no SENHOR" e esperar nele! (v.7).

A notícias de problemas que não podemos transformar nos dão a oportunidade de estabelecer limites às nossas preocupações. Quando confiamos em Deus, entregamos nossos caminhos a Ele e descansamos nele, nossa perspectiva se ilumina. As lutas e provações podem não desaparecer, mas descobriremos que Ele nos dá a Sua paz em meio a elas. —JDB

Os obstáculos nos dão a oportunidade
de confiar em Deus.

AFINAL, O QUE É O NATAL?

Leitura:
Lucas 2:8-14

*Havia, naquela mesma região, pastores que viviam nos campos
e guardavam o seu rebanho durante as vigílias da noite.*
—LUCAS 2:8

H Á CINQUENTA ANOS, O Natal de Charlie Brown foi transmitido pela primeira vez na TV americana. Alguns executivos da rede pensaram que ele seria ignorado, enquanto outros temiam que citar a Bíblia ofenderia telespectadores. Alguns quiseram que seu criador, Charles Schulz, omitisse a história do Natal, mas Schulz insistiu em que ela ficasse. O programa foi um sucesso imediato e tem sido retransmitido todos os anos, desde 1965.

Quando Charlie Brown, o diretor frustrado da peça de Natal das crianças, se desanima pelo espírito comercial das festas, ele pergunta se alguém pode lhe dizer o verdadeiro significado do Natal. Linus cita Lucas 2:8-14: "...hoje vos nasceu, na cidade de Davi, o Salvador, que é Cristo, o Senhor. E isto vos servirá de sinal: encontrareis uma criança envolta em faixas e deitada em manjedoura. E, subitamente, apareceu com o anjo uma multidão da milícia celestial, louvando a Deus e dizendo: Glória a Deus nas maiores alturas, e paz na terra entre os homens, a quem ele quer bem" (vv.11-14). Então, diz: "Isso é o Natal, Charlie Brown."

Neste período de festas cheio de dúvidas e sonhos, é bom ponderar de novo sobre o grande amor de Deus demonstrado na conhecida história de José, Maria, o bebê Jesus e os anjos que anunciaram o nascimento do Salvador.

Isso é o Natal. —DCM

*Deus entrou na história humana para nos oferecer
o presente da salvação!*

O NASCIMENTO DO NATAL

Leitura:
Lucas 1:26-38

*Despertado José do sono, fez como lhe ordenara
o anjo do Senhor e recebeu sua mulher.*
—MATEUS 1:24

O ANJO GABRIEL apareceu a Maria e mais tarde aos pastores com uma boa notícia para o mundo (LUCAS 1:26,27; 2:10). Será que a notícia também foi boa para Maria? Talvez ela estivesse pensando: *Como explicar esta gravidez à minha família? Meu noivo, José, cancelará o noivado? O que dirão as pessoas da cidade? Mesmo que minha vida seja poupada, como sobreviverei como mãe desamparada?*

Quando soube da gravidez de Maria, José ficou incomodado. Ele tinha três opções. Ir em frente com o casamento, divorciar-se dela e permitir que ela fosse desdenhada publicamente, ou romper o noivado em silêncio. José escolheu a terceira opção, mas Deus interveio. Em sonho, Ele disse a José: "…não temas receber Maria, tua mulher, porque o que nela foi gerado é do Espírito Santo" (MATEUS 1:20).

Para Maria e José, o Natal começou com o submeter-se a Deus, a despeito dos impensáveis desafios emocionais que tinham à frente. Eles se entregaram a Deus e, ao fazê-lo, nos demonstraram a promessa de 1 João 2:5: "Aquele, entretanto, que guarda a sua palavra, nele, verdadeiramente, tem sido aperfeiçoado o amor de Deus…".

Que o amor de Deus encha o nosso coração neste Natal — e todos os dias — à medida que caminharmos com Ele. —AL

*A obediência a Deus flui livremente
de um coração amoroso.*

UM SERVO FIEL

Leitura:
Josué 14:6-15

... se alguém serve, faça-o na força que Deus supre,
para que, em todas as coisas, seja Deus glorificado,
por meio de Jesus Cristo...
—1 PEDRO 4:11

MADALENO É PEDREIRO. De segunda a quinta-feira ele constrói paredes e repara telhados. Ele é calmo, confiável e trabalhador. De sexta a domingo, ele sobe as montanhas para ensinar a Palavra de Deus. Madaleno fala Nahuatl (um dialeto do México) e, por isso, pode comunicar facilmente a boa-nova de Jesus ao povo daquela região. Aos 70 anos, ele ainda constrói casas, mas também trabalha para edificar a família de Deus.

Sua vida foi ameaçada várias vezes. Ele dormiu sob as estrelas e enfrentou a morte por acidentes de automóvel e quedas. Foi expulso de cidades. Mas ele acredita que Deus o chamou para fazer o que faz, e serve com alegria. Ele confia em Deus para a força que necessita, crendo que as pessoas precisam conhecer o Senhor.

A fidelidade de Madaleno me lembra da fidelidade de Calebe e Josué, dois dos homens que Moisés enviou para explorar a Terra Prometida e depois relatar aos israelitas (NÚMEROS 13; JOSUÉ 14:6-13). Seus companheiros tiveram medo do povo que vivia lá, mas Calebe e Josué confiaram em Deus e creram que Ele os ajudaria a conquistar a terra.

O trabalho que nos foi confiado pode ser diferente dos de Madaleno ou de Calebe e Josué. Mas a nossa confiança pode ser a mesma. Para alcançar os outros, não confiamos em nós mesmos, mas na força do nosso Deus. —KO

Fortalecemo-nos quando servimos ao Senhor.

O PRESENTE PERFEITO

Leitura:
Romanos 12:1-8

Tributai ao SENHOR a glória devida ao seu nome;
trazei oferendas e entrai nos seus átrios.
—SALMO 96:8

TODOS OS ANOS, o jardim botânico de nossa cidade sedia uma celebração do Natal referente aos países ao redor do mundo. Minha exibição favorita é o presépio francês. Não mostra os pastores e magos com presentes de ouro, incenso e mirra em torno da manjedoura, mas aldeões franceses levando seus presentes ao bebê Jesus. Eles levam pão, vinho, queijo, flores e outros itens que Deus lhes deu a capacidade de produzir. Faz-me lembrar do mandamento do Antigo Testamento de levarmos as primícias do nosso trabalho à casa do Senhor (ÊXODO 23:16-19). Esta representação do presépio ilustra que tudo que temos vem de Deus, então só temos de dar algo que Ele nos deu.

Quando Paulo instruiu os romanos a apresentarem a si mesmos como sacrifício vivo, na verdade, estava lhes dizendo para devolverem ao Senhor o que Deus lhes havia dado — a própria vida (ROMANOS 12:1). Isto inclui os dons que Ele lhes dera, até mesmo sua capacidade de ganhar seu sustento. Sabemos que o Senhor concede capacidades especiais às pessoas. Alguns, como Davi, eram hábeis na música (1 SAMUEL 16:18). Outros, como Bezalel e Aoliabe, eram habilidosos em obras artísticas (ÊXODO 35:30-35). E outros são habilidosos em escrever, ensinar, praticar a jardinagem e muitas outras coisas.

Quando devolvemos a Deus o que Ele, primeiramente, nos deu, lhe entregamos o presente perfeito — nós mesmos. —JAL

Entregue-se completamente a Cristo,
que entregou-se a si mesmo por você.

SOMENTE A MULTA

Leitura:
Efésios 1:1-10

*[Em Jesus] temos [...] a remissão dos pecados,
segundo a riqueza da sua graça.*
—EFÉSIOS 1:7.

QUANDO UM POLICIAL parou uma mulher porque a sua filha estava andando em um carro sem o assento infantil exigido, ele poderia ter-lhe dado uma multa por infração de trânsito. Em vez disso, ele pediu à mãe e à filha para encontrá-lo em uma loja próxima, onde ele pagou pessoalmente pelo assento exigido. A mãe estava passando por um momento difícil e não tinha dinheiro para comprar esse equipamento.

Embora a mulher merecesse ter recebido uma multa por seu delito, em seu lugar ela recebeu um presente. Qualquer um que conhece a Cristo passou por algo semelhante. Todos nós merecemos uma penalidade por violar as leis de Deus (ECLESIASTES 7:20). Contudo, por causa de Jesus, recebemos o favor imerecido de Deus. Este favor nos isenta da consequência final de nosso pecado, que é a morte e a separação eterna de Deus (ROMANOS 6:23). "[Em Jesus] temos [...] a remissão dos pecados, segundo a riqueza da sua graça" (EFÉSIOS 1:7).

Alguns se referem à graça como "amor em ação". Quando a jovem mãe experimentou esse favor imerecido, comentou: "Serei eternamente grata!... E, assim que eu financeiramente puder, passarei adiante esse favor." Esta reação cheia de gratidão e generosidade por ter recebido o presente do policial é um exemplo inspirador para os que já receberam a dádiva da graça de Deus! —JBS

O presente de Deus é a graça.

COMO ATIRAR EM UMA MOSCA

Leitura:
2 Coríntios 4:1-6

*... o amor de Cristo nos constrange, julgando nós isto:
um morreu por todos; logo, todos morreram.*
—2 CORÍNTIOS 5:14

A HABILIDADE DE Macarena Valdes em mapeamento de minas subterrâneas fez a verdadeira diferença no resgate dos 33 mineiros chilenos presos após uma explosão, em outubro de 2010. Perfurar para encontrar o local exato onde os homens estavam era como "tentar acertar uma mosca a 700 metros de distância", disse ela. Com sua experiência em mineração, Macarena foi capaz de orientar a sonda para onde os mineiros estavam soterrados, o que ajudou no dramático resgate.

Em esforços para realizar resgates espirituais, é fácil ficar desanimado. Mesmo enfrentando obstáculos até maiores, o apóstolo Paulo disse: "...não desfalecemos" (2 CORÍNTIOS 4:1). Apesar de "...o deus deste século..." ter "...[cegado] o entendimento dos incrédulos, para que lhes não resplandeça a luz do evangelho...", ele continuou a proclamar o evangelho da salvação (VV.4,5). Compelido por Deus, que amorosamente lançou luz em suas próprias trevas (V.6), Paulo sabia que o Senhor poderia fazer pelos outros o que tinha feito por ele.

Você e eu podemos ter história semelhante. Compelidos pelo amor de Deus, também temos motivo para não perder o ânimo. Como Macarena liderou o resgate dos mineiros, o Espírito de Deus pode levar a luz de nosso amor e palavras aos corações daqueles que necessitam de um resgate que ainda não conseguem compreender. —CPH

*Quando você é resgatado,
deseja resgatar outros.*

CÃES ANTITANQUE

Leitura:
Salmo 143:7-12

... em ti confio; mostra-me o caminho
por onde devo andar...
—SALMO 143:8

SURPREENDE-ME A HISTÓRIA DOS CÃES da Segunda Guerra Mundial. Na preparação para o Dia D (6 de junho de 1944), as tropas aliadas necessitavam dos sentidos aguçados de cães para farejar seu caminho através de campos minados e para avisar as tropas do perigo iminente. E a única maneira de enviar esses cães para as tropas atrás das linhas inimigas era com paraquedas. Mas os cães têm, instintivamente, medo de fazer isso — e, sejamos honestos, não somente eles. Contudo, após semanas de treinamento, os cães aprenderam a confiar em seus treinadores o suficiente para saltar ao seu comando.

Imagino se qualquer um de nós confia em nosso Mestre o suficiente para fazer coisas difíceis que nunca faríamos instintivamente ou coisas que poderiam nos amedrontar. Podemos não ser instintivamente generosos, perdoadores, ou pacientes com aqueles que nos incomodam. Mas Jesus nos ordena que confiemos nele o suficiente para fazermos coisas que podem ser difíceis, mas promoverão o seu reino. Dizer: "...em ti confio; mostra-me o caminho por onde devo andar..." (SALMO 143:8).

Os cães antitanque recebiam, com frequência, medalhas por sua bravura. Creio que, algum dia, também nós ouviremos "bom trabalho" por termos confiado em nosso Mestre o suficiente para saltar quando Ele disse "Ide"! —JMS

Confie em Jesus para que Ele lhe mostre
como você pode ser usado pelo Senhor.

FOME DE DEUS

Leitura:
Deuteronômio 4:9-14

Toda a Escritura é inspirada por Deus e útil para o ensino,
para a repreensão, para a correção, para a educação na justiça.
—2 TIMÓTEO 3:16

A-POE-LA-PI É UM membro idoso dos Akha, uma tribo que vive nas montanhas da província de Yunnan, na China. Quando o visitamos em uma viagem missionária, A-poe-la-pi nos disse que perdeu o estudo bíblico da semana por causa das fortes chuvas. Em seguida, nos implorou: "Vocês poderiam compartilhar a Palavra de Deus comigo?"

A-poe-la-pi não sabe ler; por isso, o encontro semanal é vital para ele. Quando lemos a Bíblia para esse homem, ele a ouviu atentamente. Sua atitude honesta lembrou-me que honramos ao Senhor, quando ouvimos atentamente as inspiradas histórias das Escrituras.

Em Deuteronômio 4, Moisés exortou os israelitas a ouvirem atentamente as regras e ordenanças que ele lhes estava ensinando (v.1). Ele os lembrou de que a fonte e inspiração por trás do ensino não era outra senão o próprio Deus, que havia falado com eles "…do meio do fogo…" do Sinai (v.12). Moisés disse: "…vos anunciou ele a sua aliança, que vos prescreveu…" (v.13).

Que a fome de A-poe-la-pi por ouvir a Palavra de Deus incentive desejo semelhante em nós. Como o apóstolo Paulo nos lembra em 2 Timóteo 3:15,16, as Escrituras inspiradas foram dadas para nosso bem e crescimento — para nos tornar sábios na salvação e nos caminhos de Deus. —PFC

Conhecer a Cristo, a Palavra Viva, é amar a Bíblia,
a Palavra escrita.

COMO SER PERFEITO

Leitura:
Romanos 3:20-26

*Porque, com uma única oferta, aperfeiçoou para sempre
quantos estão sendo santificados.*
—HEBREUS 10:14

N O NATAL NOS sentimos pressionados em busca da perfeição. Imaginamos a festa perfeita e nos esforçamos para que isso aconteça. Compramos os presentes perfeitos, e planejamos o almoço perfeito. Escolhemos os cartões perfeitos. Mas sentimos desânimo e decepção quando a nossa capacidade de imaginar a perfeição excede a de implementá-la. O presente escolhido, cuidadosamente, recebe apenas um agradecimento parcialmente sincero. Parte da comida fica cozida demais. Encontramos um erro de digitação em nossas saudações natalinas após tê-las enviado. As crianças brigam por brinquedos. Adultos ressuscitam velhas discussões.

Porém, em vez de desanimar, podemos usar a nossa decepção para nos lembrar do motivo de o Natal ser tão importante. Precisamos do Natal porque nenhum de nós é nem será capaz de ser tudo o que deseja — nem mesmo por um mês, uma semana ou sequer um dia.

Como seriam nossas celebrações do nascimento de Cristo se eliminássemos o nosso falho conceito de perfeição e, em vez disso, nos concentrássemos na perfeição de nosso Salvador, em quem somos feitos justos (ROMANOS 3:22).

Se, este ano, a sua festa de Natal for menos do que o ideal, relaxe e permita que seja um lembrete de que a única maneira de ser aperfeiçoado para sempre (HEBREUS 10:14) é viver pela fé na justiça de Cristo. —JAL

*Vestidos somente com a Sua justiça,
perfeitos para estar diante de Seu trono.* —EDWARD MOTE

CELEBREMOS

Leitura:
Salmo 150

Louvai-o com adufes e danças;
louvai-o com instrumentos de cordas e com flautas.
—SALMO 150:4

A PÓS MARCAR UM gol contra a Alemanha na Copa do Mundo de 2014, Asamoah Gyan e seus companheiros do time de Gana dançaram coordenadamente. Ao marcar alguns minutos depois, o alemão Miroslav Klose deu uma cambalhota. "As comemorações do futebol são tão atraentes porque revelam a personalidade, os valores e as paixões dos jogadores", diz Clint Mathis, que marcou para os EUA na Copa de 2002.

O salmista convida: "Todo ser que respira…" (SALMO 150) a celebrar e louvar o Senhor de muitas maneiras diferentes. Ele sugere que usemos trombetas e harpas, instrumentos de cordas e flautas, címbalos e dança. Ele nos incentiva a, com criatividade e paixão, celebrar, honrar e adorar o Senhor. Porque o Senhor é grande e tem feito atos poderosos pelo bem de Seu povo, Ele é digno de todo louvor. Estas expressões exteriores de louvor virão de uma fonte interna transbordante de gratidão a Deus. "Todo ser que respira louve ao SENHOR…", declara o salmista (150:6).

Embora possamos celebrar o Senhor de maneiras diferentes (não estou incentivando cambalhotas em nossos cultos de adoração), nosso louvor a Deus sempre precisa ser expressivo e significativo. Quando pensamos no caráter do Senhor e em Seus atos poderosos por nós, não podemos deixar de celebrá-lo por meio de nosso louvor e adoração. —MLW

O louvor é a canção de uma alma que foi liberta.

A IMPORTÂNCIA DO COMO

Leitura:
Números 4:17-32

... designarão a cada um o seu serviço e a sua carga.
—NÚMEROS 4:19

URANTE A FACULDADE, meu amigo Carlos e eu trabalhávamos para uma loja de móveis. Frequentemente, fazíamos entregas acompanhados por um decorador que conversava com os compradores dos móveis enquanto nós os levávamos do caminhão para a casa. Às vezes, tínhamos de subi-los por vários lances de escada em um prédio de apartamentos. Com frequência, desejávamos ter o trabalho do decorador em vez do nosso!

Durante os 40 anos de peregrinação de Israel no deserto foi atribuída a tarefa de transportar a tenda da congregação (tabernáculo) aos três clãs da tribo sacerdotal de Levi: coatitas, gersonitas e meraritas. Eles a montavam, desmontavam e carregavam até o lugar seguinte; então, repetiam o processo vez após vez. Sua descrição de função era simples: "Isto será o que é de sua obrigação levar..." (NÚMEROS 4:31).

Será que esses "guardiães" invejaram os "clérigos" que ofereciam sacrifícios e incenso utilizando os objetos sagrados no santuário (VV.4,5,15). Esse trabalho devia parecer muito mais fácil e prestigioso. Mas as duas atribuições eram importantes e vinham do Senhor.

Muitas vezes, não selecionamos o trabalho que fazemos. Mas todos nós podemos escolher a nossa atitude em relação às tarefas que nos são dadas. Como fazemos o trabalho que Deus nos dá é a medida do nosso serviço a Ele. —DCM

O trabalho humilde se torna santo
quando é feito para Deus.

SANTO É O SEU NOME

Leitura:
Êxodo 20:1-7

Não tomarás o nome do SENHOR, teu Deus, em vão...
—ÊXODO 20:7

ERTA TARDE, eu discutia com um amigo a quem eu considerava como meu mentor espiritual sobre o mau uso do nome de Deus. "Não tomarás o nome do SENHOR, teu Deus, em vão", diz o terceiro mandamento (ÊXODO 20:7). Podemos pensar que isso só se refere a ligar o nome de Deus a um palavrão ou usar Seu nome com petulância ou irreverência. Mas meu mentor raramente perdia uma oportunidade de me ensinar acerca da fé verdadeira. Ele me desafiou a pensar em outras maneiras de profanar o nome de Deus.

Quando rejeito os conselhos dos outros e digo: "Deus me disse para ir por este caminho", uso o Seu nome em vão, se tudo que estiver fazendo é buscar a aprovação para os meus próprios desejos.

Quando uso a Escritura fora do contexto para tentar apoiar uma ideia que quero que seja verdadeira, uso o nome de Deus em vão.

Quando ensino, escrevo ou falo das Escrituras sem cuidado, uso Seu nome em vão.

O autor John Piper faz essa reflexão sobre o significado de tomar o nome de Deus em vão: "A ideia é... 'não esvazie o nome'... Não esvazie Deus de Seu valor e glória." Piper diz que usamos Seu nome em vão quando "falamos de Deus de um modo que o esvazia de sua importância".

Meu amigo me desafiou a honrar o nome de Deus e a prestar mais atenção ao uso de Sua Palavra com cuidado e precisão. Qualquer coisa menos do que isso o desonra. —RKK

O nome de Deus é digno de respeito e louvor

DESCANSO NATALINO

Leitura:
Mateus 11:28–12:8

*Vinde a mim, todos os que estais
cansados e sobrecarregados…*
—MATEUS 11:28

QUANDO MENINO, eu entregava jornais para ganhar dinheiro. Como era um jornal matutino, eu era obrigado a levantar-me às 3 horas da madrugada, todas as manhãs, sete dias por semana, para conseguir entregar todos os 140 jornais em suas casas até as 6 horas em ponto.

Mas a cada ano, um dia era diferente. Entregávamos o jornal da manhã de Natal na véspera do Natal — o que significava que o Natal era a única manhã do ano em que eu podia dormir e descansar como uma pessoa normal.

Ao longo dos anos, vim a apreciar o Natal por muitos motivos, mas um que era especial naquele tempo era que, diferentemente de qualquer outro dia do ano, ele era um dia de descanso.

Naquela época, eu não entendia inteiramente o significado do verdadeiro descanso que o Natal traz. Cristo veio para que todos os que trabalham sob o peso de uma lei que nunca se consegue cumprir possam encontrar descanso mediante o perdão oferecido por Cristo. Jesus disse: "Vinde a mim, todos os que estais cansados e sobrecarregados, e eu vos aliviarei" (MATEUS 11:28). Em um mundo impossível de suportarmos sozinhos, Cristo veio para termos um relacionamento com Ele e nos dar descanso. —WEC

*Nossa alma encontra repouso
quando descansa em Deus.*

TATEANDO NA ESCURIDÃO

Leitura:
Salmo 139:7-12

*... até as próprias trevas não te serão escuras:
as trevas e a luz são a mesma coisa.*
—SALMO 139:12

TEMOS UM CÃO da raça *West Highland White Terrier*, que dorme enrolada ao pé de nossa cama, e esse tem sido o seu lugar há 13 anos.

Normalmente, ela não se move ou faz barulho, mas ultimamente, nos toca com a pata suavemente no meio da noite. No início, pensávamos que ela queria ir para fora, e tentávamos acomodá-la. Mas ela só quer se certificar de que estamos ali. Ela já está quase surda e parcialmente cega. Não consegue enxergar na escuridão, nem ouvir-nos mover ou respirar. Naturalmente, ela fica confusa e estende a pata para certificar-se. Então, apenas estendo a mão e acaricio sua cabeça, para garantir-lhe de que estou lá. Isso é tudo que ela quer saber. Ela dá uma ou duas voltas, se acalma, e volta a dormir.

"...Para onde fugirei da tua face?", perguntou Davi a Deus (SALMO 139:7). Davi tomou isso como um imenso conforto. "...nos confins dos mares, ainda lá me haverá de guiar a tua mão...", observou ele. "Até as próprias trevas não te serão escuras" (VV.9-12).

Você está perdido na escuridão? Sente angústia, medo, culpa, dúvida, desânimo? Não tem certeza de Deus? A escuridão não é escura para Ele. Embora invisível, Ele está ao alcance, pois disse: "De maneira alguma te deixarei, nunca jamais te abandonarei" (HEBREUS 13:5). Estenda sua mão em busca das mãos de Deus. Ele está lá. —DHR

Os medos sombrios fogem à luz da presença de Deus.

A SÉTIMA ESTROFE

Leitura:
Lucas 2:8-14

… hoje vos nasceu, na cidade de Davi,
o Salvador, que é Cristo, o Senhor.
—LUCAS 2:11

E M 1861, A esposa de Henry W. Longfellow morreu num incêndio. No primeiro Natal sem ela, ele escreveu em seu diário: "Indescritivelmente triste é o Natal". O ano seguinte não foi melhor: "Feliz Natal, dizem as crianças; mas para mim, não é mais."

Em 1863, na Guerra de Secessão, seu filho se alistou contra a sua vontade e foi gravemente ferido. Nesse ano, com os sinos anunciando mais um Natal doloroso, ele começou a escrever "Ouvi os sinos do Natal."

O poema começa agradável e lírico, mas se torna sombrio. As imagens violentas do quarto verso não cabem a uma canção natalina. Canhões "malditos" "ribombavam", zombando da mensagem de paz. No quinto e sexto, a desolação de Longfellow é quase total: "Como se um terremoto rachasse as pedras do fundo da lareira." Ele quase desistiu: "E em desespero curvei a cabeça; 'Não há paz na terra', disse eu."

E das profundezas daquele sombrio dia de Natal, ele ouviu o som incontrolável da esperança e escreveu a sétima estrofe:

Os sinos repicaram mais alto e fundo: "Deus não está morto, nem dorme! O injusto fracassará, o justo prevalecerá, com paz na terra, boa vontade para com os homens!"

A guerra e as memórias de suas tragédias pessoais não conseguiram deter o Natal. O Messias nasceu! Ele promete: "Eis que faço novas todas as coisas" (APOCALIPSE 21:5). —TLG

Emanuel — Deus conosco!

PAX ROMANA

Leitura:
Isaías 9:1-7

… um menino nos nasceu, um filho se nos deu;
o governo está sobre os seus ombros…
—ISAÍAS 9:6

NINGUÉM AGUENTA o preço da guerra. Um site relata que 64 nações estão atualmente envolvidas em conflitos armados. Quando e como eles vão acabar? Queremos a paz, mas não à custa da justiça.

Jesus nasceu em uma época de "paz", mas ela veio à custa de pesada opressão. A *Pax Romana* (Paz Romana) só existia porque Roma esmagava todos os dissidentes.

Sete séculos antes desse tempo de relativa paz, exércitos hostis se prepararam para invadir Jerusalém. Das sombras da guerra, Deus fez um pronunciamento notável. "O povo que andava em trevas viu grande luz…", declarou o profeta (ISAÍAS 9:2). "Porque um menino nos nasceu, um filho se nos deu […] para que se aumente o seu governo, e venha paz sem fim" (VV.6,7). Mateus nos diz que a profecia de Isaías cumpriu-se na chegada do menino Jesus (MATEUS 1:22,23; ISAÍAS 7:14).

Nós adoramos o pequeno bebê na cena da manjedoura. Contudo, esse bebê indefeso é também o Senhor Todo-Poderoso, o "SENHOR dos Exércitos" (ISAÍAS 13:13). Algum dia, Ele reinará no "…trono de Davi e sobre o seu reino, para o estabelecer e o firmar mediante o juízo e a justiça…" (9:7). Tal regime não será a opressiva *Pax Romana*. Ele será o reinado do Príncipe da Paz. —TLG

O Cordeiro de Deus é também o Leão de Judá.

AMOR SURPREENDENTE

Leitura:
João 6:32-40

... eu desci do céu, não para fazer a minha própria vontade,
e sim a vontade daquele que me enviou.
—JOÃO 6:38

APROXIMANDO-SE O primeiro Natal após a morte de seu marido, nossa amiga Davidene escreveu uma carta admirável, na qual imaginou como poderia ter sido no céu quando Jesus nasceu na Terra. "Foi o que Deus sempre soube que iria acontecer", escreveu ela. "Os três eram um, e Ele havia concordado em permitir a fratura de Sua preciosa unidade pelo nosso bem. O céu ficou vazio do Deus Filho."

Quando Jesus ensinava e curava as pessoas na terra, dizia: "...eu desci do céu, não para fazer a minha própria vontade, e sim a vontade daquele que me enviou [...] a vontade de meu Pai é que todo homem que vir o Filho e nele crer tenha a vida eterna; e eu o ressuscitarei no último dia" (JOÃO 6:38,40).

O nascimento de Jesus em Belém iniciou a Sua missão neste mundo. Ele veio para demonstrar o amor de Deus e dar a Sua vida na cruz para nos libertar da pena e do poder do pecado.

"Não consigo imaginar escolher abrir mão daquele a quem eu amava, com quem fui um, pelo bem de todos." Davidene concluiu. "Mas Deus o fez. Ele enfrentou uma casa muito mais vazia do que a minha, para que eu pudesse morar em Sua casa com Ele para sempre."

"Porque Deus amou ao mundo de tal maneira que deu o seu Filho unigênito..." (JOÃO 3:16). —DCM

O nascimento de Cristo trouxe Deus ao homem;
a cruz de Cristo leva o homem a Deus.

O MENINO DO TAMBOR

Leitura:
Lucas 21:1-4

*... esta, porém, da sua pobreza deu tudo
o que possuía, todo o seu sustento.*
—LUCAS 21:4

"O MENINO DO TAMBOR" é uma conhecida canção de Natal escrita em 1941. Ela era originalmente conhecida como "Canção do Tambor" e é baseada em uma tradicional canção natalina tcheka. Embora não haja qualquer referência a um menino que tocava tambor na história do Natal em Mateus 1–2 e Lucas 2, o argumento da canção toca o âmago do significado da adoração. A canção descreve como um menino é convocado pelos reis magos para a cena do nascimento de Cristo. Porém, diferentemente dos sábios, o menino não tem um presente — então, ele dá o que tem. Ele toca o seu tambor, dizendo: "Eu toquei o meu melhor para Ele."

Isso se assemelha à adoração que Jesus descreveu ao contar acerca da viúva e suas duas moedas: "...verdadeiramente, vos digo que esta pobre viúva deu mais do que todos. Porque todos estes deram como oferta daquilo que lhes sobrava; esta, porém, da sua pobreza deu tudo o que possuía, todo o seu sustento" (LUCAS 21:3,4).

Tudo que o garoto do tambor tinha era o seu tambor, e tudo que a viúva pobre tinha eram as suas duas moedas, mas o Deus que eles adoravam era digno do seu tudo. Ele é digno também do nosso tudo, após ter se entregado por nós. —WEC

*O pouco se torna muito quando
é oferecido de todo o coração.*

TAMANHO ÚNICO

Leitura:
João 3:10-21

... todo o que nele crê não [perecerá],
mas [terá] a vida eterna.
—JOÃO 3:16

COMO A MAIORIA das crianças, eu gostava muito do Natal. Com grande expectativa, bisbilhotava debaixo da árvore para ver quais os brinquedos e jogos que me aguardavam. Assim, fiquei triste quando ganhei camisas e calças. Presentes para adultos não tinham graça! Mas no último Natal, meus filhos me deram meias com cores e desenhos chamativos. Quase me senti jovem de novo! Até adultos podiam usar aquelas meias de "tamanho único".

Esse bem-vindo "tamanho único" me lembra do melhor presente de Natal: a boa-nova de que Jesus é para todos. Isso foi comprovado quando o primeiro convite enviado pelo coral de anjos foi para os pastores que estavam à base da escada social, e enfatizado quando os ricos e poderosos reis magos seguiram a estrela para ir adorar o menino Jesus.

Após Jesus começar Seu ministério, um influente membro do governo judeu foi até Ele à noite. Durante a conversa, Jesus convidou "...todo o que crê..." a ir a Ele. O simples ato de fé em Cristo concede vida eterna aos que confiam nele (JOÃO 3:16).

Se Jesus fosse só para os pobres e marginalizados, ou apenas para famosos e afortunados, muitos de nós não nos qualificaríamos. Mas Cristo é para todos — qualquer status, situação financeira ou posição social. Ele é o único presente realmente adequado a todos. —JMS

O Salvador que concede vida é o presente de Deus
a um mundo moribundo.

O MISTÉRIO DO NATAL

Leitura:
1 Timóteo 3:14-16

... grande é o mistério da piedade...
—1 TIMÓTEO 3:16

QUANDO COMEÇA a história "Um conto de Natal", de Charles Dickens, há um mistério em torno de Ebenezer Scrooge. Por que ele é tão mesquinho? Como se tornou tão egoísta? Depois, lentamente, à medida que os espíritos de Natal o levam a recordar sua própria história, as coisas se tornam mais claras. Vemos as influências que o transformaram de um jovem feliz num mísero egoísta. Observamos seu isolamento e sua fragilidade. Quando o mistério é solucionado, também vislumbramos o caminho para a restauração. A preocupação com os outros afasta Scrooge de sua escuridão egocêntrica a uma nova alegria.

Um mistério muito mais importante, e muito mais difícil de explicar, é o que Paulo disse em 1 Timóteo 3:16: "Evidentemente, grande é o mistério da piedade: Aquele que foi manifestado na carne foi justificado em espírito, contemplado por anjos, pregado entre os gentios, crido no mundo, recebido na glória." Extraordinário! Deus "se manifestou em carne".

O mistério do Natal é como Deus poderia tornar-se homem permanecendo plenamente Deus. Isso desafia a explicação humana, mas, na perfeita sabedoria divina, foi o maior plano de todos os tempos.

"Que criança é esta?" Ela é Jesus Cristo — Deus revelado em carne. —WEC

Deus habitou conosco para que
pudéssemos fazer morada nele.

PRESENTE FRÁGIL

Leitura:
Lucas 2:1-7

Graças a Deus pelo seu dom inefável!
—2 CORÍNTIOS 9:15

QUANDO DAMOS UM presente frágil, nos certificamos de que isso esteja escrito na caixa. A palavra Frágil é escrita com letras grandes, porque não queremos que alguém danifique o que está dentro da embalagem.

O dom de Deus para nós veio no pacote mais frágil: um bebê. Às vezes, imaginamos o dia de Natal como uma bela cena em um cartão postal, mas qualquer mãe pode lhe dizer que não foi assim. Maria estava cansada, provavelmente insegura. Era seu primeiro filho e Ele nascera nas condições mais insalubres. Ela "...enfaixou-o e o deitou numa manjedoura, porque não havia lugar para eles na hospedaria" (LUCAS 2:7).

Um bebê precisa de cuidados constantes. Os bebês choram, comem, dormem e dependem de seus cuidadores. Eles não podem tomar decisões. Nos tempos de Maria, a mortalidade infantil era alta e, frequentemente, as mães morriam no parto.

Por que Deus escolheu uma maneira tão frágil para enviar Seu Filho a este mundo? Porque Jesus tinha de ser como nós para nos salvar. O maior presente de Deus veio no corpo frágil de um bebê, mas Deus assumiu o risco porque Ele nos ama. Sejamos gratos hoje por um presente como esse! —KO

Que você possa conhecer a paz do Natal
todos os dias do ano.

SACRIFÍCIO DE NATAL

Leitura:
Gálatas 4:1-7

*Vindo, porém, a plenitude do tempo,
Deus enviou seu Filho...*
—GÁLATAS 4:4

O CLÁSSICO CONTO de O. Henry, *O presente dos Magos*, conta a história de Jim e Della, um casal jovem com dificuldades financeiras. Perto do Natal, eles querem dar presentes especiais um ao outro, mas a falta de dinheiro os leva a medidas drásticas. O bem mais valioso de Jim é um relógio de ouro, e o de Della é seu lindo cabelo longo. Jim decide vender o seu relógio para comprar pentes para o cabelo de Della, enquanto Della vende o seu cabelo para comprar uma corrente para o relógio de Jim.

A história se tornou amada merecidamente, por nos lembrar de que o sacrifício está no âmago do verdadeiro amor, e que o sacrifício é o cerne do verdadeiro amor. Esta ideia é particularmente adequada para o Natal, porque o sacrifício é a pulsação central da história do nascimento de Cristo. Jesus Cristo nasceu para morrer, e Ele nasceu para morrer por nós. Foi por isso que o anjo disse a José: "...lhe porás o nome de Jesus, porque ele salvará o seu povo dos pecados deles" (MATEUS 1:21).

Muito antes do nascimento de Cristo, havia sido determinado que Ele viria para nos resgatar de nossa queda — o que significa que nunca conseguiremos valorizar plenamente a manjedoura, a menos que a vejamos à sombra da cruz. O Natal trata totalmente do amor de Cristo, visto mais claramente no Seu sacrifício por nós. —WEC

O fato essencial do cristianismo é que Deus considerou toda a humanidade digna do sacrifício de Seu Filho. —WILLIAM T.

PÓ DE DIAMANTE

Leitura:
Isaías 1:18-20; Salmo 51:7

... lava-me, e ficarei mais alvo que a neve.
—SALMO 51:7

DURANTE UM INVERNO especialmente frio, muitas emoções e sentimentos sobre o clima gelado eram contraditórios. Com o inverno chegando, a maioria das pessoas já tinha perdido o encanto pelo frio e neve e lamentava as previsões de baixas temperaturas.

Mas a majestosa beleza da neve continuava a surpreender-me. Mesmo ao remover intermináveis pás de neve da entrada de minha garagem para montes mais altos do que eu, encantava-me com ela. Certo dia em especial, cristais de gelo desciam do céu sobre a neve velha. Enquanto minha esposa e eu passeávamos por essa cena cintilante, parecia que havia sido borrifado pó de diamante em toda a paisagem.

Na Escritura, a neve parece ter propósitos variados. Deus a envia como um indicador de Sua grandeza criativa (JÓ 37:6; 38:22,23). Montanhas cobertas de neve irrigam os vales áridos abaixo. Porém, mais importante, Deus faz da neve um retrato de nosso perdão. O evangelho de Jesus proporciona um modo de sermos purificados de nossos pecados, e de nosso coração ficar muito "...mais alvo que a neve" (SALMO 51:7; ISAÍAS 1:18).

Na próxima vez em que você vir neve — ao vivo ou em fotos —, agradeça a Deus pelo perdão e pela libertação das penas do pecado que este belo presente natural representa para todos os que depositaram a sua confiança no nosso Salvador. —JDB

*Quando Cristo nos perdoa, o nosso coração fica limpo
como a neve que recém caiu.*

UM LUGAR DE ABRIGO

Leitura:
Salmo 61

... no esconderijo das tuas asas, eu me abrigo.
—SALMO 61:4

OS SEM-TETO em Vancouver, Canadá, têm um novo modo de encontrar abrigo noturno. Uma instituição de caridade criou bancos especiais que se convertem em abrigos temporários. O encosto do banco pode ser levantado, criando uma cobertura que pode proteger uma pessoa de vento e chuva. À noite, esses espaços de dormir são fáceis de achar, devido à sua mensagem que brilha no escuro: *Isto é um quarto.*

A necessidade de abrigo pode ser física e também espiritual. Deus é um refúgio para a nossa alma quando estamos atribulados. O rei Davi escreveu: "...clamo por ti, no abatimento do meu coração. Leva-me para a rocha que é alta demais para mim" (SALMO 61:2). Quando estamos emocionalmente oprimidos, somos mais vulneráveis às táticas do inimigo — medo, culpa e luxúria são algumas de suas favoritas. Necessitamos de uma fonte de estabilidade e segurança.

Se nos refugiarmos em Deus, poderemos ter vitória sobre o inimigo quando ele tenta influenciar nosso coração e mente. "...tu me tens sido refúgio e torre forte contra o inimigo", disse Davi ao Senhor. "...no esconderijo das tuas asas, eu me abrigo" (VV.3,4).

Quando estamos sobrecarregados, temos paz e proteção por meio Filho de Deus, Jesus Cristo. Tenham "...paz em mim", disse Jesus. "No mundo, passais por aflições; mas tende bom ânimo; eu venci o mundo" (JOÃO 16:33). —JBS

Deus é o nosso refúgio.

REJEITE A APATIA

Leitura:
Neemias 1:1-10

*O Rei, respondendo, lhes dirá: Em verdade vos afirmo que,
sempre que o fizestes a um destes meus pequeninos irmãos,
a mim o fizestes.* —MATEUS 25:40

A SALA ERA SALPICADA com cores encantadoras, enquanto mulheres em belos sáris circulavam dando os toques finais para um evento beneficente. Essas mulheres indianas vivem hoje nos EUA. Contudo, continuam preocupadas com seu país de origem. Ao saberem da situação financeira de uma escola cristã para crianças autistas na Índia, elas não só ouviram sobre a necessidade, mas também a levaram a sério e reagiram.

Neemias não permitiu que a sua posição confortável de copeiro e confidente do homem mais poderoso da época anulasse a sua preocupação com seus compatriotas. Ele falou com recém-chegados de Jerusalém para descobrir a condição da cidade e dos seus cidadãos (NEEMIAS 1:2) e soube que os "...que não foram levados para o exílio [...] estão em grande miséria e desprezo; os muros de Jerusalém estão derribados, e as suas portas, queimadas" (V.3).

O coração de Neemias se partiu. Ele lamentou, jejuou e orou, pedindo a Deus para fazer algo a respeito das terríveis condições (V.4). O Senhor o capacitou a voltar a Jerusalém para liderar o esforço de reconstrução (2:1-8).

Neemias fez muito por seu povo porque pediu grandes coisas a um grande Deus e confiou nele. Que Deus abra os nossos olhos às necessidades dos que nos rodeiam e nos ajude a abençoá-los solucionando seus problemas com paixão e criatividade. —PFC

*Os que andam com Deus não fugirão
das necessidades dos outros.*

CONVITE AO DESCANSO

Leitura:
Apocalipse 21:1-5

... eu vos aliviarei.
—MATEUS 11:28

N A CABECEIRA DA CAMA de um amigo na ala de emergência do hospital, fiquei comovido com os sons de sofrimento que ouvi de outros pacientes com dor. Enquanto orava por meu amigo e pelos outros enfermos, percebi novamente quão fugaz é a nossa vida na Terra. E lembrei-me de uma velha canção sertaneja, que fala que o mundo não é o nosso lar — estamos "apenas de passagem".

Nosso mundo está cheio de cansaço, dor, fome, dívida, pobreza, doença e morte. Por termos de passar por um mundo assim, o convite de Jesus é bem-vindo e oportuno: "Vinde a mim, todos os que estais cansados e sobrecarregados, e eu vos aliviarei" (MATEUS 11:28). Precisamos deste descanso.

Em quase todas as cerimônias fúnebres que já assisti, ouço sobre a visão de João de um "...novo céu e nova terra..." (APOCALIPSE 21:1-5). Certamente esta é uma palavra relevante e de conforto nos funerais.

Mas creio que a passagem é mais para os vivos do que para os mortos. O tempo de atender ao convite de Jesus para descansar nele é enquanto ainda estamos vivos. Só então podemos ter direito às promessas de Apocalipse. Deus habitará entre nós (V.3). Ele enxugará as nossas lágrimas (V.4). "...a morte já não existirá, já não haverá luto, nem pranto, nem dor..." (V.4).

Aceite o convite de Jesus e entre no Seu descanso! —LD

Quando você estiver cansado das lutas da vida,
descanse no Senhor.

SOB A PROTEÇÃO

Leitura:
Mateus 10:27-31

*Não temais, pois! Bem mais valeis vós
do que muitos pardais.*
—MATEUS 10:31

EM SEU LIVRO *On the Wing* (Na asa, inédito), Alan Tennant narra seus esforços para rastrear a migração do falcão-peregrino. Valorizadas por sua beleza, rapidez e poder, essas magníficas aves de rapina foram companheiras favoritas de caça de imperadores e nobres. Infelizmente, o amplo uso de pesticidas na década de 1950 interferiu em seu ciclo reprodutivo e as colocou na lista de espécies ameaçadas de extinção.

Interessado na recuperação desta espécie, Tennant acoplou transmissores a um número seleto de falcões, para observar seus padrões de migração. Mas quando ele e seu piloto voaram em seu *Cessna* atrás dos pássaros, eles repetidamente perdiam o sinal dos transmissores. Apesar de usar tecnologia avançada, eles nem sempre eram capazes de rastrear as aves que queriam ajudar.

É bom saber que Deus nos cuida e nunca nos perde de vista. Na verdade, Jesus disse que nem um pardal sequer "...cairá em terra sem o consentimento de vosso Pai [...]. Não temais, pois! Bem mais valeis vós do que muitos pardais" (MATEUS 10:29-31).

Quando enfrentamos circunstâncias difíceis, o medo pode nos fazer questionar se Deus está ciente da nossa situação. O ensinamento de Jesus nos garante que Deus se importa profundamente e está no controle. Ele nos acompanha em nosso dia a dia e nunca falhará. —HDF

*Se Deus cuida dos pássaros,
não cuidará também dos Seus filhos?*

ORANDO POR ORIENTAÇÃO

A ORIENTAÇÃO DE DEUS decorre de nosso relacionamento com Ele. Nosso Pastor quer nos alimentar, levar-nos em Seus braços, segurar-nos perto do Seu coração e gentilmente conduzir-nos (ISAÍAS 40:11). Nossa parte é orar continuamente (1 TESSALONICENSES 5:17), porque é impossível discernir a direção de Deus para nossa vida sem a oração. Tal como acontece com as necessidades cotidianas, as orações da Bíblia para orientação e direção são relacionais. Uma oração relacional não apenas busca a vontade de Deus — mas também a Sua face. Ela nos coloca num lugar onde o Senhor pode nos ajudar a descobrir a Sua direção e a responder com obediência e amor mais profundo. Deus lembrou o Seu povo por meio de Isaías: "…Em vos converterdes e em sossegardes, está a vossa salvação; na tranquilidade e na confiança, a vossa força…" (ISAÍAS 30:15). Nova força flui em nós à medida que oramos e jejuamos esperando em Sua Palavra diante dele.

Davi orou: "*A ti, Senhor, elevo a minha alma.* [...] Faze-me, Senhor, conhecer os teus caminhos, ensina-me as tuas veredas. Guia-me na tua verdade e ensina-me, pois tu és o Deus da minha salvação, em quem eu espero todo o dia" (SALMO 25:1,4,5 — ÊNFASE ADICIONADA). Todas as orações bíblicas para orientação e direção têm a dependência como ponto de partida. Em todos os casos, Deus é mais importante do que as petições, mesmo que estes pedidos sejam urgentes.

Nosso Pastor nos quer perto dele, especialmente quando não sabemos qual direção tomar. Estas são orações para ajudar-nos a nos aproximar dele.

ÍNDICE TEMÁTICO

ÍNDICE TEMÁTICO

ÍNDICE TEMÁTICO